卢英顺 著

语言学讲义

第二版

Introductory
Lectures
on Linguistics

南开大学出版社
天津

**图书在版编目(CIP)数据**

语言学讲义：第二版 / 卢英顺著. -- 天津：南开大学出版社，2025.7. -- ISBN 978-7-310-06726-8

Ⅰ．H0

中国国家版本馆 CIP 数据核字第 2025DZ8907 号

## 版权所有　侵权必究

语言学讲义(第二版)
YUYANXUE JIANGYI(DI-ER BAN)

南开大学出版社出版发行
出版人：王　康
地址：天津市南开区卫津路 94 号　邮政编码：300071
营销部电话：(022)23508339　营销部传真：(022)23508542
https://nkup.nankai.edu.cn

天津创先河普业印刷有限公司印刷　全国各地新华书店经销
2025 年 7 月第 1 版　2025 年 7 月第 1 次印刷
230×170 毫米　16 开本　17.25 印张　2 插页　248 千字
定价：68.00 元

如遇图书印装质量问题，请与本社营销部联系调换，电话：(022)23508339

◇ "我们必须更多地了解语言!"

◇ "我们在说话时几乎毫不费力,对正在使用的极其复杂的语言机制毫无觉察,这一事实造成了一个幻觉:我们以为自己知道语言是怎样运作的,以为完全没有什么未解的语言之谜;我们知道全部答案。呜呼,多么错误的结论!"

——本杰明·李·沃尔夫《论语言、思维和现实》之《语言、心理与现实》

# 第二版前言

《语言学讲义》(复旦大学出版社,2015 年,后文简称《讲义》)是我近 20 年语言学概论课的教学结晶。《讲义》出版后,我就一直使用它作教材,深受使用这本教材的我的学生们的广泛肯定;也受到复旦大学校外的一些读者朋友的肯定。然而,《讲义》出版至今又已 10 年,虽说是基础课教材,但也有适当吸收学界新成果的必要;《讲义》在使用过程中得到了读者的一些反馈信息,也发现了第一版中个别地方表述过简而不够清楚,可能不方便读者自学;校对上也有些许疏漏。因此觉得有修订使之更为完善的必要。

这次修订,除改正了第一版中一些校对上的疏漏之外,主要体现在以下几个方面:一是对原来表述欠妥或不够清楚的地方,或做重新表述,或做进一步的补充说明,个别不易理解的例子及说明部分予以删除。二是对正文中的部分例子进行了更换,或增加了一些平时积累的有趣的例子。三是增加了一些脚注,以便读者对相关概念有更透彻的理解,同时也能为学有余力的读者进一步阅读提供一些参考文献方面的指引,以方便读者了解学界的一些不同观点,扩大视野。四是在思考题中补充了一些与各章讲授内容相关的言语实例以做分析,从而能做到活学活用,激发大家对周边语言生活的关注。此外,在附录部分增加了教材中出现的重要术语的索引及简要解释,这样可以方便读者在必要时快速找到术语在教材中的位置以便具体了解,对准备报考研究生的朋友也有所帮助。

《语言学讲义》(第二版)秉持第一版的写作理念:内容实用;叙

述语言平易易懂；例句尽量本土化，这也是老一辈语言学家吕叔湘先生所倡导的。相信第二版较之第一版会使广大读者有更好的阅读感受。尽管如此，错误在所难免，恳望读者朋友不吝指正。谢谢！

卢英顺
2023 年 2 月
于复旦大学

# 第一版前言

我自 1996 年 7 月毕业留校后，一直从事语言学概论课的教学工作。在教学的最初几年，我使用过不同学者主编的概论性教材，虽然各有优点，但终究感到不能尽如人意。其中最主要的一个问题就是教学内容的取舍上。于是，在教学过程中，根据自己的教学理念以及汉语语言学界的研究状况，补充一些自认为实用的内容。最初几年的讲授，比较多地考虑到参考教材中的内容，后来慢慢地对教材的依赖性逐渐减弱，形成了自己的一套讲授内容，这是本教材取名为《语言学讲义》（后文简称《讲义》）的一个原因；现有的教材，多叫《语言学概论》或《语言学导论》之类，读者容易混淆，这是本教材取现名的另外一个考虑。

语言学概论性教材的编写多由多人合作，这样做的好处不言而喻，就是可以利用各参编者之长。但同时也容易带来一些问题，比如，不同编写者之间各自为政，如果主编的统筹工作做得不够充分的话，不同章节之间的内容往往有重复之处，内容的先后安排有时也显得不够合理，有的甚至在同一本教材中出现"同名异实"或者"同实异名"的现象。相比之下，由一人独自编写教材，在内容的安排上有比较清晰的规划，这样可以避免上述诸多现象；但缺点是，编写者的知识结构往往不是全能的。好在既是概论性的内容，只要对相关章节的基础知识有一定程度的了解，再加上及时补缺，可以在某种程度上弥补其不足。

这本《讲义》的编写理念是：**不求全而求实用、表述语言力求通俗、注重引导学生思考、注重与其他课程在讲授内容上的平衡与衔接**。

先说实用。语言学发展至今，学科分类越来越细，理论方法层出不穷，竞相登场，术语自然越来越多。作为概论性教材，如果在内容上求全，把它当作这门学科的宝典来写，既不可能也没必要。因此，编写者就需要做出一定的选择。选择什么，不选择什么，会与编写者的眼力和学术兴趣有关。而在我们看来，编写者应该将自己的学术兴趣对选择的影响尽可能降低点，尽可能做到客观地处理问题。秉持这一想法，我们根据自己的判断，选择那些在汉语言研究中影响较大的而且是做相关研究所必需的基础理论方法加以介绍。不盲目追求与国际语言学接轨，也不盲目地与时俱进，介绍过多新术语。这是实用的一个方面。实用的另一个方面是，语言学概论课是一门基础课，这门课的学习不仅仅是为部分学生将来写语言学方面的学年论文和毕业论文打基础，也应该让其他学生在学了之后感到有用，因此我们介绍了语言运作和语言理解中的一些重要方面。

　　再说通俗。从事语言学课程教学的教师大多有这样的体会，就是语言学课很难上得像文学课那样生动、活泼、有趣（这里只就整体情况而言，至于各个教师个体，情况有所不同）。究其原因，众所周知，语言学术语特别繁多，学生学起来往往既感到枯燥又感到难以理解，甚至还会感到恐惧。针对这种种可能的情况，我们在介绍术语的时候、在介绍理论方法的时候，尽量避免学究式的表述方式，而采用平常的话语叙述；同时，我们尽量通过具体的例子说明相关的问题，在这方面，我们注意搜集日常生活中的言语现象并将其作为例证，学生听起来易懂，感到亲切。这是为历届学生听了这门课之后的感受所证明的。

　　接着说引导。很多教材往往只注重知识的传授，而忽略了引导学生进一步思考相关的问题。本书通过随文或注释，以提问题的方式引导学生自己去思考，有的问题我们在下文也给了说明。这比直接说明要好。直接说明的话，学生往往一气呵成地读下来而想不到去思考，这样的读书习惯显然不可取。本书有意识地在一定程度上避免这样的倾向。

　　最后再说说《讲义》与其他课程的关系。跟语言学概论课最相关的课程无疑是现代汉语课和后续的选修课。概论课的讲授内容如果选择不当，就有可能让学生感到这门课没必要开设，或者抢了相关课的

"饭碗"。概论课的内容如果过于基础，就难以与现代汉语课区别开来。我当学生的时候，学了现代汉语课后，感到语言学概论教材完全可以自学，如果以这类《语言学概论》为教材，学生学习的兴趣可想而知，教师使用这样的教材，其教学的难度也不难想象。反过来，如果概论课的内容过多过全，又为以后的选修课教师带来麻烦，因为选修课的内容很有可能与概论课的内容有过多的重复，这同样不利于教师的讲授；还有一点，在教学时间方面也不允许。正因为基于这些考虑，我在编写《讲义》时，试图在这两种现象之间寻找一个平衡点，避免上述不足。

除上述几点之外，在介绍相关的理论方法时，本书还在一定程度上有意识地让学生明白那些理论方法为什么要发生变化，从而领会学术发展的内在动因。

鉴于上述特点，《讲义》除了可以用作语言学概论课的正式教材外，还可以作为这门课的参考书。

《讲义》在编写过程中参考了其他同类教材和相关研究论文，其中很多已经以脚注的形式标出；还有一部分，因当初只是当讲稿来写的，没有注明出处，后几经修改，更无法补出。特此说明，一并向这些教材和论文的作者表示真诚的谢意！

编写《讲义》虽然历时十几年，又根据讲课情况不断修改，但由于我水平有限，错误在所难免，恳望读者，尤其是课程讲授者（如果有的话）不吝赐教！

卢英顺
2012 年 9 月 28 日
于复旦大学

# 目 录

第一章 绪 论 ……………………………………………… 1
  一、"语言学概论"课的性质 …………………………… 1
  二、学习语言学的必要性 ………………………………… 1
  三、语言学的任务 ………………………………………… 6
  思考题 ……………………………………………………… 11
第二章 语言的性质 ……………………………………… 12
  第一节 语言的符号性 …………………………………… 12
    一、语言的符号性 ……………………………………… 12
    二、语言符号的任意性 ………………………………… 13
    三、语言符号的线条性 ………………………………… 15
    四、语言符号的可变性 ………………………………… 17
  第二节 语言的系统性 …………………………………… 17
    一、系统的一般特征 …………………………………… 17
    二、语言符号的系统性 ………………………………… 19
    三、语言系统的组合关系和聚合关系 ………………… 20
  思考题 ……………………………………………………… 23
第三章 语言的功能和运作原则 ………………………… 24
  第一节 语言的功能 ……………………………………… 24
    一、语言的外部功能 …………………………………… 24
    二、语言的自我调节功能 ……………………………… 32
  第二节 语言的运作原则 ………………………………… 34
    一、默认原则 …………………………………………… 34
    二、羡余原则 …………………………………………… 37

三、类推原则 …… 40
　　四、经济原则 …… 41
　　五、邻近原则 …… 43
　　六、格式塔原则 …… 47
　思考题 …… 50

## 第四章　语　音 …… 52
### 第一节　语音学 …… 52
　　一、语音及其性质 …… 52
　　二、语音学及其分类 …… 53
### 第二节　音位学 …… 59
　　一、音位、音素和音标 …… 59
　　二、音位变体 …… 61
　　三、音位的归并 …… 62
　　四、音位的区别特征 …… 64
　　五、音位的组合：音节 …… 65
　　六、非音质音位 …… 66
　　七、音位的系统性 …… 67
### 第三节　语流音变 …… 68
　　一、什么是语流音变 …… 68
　　二、语流音变的种类 …… 68
　思考题 …… 72

## 第五章　语法学 …… 73
### 第一节　语法和语法学 …… 73
　　一、语法 …… 73
　　二、语法学 …… 76
　　三、语法学的范围 …… 76
　　四、语法学的发展阶段 …… 77
### 第二节　语法单位及其组合 …… 79
　　一、语法单位 …… 79
　　二、语法单位的层级性 …… 86

三、语法单位的组合 …………………………………………87
　第三节　语法意义、语法手段和形态 ……………………………92
　　　一、语法意义和语法形式 ……………………………………92
　　　二、语法手段及其种类 ………………………………………92
　　　三、形态 ………………………………………………………95
　第四节　语法范畴 …………………………………………………98
　　　一、语法范畴的内涵 …………………………………………98
　　　二、语法范畴的种类 …………………………………………99
　第五节　词类 ……………………………………………………104
　　　一、词类的性质 ……………………………………………104
　　　二、分类的标准 ……………………………………………104
　第六节　句子 ……………………………………………………108
　　　一、句子的分类 ……………………………………………108
　　　二、句子的分析方法 ………………………………………110
　　　三、变换分析法 ……………………………………………116
　思考题 ………………………………………………………………119

第六章　语义学 ………………………………………………………120
　第一节　词义 ……………………………………………………120
　　　一、词义的性质 ……………………………………………120
　　　二、词义的特点 ……………………………………………121
　　　三、词义之间的关系 ………………………………………127
　　　四、词义的变化 ……………………………………………131
　第二节　义素分析和语义场 ……………………………………133
　　　一、义素分析 ………………………………………………133
　　　二、语义场 …………………………………………………135
　第三节　短语与句子的意义 ……………………………………138
　　　一、短语与句子的意义组成 ………………………………138
　　　二、成语和惯用语的意义 …………………………………140
　　　三、歧义 ……………………………………………………141

第四节　语义角色和语义指向 ································ 144
　　一、语义角色 ··················································· 144
　　二、语义指向 ··················································· 145
第五节　预设 ···························································· 147
　　一、什么是预设 ··············································· 147
　　二、预设的种类 ··············································· 149
　　三、预设的运用 ··············································· 153
思考题 ······································································ 157

## 第七章　语用学 ················································· 159
第一节　言语行为 ···················································· 160
　　一、言语行为的分类 ········································ 160
　　二、直接言语行为和间接言语行为 ·················· 161
　　三、言语行为与句类的关系 ····························· 164
第二节　会话含义和会话合作原则 ··························· 167
　　一、会话含义 ··················································· 167
　　二、语境 ·························································· 169
　　三、会话合作原则 ············································ 170
　　四、合作原则的违反与会话含义的推导 ············ 171
第三节　会话中的礼貌原则 ······································ 178
　　一、礼貌原则及其准则 ····································· 179
　　二、面子问题 ··················································· 182
　　三、礼貌原则的其他问题 ································· 186
第四节　指示语 ························································ 193
　　一、指示和指示语 ············································ 193
　　二、指示语的用法 ············································ 194
　　三、指示语的分类 ············································ 196
第五节　关联理论 ···················································· 204
　　一、关联理论的前提性观念 ····························· 205
　　二、关联理论的基本概念 ································· 207
　　三、关联理论的基本思想 ································· 215

思考题 …………………………………………………………… 217
## 第八章 语言的演变 …………………………………………… 218
### 第一节 语言的演变 ……………………………………… 218
一、语言演变的事实 ………………………………… 218
二、语言演变的原因 ………………………………… 223
三、语言演变的特点 ………………………………… 225
### 第二节 语言接触与语言演变 …………………………… 228
一、什么是语言接触 ………………………………… 228
二、语言接触对语言的影响 ………………………… 229
三、语言融合和皮钦语、克里奥尔语 ……………… 233
思考题 …………………………………………………………… 236
## 附录1 世界语言的分类 ………………………………………… 237
一、语言的谱系分类 ………………………………… 237
二、语言的类型分类 ………………………………… 239
## 附录2 术语索引及简要解释 …………………………………… 245
## 参考文献 …………………………………………………………… 255
## 后 记 ……………………………………………………………… 260

# 第一章

# 绪 论

## 一、"语言学概论"课的性质

语言学,顾名思义,是以语言为研究对象的一门科学。也有人将它表述为**"语言学是研究语言及其相关问题的科学"**[①],后者突出了对与语言相关的问题的研究,这些研究与相关学科有关,如人工智能、心理学、脑科学、政治学、广告学等。语言学既不是自然科学,也不是纯粹的社会科学;人们一般把它看作一门特殊的社会科学,其实可以说它是介于自然科学与社会科学之间的一门科学。语言学概论以介绍语言学的基础理论和基本方法为主,掌握这些知识并有意识地将相关知识运用到实践中,有助于提高自己的语言理解能力和语言表达能力,也有助于其他课程的学习。所以,它是中文系的一门基础课。

## 二、学习语言学的必要性

也许有的同学会说:我将来不准备从事语言学研究,现在也不是中文专业,学这门课有什么用吗?有。作为一个当代大学生,应该具备的最起码的素质是较好的语言文字素养,就是不仅要能以适当的方式准确而清楚地表达自己的观点、理解别人的思想,还应该具备一定的文学鉴赏水平。高尔基曾说过语言是文学的第一要素。无论是文学作品的创作,还是对作品的欣赏,都离不开语言。因为语言是沟通作

---

① 李宇明 2018 《语言学是一个学科群》,《语言战略研究》第 1 期,第 16 页。

者和读者的媒介。要使这种沟通更加有效，就语言而言，我们不仅要知其然，而且要知其所以然。不妨看个例子：

（1）珍珠塔灯又挂起来了。

　　买灯的人潮水般涌了进来。

　　"来一只金鱼灯！"

　　"走马灯！"　　（聂鑫森《沈家灯》）

买灯时的用语是非主谓句，而不是"我要买一只××灯"。为什么？换成主谓句来表达，效果又如何？非主谓句的运用情景之一就是紧急情况，用在这里，可以让读者想象出"抢购"的情景，足见沈家灯铺生意之兴隆。再联系作品的上文，珍珠塔灯卖掉以后的一段时间，这家灯铺便门前冷落。两相对比，就突出了珍珠塔灯的极其重要，这样我们才能理解珍珠塔灯卖掉以后有关人极其强烈的反应。如果没有相关的语言学知识，我们是否还能领略个中滋味呢？

萧乾在《北京城杂忆》[①]一文中曾说过这样一段话：

> 现在夸朋友的女儿貌美，大概都说："长得多漂亮啊！"京白可比那花哨。先来一声"哟"，表示惊讶，然后才说："瞧您这闺女模样儿出落得多水灵啊！"相形之下，"长得"死板了点儿，"出落"就带有"发展中"的含义，以后还会更美；而"水灵"这个字除了静的形态（五官端正）之外，还包含着雅、娇、甜、嫩等等素质。

萧乾的这段话，反映了在语言运用中词语选择的重要性。

学习语言学的必要性，还体现在以下几个方面：

第一，日常生活中的语言学

俗话说："三句话不离本行。"不同行业的人在语言的表现上都有所不同，例如有这么一段相声，说的是有位医生在餐桌上吃口条时，大谈特谈口条的生理构造和功能。在这样的场合谈这样的问题显然不

---

[①] 原载《北京晚报》1985年11月11日至12月26日。

得体，但由此可见不同职业在语言上的反映。此其一。

其二，某电视剧中有这么几句对话：

（2）A："伯父。"
　　　B："这是办公室！什么伯父不伯父的？"
　　　A："哦，局长……"

习惯的称呼，在办公室使用时就使这位局长大人生气，为什么？类似的例子如：

（3）（聂志远和蒙天舒同学、同事，叫他"天舒"，叫了十八年了。现在，蒙当了学院副院长。然而——）

那天我去院行政办，蒙天舒在看一份什么文件。我打招呼叫了一声"天舒"，他似乎没听见，我再提高嗓音叫一声，他"嗯"了一声，眼睛并没离开电脑。我有点难堪，拿起一份报纸坐到沙发上去看。这时教务办小陈进来，叫了一声"蒙院长"。蒙天舒马上转过头来，望着小陈，站了起来笑眯眯地说："有什么事找我？"……下次在路上碰见他，我还是叫"天舒"。他笑着应了，过来跟我说话。（阎真《活着之上》）

例（3）中，蒙天舒对聂志远的态度在办公室和在外面如此不同，这是为什么？这说明同样的人际关系，场合不同，称呼有别。

还有一件真实的事：某对儿夫妻彼此间因长期使用外交辞令而不得不离婚。这些都跟语言学有关。这几个例子说明，在言语交际过程中要注意情景的变化，包括交际的对象、交际的时间和地点等因素。

其三，还有"预设"之类的运用。如小孩不肯起床怎么办？有经验的妈妈就可能这样说："是要妈妈帮你穿呢，还是自己穿？"笔者曾经亲历过这样一件事：某班的学生因对他们的系有意见，叫他们填表格，他们不肯填。辅导员在班上是这样说的："表格是你们送上来呢，还是我到班上来收？"这种陷阱你意识到了没有？再举一个身边发生的例子：新生入学之初，某校中文系的一位辅导员去一男生宿舍，问同学："你们有女朋友吗？"同学们回答道："没有。"这很正常；可这位老师又问："你们有孩子吗？"学生们愕然。

所以，不要以为会说某种语言就万事大吉了。要想更好地运用语言，就必须对它有所了解。毛泽东在《实践论》中曾经说过："感觉到了的东西，我们不能立刻理解它，只有理解了的东西才更深刻地感觉它。"①

第二，从学习、研究的兴趣来看

语言学既不是自然科学，又不纯是社会科学，它介于两者之间。由于这种关系，自然科学里的一些新的研究方法，往往先被语言学所吸收，再由语言学传播到其他社会科学。② 瑞士著名心理学家皮亚杰说："语言学，无论就其理论结构还是就其精确性而言，都是人文学科中与其他各种学科关系十分密切的最先进的学科。"③ 比如，文艺学中的结构主义方法就是来源于语言学。早期的比较语言学对研究民族学（如古代民族的迁徙）、考古学、人类学、哲学、经济学都有过影响。比较神话学、比较法学等就是"有意识地模仿语言学"而形成的。乔姆斯基（Chomsky）的转换生成理论提出以后，列维·斯特罗斯（Lévi-strauss）又把转换方法运用到他的神话学研究；民俗学中现在也采用了转换方法。还有的人把乔姆斯基的深层结构和表层结构理论运用于文学分析。国外有人把语用学中的会话合作原则运用于文学欣赏。如此等等，不一而足。所以有人说，语言学是一门领先的科学。

现代西方最著名的一位哲学家恩斯特·卡西勒尔（Ernst Cassirer）在《现代语言学中的结构主义》中曾说过："在整部科学史中也许没有一章比语言学这门新科学的出现更令人神往。这门科学的重要性完全可以跟 17 世纪伽利略改变了我们关于物质世界的整个观念的新科学媲美。"④

列维·斯特罗斯把语言学中结构主义的兴起对人类科学的意义比作牛顿力学在物理学中所引起的革命。有人认为，弗洛伊德的潜意识

---

① 毛泽东 1991 《毛泽东选集》（第 1 卷），第 286 页，人民出版社。

② 下述有关内容，参阅：伍铁平 1994 《语言学是一门领先的科学——论语言与语言学的重要性》，北京语言学院出版社。

③ 伍铁平 1994 《语言学是一门领先的科学——论语言与语言学的重要性》，第 65 页，北京语言学院出版社。

④ 伍铁平 1994 《语言学是一门领先的科学——论语言与语言学的重要性》，第 2 页，北京语言学院出版社。

结构与语言的结构相似。

第三，语言学在现代科学技术中的地位非常重要

如"人机对话"，它的前提是将人类的自然语言代码化，变为电子计算机所能理解的形式化的人工语言，然后通过电子计算机的控制，带动各种机器的运转。这就离不开语言学的研究。从语言结构的分析到语音的生理、声学分析，从言语的分析到言语的合成等一系列问题都需要从语言学角度进行深入的研究。程序语言的设计是参照自然语言的，对自然语言研究得越深入、越透彻，程序语言就设计得越完善、越科学。"日本和美国都曾经试图研究开发'第五代计算机'（人工智能计算机），但是都失败了，失败的最主要原因之一就是技术人员缺乏了解足够的语言规则，如语音的分解与组合规则、词汇的选择规则、语法的组合规则、语篇的组成规则、语义语用的理解规则等等。"[1]所以有人说："第五代计算机"的开发，难点不在技术，而在语言分析；也有人说：机器翻译归根到底是语言学问题。国外一些科学家断言：在当今及未来的电子时代与电子文化中，语言学的发达程度是衡量一个国家科学技术水平，首先是电子学与电子工业发展情况的一个重要标志。

第四，语言学的其他应用

除了机器翻译、自然语言的计算机理解以外，语言学的研究成果可以为（第二）语言教学或习得服务，包括语言知识、教学方法的改变等（比如行为主义、功能主义对语言教学的影响）。语言学知识甚至还可以用来破案（根据说话人的语音、语法特点进行判断，缩小范围）。

第五，从眼前看

随着我国改革开放的不断深入发展，在许多外国企业看来，中国蕴藏着巨大的商机，中国与外国的经济、文化交流日益频繁，许多外国人或出于工作的需要，或出于对中国文化等方面的兴趣，他们学汉语的热情越来越高，有越来越多的外国人来中国旅游或者留学，说不定什么时候就有一个外国人向我们请教汉语的某个问题，如果我们一

---

[1] 金立鑫 2003 《语言学的经验科学性质》，《语言科学》第 2 期，第 14 页。

味地以"这是汉语习惯"来搪塞,是不能令人信服的,甚至让人误解:汉语没有语法。这就需要一定的语言学知识,这点在辅导留学生汉语时一定深有体会。

### 三、语言学的任务

#### 1. "语言"的内涵

在介绍语言学的任务之前,必须明确"语言"这一术语的内涵。在日常生活中我们经常用到"语言"这个词,如老舍的语言如何如何。这不是语言学意义上的"语言",准确地说这应该叫"言语"。那么语言和言语有什么区别呢?

**言语**指说出来的或写在文章中的一句句话,**语言**是从言语中抽象、概括出来的相对稳定的言语成分。[①]"相对稳定"至少有两层意思:第一层意思是言语中的偶发性、临时性成分不属于语言范畴,如口头禅、词类活用、语句的颠三倒四、不必要的重复,等等。例如:

(4)龙辉猛地把剩下的酒全部倒进一个小碗里咕咚咚灌下去,说,丁小三啊丁小三,金权(钱),美,美女,权义(力),得一、一足矣。如亲(今)你已有喜(其)二,难道还想再占第三是、是不是?(毕四海《乡官大小也有场》)

这段话中,"金权""权义""如亲"是喝醉酒时吐词不清的结果,而不是汉语中的词;而"美、美女""得一、一足矣""是、是不是"中的"美""一""是"都属于不必要的重复(当然,从刻画人物的醉酒状态来看是必要的)。

"相对稳定"的第二层意思是:语言不是一成不变的,所以它的稳定只是相对的。

#### 2. 语言学的任务

我们必须清楚,语言学不等于语言。语言是从言语中抽象、概括出

---

[①] 高名凯、石安石主编的《语言学概论》(中华书局,1981年)对"言语"的定义是:"言语就是说话(或写作)和所说的话(包括写下来的话)。"(第17页)该书给"语言"下的定义是:"语言是由词汇和语法构成的系统。"(第16页)他们的定义和我们的定义有没有什么不同?他们所说的语言的"系统"是从哪里来的呢?

来的相对稳定的言语成分。掌握一种语言，意味着你能用这种语言说话并能让别人理解你所说的话，同时你也能理解别人说的话。这就涉及特定的语音形式以及与此相对应的意义，这些都是属于语言的。而语言学则是对这种"相对稳定的言语成分"进行研究，弄清特定语言的语音系统情况、语汇系统情况以及词语之间的组合情况，等等。

语言随着社会的产生而产生，随着社会的发展而发展。语言之所以会这样，是因为它要满足人们社会生活的需要。由于人们在不同时期对语言的要求不同，因而语言学的任务也就不可能完全一样。

人们对语言的研究早在两千多年前就开始了。我国和希腊的古代哲学家都曾对事物与其名称之间的关系进行过热烈的争论，即"约定论"和"唯名论"。早在公元前4世纪和公元前3世纪，就分别出现了印度人巴尼尼著的《梵语语法》和希腊人狄奥尼修斯著的《希腊语语法》，我国汉代就有许慎的《说文解字》。不过，当时的语言研究是为了满足阅读古代典籍的需要，它还只是个附庸，附属于"语文学"（philology），不是一门独立的学科。语言学开始作为一门独立的学科则是在19世纪。

随着人类社会的飞速发展，人们对语言的要求也不再局限于先前的那种比较单纯的同族之间、人与人之间的交际了。现代社会生活中，人们不仅要和本族人交往，还要和外族人打交道；不仅要用人脑做事，还要利用电脑做事，等等。这就要求今天的语言学研究，要为语言教学，特别是外语教学服务，要为人工智能的开发服务；当然，其前提离不开对本族语本身的研究。由于研究的对象、角度、范围和目的等的不同，语言学的任务具体地说主要有以下几个方面。

1）具体语言学和普通语言学。**具体语言学**是以某一个别的语言为研究对象，如以汉语为研究对象，或以英语为研究对象，等等。可以分别叫作汉语语言学、英语语言学，如此类推。**普通语言学**则以人类语言为研究对象，探索各种语言之间的普遍性质和一般规律。普通语言学要以具体语言学的研究成果为基础，各种具体语言研究得越多、越深刻，普通语言学研究的内容就越丰富，概括得就越全面，所得的结论也就越科学；反过来，普通语言学的研究成果又能指导对具体语言的研究。它们之间相互影响、相互促进。因而，我们要想从事语言研究，就必须有比较好的普通语言学修养。

2）共时语言学和历时语言学。所谓"**共时**"，是就某一特定时间横断面而言的，"现在"是共时，"唐代、宋代"也是共时。所谓"**历时**"是就时间流逝的某一跨度而言的，例如从唐代到宋代就属于历时性的。两者之间的关系可简单示意如下：

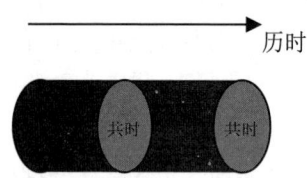

**共时语言学**研究某种语言在一定发展阶段的状况，研究语言在共时平面的结构和规律，对语言的语音、语汇和语法等方面进行详细的描写，所以，共时语言学又称**描写语言学**。共时语言学一般不涉及语言在历史中的发展和变化①。就汉语而言，古代汉语、近代汉语和现代汉语都属于共时语言学范畴，虽然古代汉语和近代汉语都和历史有关，但它们都只是在历史的某一横断面对汉语进行描写，而并未涉及语言的发展、变化。**历时语言学**则研究语言在各个不同阶段的演变情况，如汉语的语音系统从古代到现代是怎样发展变化的，词语的意义是怎样演变的，语法又是怎样变化的，等等。汉语史、汉语语音史、汉语语法史等的跨阶段研究就属于历时语言学的研究内容。

共时语言学和历时语言学对语言的研究只是侧重点不同而已，不能绝对化。因为语言的变化不是突如其来的，它是通过旧要素的逐渐消亡和新要素的逐渐积累而实现的。因此，任何共时平面都有历时的成分。如果我们将这两者截然分割开来，那么，共时平面的许多语言现象我们将无法解释。

3）历史比较语言学和对比语言学。**历史比较语言学**利用语言学中

---

① 随着语言学界对语言现象解释的重视，有些共时的现象必须考虑到相关的历时因素才能得到很好的解释。

专门的历史比较法①来研究具有共同来源的语言（即"亲属语言"）的历史发展情况。历史比较语言学家试图通过这种研究来寻找具有亲属关系的语言的共同"祖先"，进而构拟其原始状态。在整个 19 世纪，历史比较语言学几乎一直是西方语言学的主流。

**对比语言学**则是对两种（或以上）的语言（不管是否具有亲属关系）进行不同方面的比较，找出其异同，如汉语中形容词的句法功能不同于英语中的形容词。对比语言学可以从比较宏观的角度进行，也可以从微观的角度进行。前者可以从比较大的方面着手进行比较；后者是对一些具体的语言现象进行比较，如汉语中的"只"和英语中的 only 之间的比较，同样的语义成分在不同语言中可以出现在哪些句法位置。这种研究对外语学习或外语教学很有意义。

历史比较语言学和对比语言学都存在着"比较"，但两者的着眼点不同，前者着眼于历时方面，而后者着眼于共时方面；两者对被比较的对象的要求也不同，前者必须是亲属语言之间的比较，而后者则没有这方面的要求。所以不可将两者混淆。

4）微观语言学和宏观语言学。**微观语言学**指的是对语言系统内部各个方面所进行的研究。语音学、语汇学、语法学、语体学等就属于这方面的研究。**宏观语言学**则是把语言的本体和与其相关的学科结合起来的研究，比如，语言学和社会学结合起来形成社会语言学，和心理学结合起来形成心理语言学，和数学结合起来形成数理语言学，和计算机结合起来形成计算语言学，等等。

微观语言学和宏观语言学之间是相互促进的。微观语言学为宏观语言学的研究奠定基础，宏观语言学则可以拓宽语言研究的视角，扩大语言研究的领域；由于不同的宏观研究涉及语言的不同侧面，所以宏观研究可以加深对语言结构本身的研究，也可以加深对语言的结构特点和本质特点的认识。

5）理论语言学和应用语言学。**理论语言学**通过对语言事实进行研究，总结语言规律、进行理论概括，为解决与语言相关的实际问题提

---

① 可参阅：A. 梅耶 1957 《历史语言学中的比较方法》，岑麒祥译，科学出版社。

供服务。理论语言学有不同流派，在我国和世界语言学界影响比较大的有结构主义，特别是美国的描写主义[①]，还有转换生成语法以及当今的认知语言学[②]。

**应用语言学**则立足于语言的应用研究，往往借助理论语言学提供的理论思想来解决各种实际问题。广义的应用语言学包括语言教学、制定语言政策、创制和改革文字、失语症的医治、机器翻译、人机对话以及信息的储存、传输和处理，等等。最狭义的应用语言学是专指语言教学的研究，尤其是第二语言教学或习得的研究。现在所说的应用语言学，一般包括语言教学和语言的信息处理等方面。理论语言学为应用语言学提供理论基础，应用语言学又为理论语言学提出新的问题和新的要求，促使理论语言学不断向前发展；反过来，理论语言学的发展又能更好地为语言的应用研究服务。

以上对语言学所做的分类是从不同角度进行的，因此，就某一具体研究对象而言，可能既属于甲类研究，又属于乙类研究。比如对现代汉语的研究，既属于具体语言学的范畴，又属于共时语言学的范畴。

---

[①] 结构主义始于索绪尔，后分为三大学派，除美国的描写主义学派以外，另两派分别是布拉格学派和哥本哈根学派。美国学派的重要代表人物有布龙菲尔德（L.Bloomfield）、海里斯（Z.S. Harris）、霍凯特（C.F. Hochett）等。

[②] 转换生成语法学派以乔姆斯基（Noam Chomsky）为代表；认知语言学的代表人物有兰盖克（R.W. Langacker）、莱考夫（G. Lakoff）、泰尔米（Leonard Talmy）和泰勒（John Taylor）等。

## 思考题

1. 你是怎样理解"语言"和"言语"的?
2. 你是怎样理解语言的"共时"和"历时"的?
3. 历史比较语言学和对比语言学是不是一回事?
4. 查阅有关文献,了解语言学的应用研究情况。

**本章关键词**

语言;言语;语言学;
共时语言学;历时语言学;
历史比较语言学;对比语言学

# 第二章
# 语言的性质

## 第一节 语言的符号性

### 一、语言的符号性

什么是符号？简单地说，符号是事物的标记。既为"标记"，就存在这样一个问题：用什么标记什么？这也就是符号的"形式"和"意义"两个方面，如"红灯——停车"、"绿灯——通行"。用什么标记什么，这完全是人为的，其中没有必然的联系，如可以用"纽扣"或"瓶盖"抑或其他什么东西代替丢失的一个棋子（马）。可见，符号和它所代表的事物是两回事。在汉语中，"钱"和实际的人民币是两回事，否则，每个人都富得无法形容。每个人和自己的名字之间就是一种符号关系。但由于文化的因素，使姓名或地名获得了神秘的色彩。

那么，语言中的形式和意义之间是什么关系呢？举个例子来看，表示"书"这一意义的形式可以多种多样，在汉语中是"书/shū"，在英语中是"book/[buk]"，在日语中是"本/ほん"。可见，语言中的形式和意义的结合是由社会约定俗成的①，它们之间并没有什么必然的、本质的联系，这一点决定了**语言的符号性**。

---

① 如何理解"社会的约定俗成"？

## 二、语言符号的任意性

语言的符号性说明了语言中的形式和意义之间具有"任意性"。跟任意性相对的是"理据性",就是说,以某种形式表示某意义是有一定根据的。

从哪些方面可以证明语言中的形式和意义之间的关系是任意的呢?

语言符号的任意性体现在以下诸方面:

第一,同样的意义可以用不同的形式来表示,如表示"树"的意义在英语中用 tree 这样的形式,在日语中却用"木(き)";

第二,同样的形式可以表示不同的意义,如"信不信由你""今天我收到一封信"中的"信",其他的如"米""站"等等;

第三,同样的意义(概念),在甲语言里用词的形式来表示,在乙语言里则可能用短语的形式来表示,如 rain——下雨;snow——下雪;

第四,从历时的角度看,语音变化时意义可能不变,而意义变化时语音可能不变;①

第五,语言规则的形成具有任意性:"写信"在汉语中的语序是 VO,而在日语中则是 OV(手纸を书く);"我昨天买的书"在英语中却是 the book I bought yesterday;

第六,不同语言中,表示特定语法意义的形式可以不同,如主语和宾语,在汉语中靠语序体现,在俄语中靠格变形式体现,在日语或其他语言中靠助词体现。

怎样理解语言符号的任意性?有人认为,各种语言里都有象声词、叹词,它们似有理可依,如猫叫声:"喵"——miaow(AmE meow),"啊"——ah,此其一;其二,用来擦黑板的工具为什么叫"黑板擦"而不叫"消字物"或者其他的什么?我们认为,象声词、叹词在各种语言的语汇中所占比例相当小,况且,有很多象声词在不同的语言中

---

① 这是斯蒂芬·乌尔曼(Stephen Ullmann)在《语义学》(*semantics: An Introduction to the Science of Meaning*)一书中提出来的。参阅:徐烈炯 1981 《概念的命名和词义的理据》,《外国语》第 4 期。

用不同的语音去表示，如"嘀嗒"——tick-tock；"嘎嘎"——quack-quack；"嘚嘚"——clip-clop，这是一方面。其次，"黑板擦"之所以为"黑板擦"，是考虑到语言作为交际工具这一性质。如果无限制地使用不同的语音形式去表示不同的意义，那就会给学习者和使用者增加不必要的负担，甚至使交际成为不可能。所以在表示新的意义时，总是利用原有的、为我们所熟悉的（语音）形式，这样才便于理解，便于掌握。尽管如此，这些原有的材料，（语音）形式和意义之间的关系却是任意性的。因此，归根结底，语言符号是具有任意性的，不过这种任意性是相对的。

当代的认知语言学研究成果表明，语言符号并不是完全任意的，其中一部分是有理据的，是有着深刻的认知基础的。如汉语中"他看了电影，去了咖啡馆"和"他去了咖啡馆，看了电影"这两句传达给我们的信息是不一样的：前者"看电影"在前，"去咖啡馆"在后，而后者恰恰相反。为什么表示这两个行为的词语的顺序颠倒一下，意思就跟着变？因为这种语序是以现实世界中行为发生的时间的先后为依据的。"他跑到操场上"和"他到操场上跑"这两句意义上的不同也是同样的原因。英语中的 since 既有"自……以后"的意思，又可以表示原因，如：

（1）They have seen each other often since they met.

（2）He didn't come, since he was busy.

since 的这两个意思之间有没有什么联系？如果有，又是怎样联系的？这里就和认知有关。since 较早的意思是"自……以后"，"因为"这一意思是后起的。这两者是怎么联系起来的呢？因为在认识事物的过程中，当两个行为先后紧接着发生的时候，人们往往倾向于把先发生的行为看作后一行为的原因。正因为如此，在有的句子中，since 是表示时间的先后还是表示原因，离开一定的上下文就不清楚，因而就有歧义，如：

（3）Since Susan left him, John has been very miserable.

  a. 自 Susan 离开他，John 一直很悲伤。

  b. 因为 Susan 离开了他，John 一直很悲伤。

这就为 since 这两个意思之间的联系找到了认知上的理据。

英语中还有一个有趣的现象：leave 既可以表示"离开"，又可以表示"把……留在（某处）"，如：

（4）He left the classroom.

（5）He left his book in the classroom.

这两句中的 left（leave）意思看上去截然相反，为什么能集中在同一个词上？这也跟认知相关。从认知的角度看，"他"带着"书"进了教室，现在"他"离开了教室，把"书"落在教室了。就"他"和教室的关系来说，是"他""离开"了教室，而就"书"与教室的关系来说，是"书""留在"了教室。可见，就 A leaves someplace 这样的句子来说，着眼点在 A 和 someplace 的关系；而就 A leaves B in someplace 这样的句子来说，其着眼点在于 A 所带的物品 B 与 someplace 的关系。

汉语中"去"的语义变化情况类似："去"在古代汉语中是"离开"的意思，而在现代汉语中却是"前往"的意思，语义完全相反。为什么会有这样的演变？这是由认知上着眼点的不同造成的。"去"表示的是某人离开 A 地到 B 地，就该人与 A 地的关系来看，他肯定是离开了 A 地，就该人与 B 地的关系来看，显然是前往 B 地。古代汉语中"去"的语义是关注前一种情况的结果，现代汉语中"去"的语义是关注后一种情况的结果。可见这种语义的变化并不是任意的，它有着一定的认知基础。

认知语言学成果并没有否定语言符号的任意性。问题是：语言符号在多大程度上是任意的？在多大程度上是有理据的？

**三、语言符号的线条性**

语言符号的线条性是指我们在说话时是一个音位一个音位、一个音节一个音节地说出来的，是一系列连续的状态。在汉语中，我们听起来的感觉是一个字接一个字地说出来的；在书面上也是一个字挨一个字地排列着的。而在英语中，无论在听觉上还是在视觉上自然感到的都是词语的线性排列。如"我们的家乡在希望的田野上""Glad to meet you."等等。

语言符号的线条性有时给造句和理解句子带来一定的困难，如"有三位学生家长参加了座谈会"，其中的"三位"是修饰"学生"还是修饰"家长"，不清楚，因而造成理解上的困难。有时听了前半句作一种理解，听完后半句又发现原来的理解是错的，不得不重新理解，如：

（6）那场比赛，辽宁抚顺队战败了上海申花队。

例（6），如果只听到"辽宁抚顺队战败了"这个地方，还以为是抚顺队败了；但听到后面的"上海申花队"以后才知道抚顺队赢了。造成这种理解结果的原因就是语言符号的线条性。再看下面的例子：

（7）多疑善妒的西西里国王是男人，被他怀疑不忠的美丽王后也是个男人——这不是胡说八道，而是英国普罗派拉莎士比亚剧团带来的《冬天的故事》。

（《国王是男的，王后也是男的 英国剧团"全男班"演绎〈冬天的故事〉》）

例（7）是《文汇报》2012年6月14日（第6版）一则报道中的内容，看到前面两句，令人难以置信，但还特意强调说"这不是胡说八道"。王后怎么可能是男人？看到后文才知道，原来此"国王"、此"王后"非彼国王、彼王后，而是演员！

有些幽默的表达正是利用了这一点，如"我是县长——派来的，是给大家发枪的。每人发一支枪——是不可能的……"。有个相声叫《特殊关系》，开头几句是这样的：

（8）人和人之间都有一种关系，你父亲和你之间是父子关系，我和你是父子关系，就不对了。你妻子和你之间是夫妻关系，是母子关系，就不对了。

演员表演时，在说"就不对了"之前故意停顿，造成对方的误解，利用的就是语言符号的线条性这一特点。

利用语言符号线条性这一特点，可以给听者制造悬念，以收到特殊的表达效果。有一首著名的祝寿诗很能说明这一点。说是在一个老妇人的寿宴上，有个人即兴作了一首诗，开头一句就是"这个婆娘不是人"，这不是骂人嘛？听得大家一愣。接下来一句是："九天仙女下凡尘"。哦,原来如此!接着又来这么一句:"儿子个个都是贼"。怎么这么说话呢,喝高了吧?正在大家面面相觑的时候,作诗人继续说道:"偷得蟠桃奉至亲"。

以下是美国前总统小布什的一则轶事:

(9)小布什被问到如何和他夫人搞好夫妻关系时,小布什一本正经地说:"我和我太太不论多忙,也要保证每周看一次电影,散一次步,吃一顿意大利晚餐,‖只不过我一、三、五去,她二、四、六去。"

(搜狐博客,2013-01-16)

**四、语言符号的可变性**

语言符号的可变性是指,语言作为一种符号,它不是一成不变的,而是可以改变的。这种可变性体现在多方面,有语音方面的,也有语汇和语法方面的。在这些方面,拿古代汉语和现代汉语比较一下就一清二楚。语言符号的可变性是由其任意性决定的,即符号的能指与所指之间无须有必然的联系;否则语言符号是不可能变化的。

## 第二节 语言的系统性

### 一、系统的一般特征

何谓"系统"?美籍奥地利生物学家贝塔朗菲(L.von Bertalanffy)将系统定义为"处于一定的相互关系中并与环境发生关系的各组成部分(要素)的总体(集)"。贝氏的这一定义忽略了系统的"功能"一面。钱学森将"系统"表述为"由相互作用和相互依赖的若干组成部分结合而成的具有特定功能的有机整体"。因此,**系统**可以理解为由两个以上相互联系与相互作用的要素组成的具有特定结构和功能的有机整体。[①]

---

[①] 参见:陈其荣 1995 《自然辩证法导论》,第47-48页,复旦大学出版社。

具体地说，系统具有以下一些特性：

### 1. 系统的整体性

所谓系统的整体性，是指系统的各个要素按一定的方式构成的有机整体，系统是诸要素的有机结合而不是各要素简单地机械地相加；系统的性质、功能和运动规律不是它的各个要素的性质、功能和运动规律的代数和，即系统具有各组成要素所没有的新的性质、功能和运动规律；比如把一台电视机的所有零件堆在一起并不具有收看电视的功能，但只要把它们各就各位地组装到一起，就具备了这一功能。另一方面，作为系统整体中的要素也具有它自身所没有的整体性质、功能和运动规律，与它们未组成系统、独立存在时有质的区别。比如"手"，如果把它从人的身上砍下来，也就不是原来的手了，因为它已经不具备原来的"能拿东西""能写字"等等功能了。正因为如此，黑格尔在其《小逻辑》中曾经说过这样的话："一只手，如果从身体上割下来，按照名称虽仍然可叫做手，但按照实质来说，已不是手了。"①同样，胃是用来储存食物并让它慢慢消化的，但如果把胃从人体中取出来，它也就不再具备这样的功能了。反过来，如果把断胳膊、断腿等人体器官拼凑到一起，而且各就各位，也拼不出一个真正意义上的人来。可见，要素和整体之间不仅有联系而且有区别。

### 2. 系统的层次性

我们知道，系统是各要素按照一定方式构成的有机整体。但这种"构成"不是一次性地组合在一起的，而是一层一层地组合起来的。可见，系统的层次性，一方面指系统由一定的要素组成，这些要素是由更低一层次的要素组成的子系统；另一方面，系统自身又是更大系统的组成要素。就人体而言，口腔、食管、胃、小肠和大肠等等要素在一起构成"消化系统"，消化系统和吸收系统等等在一起又构成"人"这样的更大的系统；而"口腔"这一要素本身也是一个系统，它由两唇、硬腭、软腭等等要素构成。再比如，复旦大学就是一个系统，它由众多的院（系）组成，院（系）之下还有教研室，而复旦大学相对

---

① 转引自：陈其荣 1995 《自然辩证法导论》，第55页，复旦大学出版社。

高等院校来说，它也只是一个要素。由此可见，要素和系统是相对而言的，相对比它低的层次来说，它是系统，相对比它高的层次来说，它是要素。

### 3. 系统的功能性

系统的功能是指系统与环境的相互作用中所呈现的能力，它是与系统结构相对应的基本概念，是系统内部固有能力的外部表现。系统功能性的一个重要特点是，整体功能大于各部分功能之和，即常说的1+1>2。电视机的各部分零件按照一定的方式组装起来以后，接通电源和信号，就能收看电视节目。

## 二、语言符号的系统性

语言符号是否具备上述系统的三个特性？答案是肯定的。

首先，语言的组合是有层次的。我们说话时，总是先一个音位（"音位"的概念在语音一章介绍）和另一音位组成音节，再由音节组合成语素，由语素组合成词，由词组合成短语，最后由短语组合成句子，再由句子到篇章。

其次，这种组合不是随意的、杂乱无章的，而是按照特定方式进行的。汉语普通话中，声母和韵母的搭配就有一定的规律，如声母 t 和 d 不能和韵母 en 配合；z、c、s 就不能和 ü 和以它为韵头的韵母相配。就短语层面来说，也不是任意两个词都能结合在一起的，"吃饭"可以说，"吃黑板"就不能说；"很白的纸"可以说，"很雪白的纸"则不能说，如此等等，不一而足。就是句子和句子之间，也不是随意安排的，"昨天我吃了一天的面条。小王很长时间没给我打电话了。"这样的句子就不能组合在一起。可见，语言各层级上要素之间的组合都是依据特定方式进行的，而且所得的组合体的意义不是各个别要素的简单相加，如"木头桌子"不是"木头"和"桌子"的意思。种种事实表明，语言是具有整体性的。

至于语言的功能性，就不用多说了，因为语言就是为了交际的目的才产生的。当然，语言发展到现在，其功能已不限于交际了，这一点在下一章介绍；语言内部的结构功能将在语法一章介绍。

综上所述，语言符号不是互不相干的一盘散沙，它们按照各种不同的方式组合在一起，形成这样或那样的（子）系统。从大的方面看，语言符号有三个子系统：语音系统、语汇系统和语法系统。系统内部各要素之间的关系是既互相制约又互相补充的。比如英语中 be 的现在时有三个：am、are 和 is，既如此，它们在用法上就有明确的分工。日语中，表示"存在"的词有两个：いる和ある，前者用于人或动物的存在，后者用于其他事物的存在。例如：

（10）教室には学生がいます（学生：人，いる）。（教室里有学生）
（11）教室には机があります（机：物，ある）。（教室里有课桌）

既然语言符号具有系统性，我们在运用和研究语言时，就必须有个系统的观念。①

### 三、语言系统的组合关系和聚合关系

组合关系（syntagmatic relation）和聚合关系（paradigmatic relation）是语言这个符号系统的两种重要关系。

**组合关系**是指语言符号线性排列的一种顺序关系，音位与音位之间，词语与词语之间，都存在着组合关系的问题。现代汉语普通话中，j、q、x 能与 i 组合而 g、k、h 不能，这是组合关系在语音上的体现；"很好"能说而"* 很书"不能说，这是组合关系在句法上的体现。

**聚合关系**是指在一定的语言环境中能够相互替换的成分所形成的一种关系，如汉语中的声母就是一种聚合关系，名词、动词等类也是一种聚合关系。聚合的类可大可小，比如动词中的及物动词也是一种聚合关系。我们看看下面的例子：

| A 我们 看 书 | B 我们 **看** 书 | C 我们 看 **书** |
|---|---|---|
| **你们** 看 书 | 我们 **读** 书 | 我们 看 **报** |
| **学生** 看 书 | 我们 **买** 书 | 我们 看 **电影** |

上述例子中，"我们看书""学生看书""我们看电影"等都是一种线性

---

① 可参阅：卢英顺 2008《语言研究的系统观》，载复旦大学汉语言文字学科编《语言研究集刊》第五辑，上海辞书出版社；卢英顺 2014《语法、语汇研究 10 大认识问题》，学林出版社。

关系，因而都是组合关系。在 A 组中"我们"这个位置，可以用"你们""学生"等等替换；在 B 组"看"这个位置，可以用"读""买"等等替换；在 C 组"书"这个位置，可以用"报""电影"等等替换。这表明："你们""学生"具有和"我们"相同的功能，因此它们在一起形成一种聚合关系；同样，"读""买"和"看"形成一种聚合关系，"报""电影"和"书"形成一种聚合关系。如果我们用"桌子""切"和"友谊"分别替换上例中的"我们""看"和"书"，结果会怎样呢？请看下面相应的例子：

A'* 桌子 看 书　　　B'* 我们 切 书
C'* 我们 看 友谊

上述三个例子都不能成立。这是否意味着"桌子"和"我们""你们""学生"之间不存在聚合关系，"切"和"看""读""买"之间不存在聚合关系，"友谊"和"书""报""电影"之间不存在聚合关系呢？对这个问题不能简单地作出否定的回答。我们应该把"我们看书"抽象成一类格式，如"X V Y"，只要能在 X 位置出现的，就形成一种聚合关系，能在 V 位置出现的，就形成另一类聚合关系，如此等等。

可见，词类这样的聚合关系其实是以组合关系为基础的。组合关系是不同的语言单位相互结合的规则。"我们看书"是一种组合关系，而"*书看我们"在汉语普通话中就不能构成一种组合关系。同样，"*我们看非常""*我们美丽书"都不是一种组合关系。

为什么属于同一聚合关系的要素替换时所得的句子有时并不成立？这涉及组合关系的选择限制问题。语言单位不是随随便便地就可以组合在一起的，语言单位的组合是受一定的条件制约的（选择限制），这种选择限制主要体现在以下几个方面：

第一，**词类限制**。即词的句法功能限制。表现在哪类词能和哪类词结合，哪类词不能和哪类词结合，如汉语中的副词可以和动词、形容词结合，而一般不和名词结合；量词和数词结合后，可以和名词结合，构成偏正关系，可以和动词结合构成动宾关系或动补关系，但不能和代词、连词等等结合。词类限制还表现在词的次范畴上，如名词的"有生命"和"无生命"，动词的带不带宾语，等等。

第二，**语义限制**。我们说某类词能和某类词组合，并不是说这类词所有的成员都能和那类词组合，其中还受一定的语义制约，比如动词能和名词组合，因此我们可以说"吃饭"，但不能说"*吃床"；能说"喝水"，但不能说"*喝饭"，如此等等。这些都和人们对现实世界的认知有关，或者说和日常的生活逻辑有关。

第三，**搭配限制**。语义限制虽然和生活逻辑（即人们的常规的生活经验）有关，但语法中的组合并不是完全以逻辑为基础的。不同语言各有自己的习惯搭配，如汉语中的"吃大碗""吃食堂"能说[①]，英语中就没有相应的说法；我们能说"喝西北风"，却不能说"*喝东南风"。英语中的 kill，可以说 kill insects, kill time，甚至可以说 kill chance（That mistake has killed his chances.），而汉语中相应的"杀"却不能和"虫""时间"和"机会"组合，"*杀虫""*杀时间"和"*杀机会"都是不能说的。[②]

语言的组合除了上述几种限制以外，还有其他方面的限制。汉语中音节的多寡就对组合起着一定的制约作用，如：

读报（纸）——*阅读报（比较：阅读报纸）

进行学习——*进行学

打扫街道——*打扫街

---

[①] "吃大碗、吃食堂"之所以能说，仅仅是搭配习惯的问题吗？有没有更深层的原因？

[②] 可以说"杀虫剂"，这是词法层次的问题，不同于句法层次。偶尔遇到"杀时间"的说法，显然是受英语 kill time 的影响。

## 思考题

1. 你是怎样理解语言符号的任意性的？
2. 语言符号的任意性体现在哪些方面？
3. 语言符号为什么能够变化？
4. 系统一般具有哪些特性？语言符号具有系统的一般特性吗？
5. 举例说明什么是组合关系，什么是聚合关系。
6. 鲁迅《阿Q正传》中有这么一段："他又很鄙薄城里人，譬如用三尺长三寸宽的木板做成的凳子，未庄叫'长凳'，他也叫'长凳'，城里人却叫'条凳'，他想：这是错的，可笑！"对此，你怎么看？
7. 咸鸭蛋在不同的方言里，有的叫"盐蛋"，有的叫"腌蛋"，为什么？如何看待这种现象？

---

**本章关键词**

语言符号的任意性；线条性；
语言符号的系统性；组合关系；
聚合关系；选择限制

# 第三章

# 语言的功能和运作原则

## 第一节 语言的功能

语言的功能可以从两个角度去看，即语言的外部功能和语言的内部功能。**语言的外部功能**是指通过语言达到一定目的或者反映某种社会现实的功能；**语言的内部功能**是指语言的自我调节功能。

### 一、语言的外部功能

语言的外部功能是多种多样的，归纳起来，主要有以下几个方面。

**1. 语言是人类最重要的交际工具**

"语言是人类最重要的交际工具"[①]。一般认为，动物没有语言。比如蜜蜂是靠舞蹈向同类传递信息的。不过据报道，科学家发现，非洲一种墨鼻猴会说话，而且是真正的说句子。这是人类第一次发现除人类之外会用句子式的语言交流的动物。

这种生活在尼日利亚加沙卡·古姆蒂国家公园的墨鼻猴，可以将单词搭配起来，向同伴发出意思不同的警报。科学家们发现，这种墨鼻猴最常发出的是两种语音："扑呀斯"和"嗨克斯"。当

---

[①] 如何理解"语言是人类最重要的交际工具"？

有豹子出现时，墨鼻猴会发出"扑呀斯"的声音向同类报警；而当天空中有鹰出现时，墨鼻猴就会发出"嗨克斯"的报警声。把"扑呀斯"和"嗨克斯"放在一起说，意思就变成了"让我们走吧"。不仅如此，研究人员还经常发现墨鼻猴通过将这两个词重复不同的次数和进行不同的组合来表达不同的意思。比如说，几声"扑呀斯"和几个"嗨克斯"放在一起，意思就是让大家转移到较为安全的地方去。[①]

即便如此，墨鼻猴的语言是无法与人类语言同日而语的。语言之所以能作为交际工具，是因为它负载着一定的信息。交际功能是语言的一项重要功能[②]，谈到"交际功能"，我们往往想到的是"传达信息"的功能，那么，传达信息的功能又包括哪些方面呢？它包括陈述、指令、询问、表情和美学功能，等等。如：

（1）我认为这个问题这样处理不妥。／ 明天我想去书店看看。
（陈述）
（2）请把窗户关上。／ 你给我出去！（指令）
（3）你是哪儿人？／ 五一节你准备出去旅游吗？（询问）
（4）啊，多美的一首诗啊！／ 你真是了不起啊！（表情）

语言的美学功能体现在我们对文学作品的欣赏上。这方面的例子举不胜举。不妨看看朱自清《荷塘月色》中的一段：

（5）月光如流水一般，静静地泻在这一片叶子和花上。薄薄的青雾浮起在荷塘里。叶子和花仿佛在牛乳中洗过一样；又像笼着轻纱的梦。虽然是满月，天上却有一层淡淡的云，所以不能朗照；但我以为这恰是到了好处……

语言除了具有传达信息的功能以外，有没有其他的功能呢？
当你看到一个同学提着热水瓶去水房打水的时候，你可能会说：

---

[①]《非洲发现会说话的猴子 常讲两种语音能造句》，《北京晚报》，2006年5月20日。
[②] 丹·斯珀伯（Dan Sperber）和迪尔德丽·威尔逊（Deirdre Wilson）在《关联性：交际与认知》（*Relevance: Communication & Cognition*, P.172, Blackwell, 1995）一书中认为，语言的功能是信息加工功能（information processing）。

"打水去啊？"，这句话传达了什么信息呢？实际上，语言除了具有传达信息的功能以外，还有"维持人际关系"的功能。

所谓"**维持人际关系的功能**"，它指的是：语言并没有传达我们上面所说的种种信息，但它在维持人与人之间的友好关系上却起着不可忽视的作用，它能给这种关系的链条添加润滑剂。平常我们见面时的打招呼用语就属于这一类，如"你好！""你在修车呢？"等等。从信息传达的角度来看，这类表达似乎是废话，但废话不废。试想一想：一个人从来不和他认识的人打招呼，别人向他打招呼他看到了也没反应，这样的人会有人缘吗？

充当交际功能的还有**副语言**，包括体态语（说话时的姿势）、旗语等。尤其是体态语，它与正常的语言往往如影相随。说不同的语言的人往往伴有不同的身体姿势。有时，相同的姿势在不同民族看来可能有不同的意义。副语言虽然也有一定的交际功能，但是，无论是旗语还是丰富的体态语，它们都无法与语言相提并论，况且有的副语言是通过语言来约定的。

### 2. 语言能反映群体的某些特征

不同民族的人往往操不同的语言，因而不同民族的人在语言上留下的印记是很明显的，这一点不必多说。就是把不同民族的语言翻译成同一种语言，这些不同民族语言在某些表达上或整体风格上也会各不相同，因为不同民族对现实世界的认知不可能完全一致，语言作为认知的产物，它也不能例外。

比如在喻体的选择上就能反映这一点。倪宝元曾说过这样一段话：

> 中国人不会拿阿波罗的七弦琴作喻体，正如西洋人不会用孙悟空的金箍棒作喻体一样。中国人常用梅花、菊花、荷花、芙蓉花作喻体，日本人常用樱花作喻体，西洋人则常用紫罗兰、郁金香作喻体，这是跟生活环境有关系的。[①]

---

[①] 倪宝元 1983 《修辞》，第216页，浙江人民出版社。

即使在同一语言内部，它也会因地区、年龄、行业、性别的不同而产生变体，这些不同的变体在不同的群体上会打下或多或少的烙印。

来自不同地区的人，如果普通话说得不够纯正，要么带有当地的口音，要么在话语中夹杂着方言词语或语法成分。毛泽东的湘音，陈毅的川味，熟悉这些话的人只要一听就知道。有位上海同学念《庄子》道："北民（溟）有鱼，其民（名）为鲲……化而为鸟，其民（名）为盆（鹏）……"她的同屋听后忍不住问道："洗脚盆还是洗脸盆？"①这些都属于发音方面。至于词语和语法方面，我们在看文学作品时，会经常感受到这一点。曾经有人利用这一点来考证《红楼梦》的作者，从思路上来看是可以的，但从方法上来看则不可取；因为同样的词语，可能被不同地区的人所使用，肯定其中的一点，并不能否定另一点。打个比方，服装厂生产出的服装，同一型号、同一花色、同一质地的，肯定不止一件，如果我们知道小李穿的是这件，那么，根据这件衣服找来的人不必然地是小李。利用某些方言成分来判断某一作品的作者，就会犯"根据穿着找小李"的错误，除非能确认某些成分为该方言所独有。不过话说回来，我们倒可以利用语言的这一特点来否定某一作品的作者。

不同年龄的群体，有时也可以通过语言反映出来。在日语、韩语这种极其重视敬语表达的语言里，晚辈对长辈说话一定要用敬语的形式，否则，说话的晚辈会被认为无礼、没有教养；反之，如果一个长者对晚辈使用了敬语的形式，这个晚辈不会感到受尊重，而是感到不安。②

不同行业的群体在语言上所表现的差异也很明显，所谓"三句话不离本行"。据说一位数学家对他的麻子女友说："你脸上的小数点真可爱"。下面这两段话在一定程度上反映了这一点：

（6）校园大了，各系的人都有，说话也就风格各异，"专业术语"

---

① 见袁雪瑶的《方音趣谈》，载复旦大学语言文字工作委员会主办的《雅言》第70期，2010年3月10日。

② 除了敬语外，语言的哪些方面还因年龄的不同而存在表达上的差异？这是社会语言学要研究的内容之一。

随处可闻。一外语系女生电影散场时不小心踩了别人一脚,急呼"I'm sorry"。一中文系学生跌了一跤,爬起来悠悠地说:"怎不痛煞也么哥。"一物理系男生失恋,室友问:"修好了?"他答:"没戏。短路,不通电。"

(7)……

梁言明:你们两个人的事情怎么样了?我就你这么一个儿子……我这个家也不像个家,迟早总得有人来招呼一下……

梁　浩:这个问题嘛……你叫我怎么回答呢?

梁言明:如实回答。

梁　浩:报告指挥官同志,起飞情况良好,正在进入第二阶段飞行。

梁言明:小心雷电。

梁　浩:怎么可能?气象预报——晴空万里。(赵梓雄《未来在召唤》)①

我们再看一段"数学式"情书②:

(8)我们的心就是一个圆形,因为它的离心率永远是零。我对你的思念就是一个循环小数,一遍一遍,执迷不悟。我们就是抛物线,你是焦点,我是准线,你想我有多深,我念你便有多真。

例(6-8)说话人的身份想必不难理解。或许正是受"三句话不离本行"的影响,行业词语的非行业用法在日常生活和文学作品中都比较普遍。例如:

(9)婚姻可不是好玩的。当年一不小心,就被段莉娜死死**套牢**,如今还不知道如何**解套**。(池莉《来来往往》)

(10)还有一点,其实也是贡开宸非常看重的,那就是老大长得非常像他。拿他年轻时的照片来和现在的老大对照,活脱脱一个"**全选**"后的"**另存**"。(陆天明《省委书记》)

---

① 例(7)转引自:刘焕辉 1986 《言语交际学》,第121页,江西教育出版社。
② 见《扬子晚报》,2011年7月20日。

例（9）中的"套牢、解套"是炒股时的用语，例（10）中的"全选、另存"是电脑操作方面的用语。它们用于日常生活，显得幽默生动。

不同性别的群体在语言的使用上也存在差异，差异的大小因语言的不同而不同。泰语、日语在这方面差异较大。据说一个中国男留学生到日本后，说出的日语都是女性化的，人们听后感到很奇怪。造成这种状况的原因是，这个男生在国内时请了一个日本女生辅导他日语。比如"我"这个词，在日语中最早学到的是わたし，它通用于男性和女性；另外还有两个词：あたし和ぼく，前者为女性专用，后者为男性专用。日语中的性别差异在其他方面也有体现，请比较：

（11）雨が降るんですよね。（一般礼貌用语）
（12）雨が降るのよねぇ。（女性用语）
（13）雨が降るんだよなぁ。（男性用语）

除了用词上的差异外，在语调上有时也表现出一定的差异，例如：
（14）これは本です。（这是书）

女性在发"で"这个音的时候，念得比较重，据说更能表现女人味。

有个女留学生在一次课上，因肚子饿了，急于下课，被老师发现。老师开玩笑说："要赶去约会啊？"这位学生认真地回答道："違うんす。おれ、腹減ったんす。"（不是，我肚子饿了）结果让老师大吃一惊。因为她说的都是男性化表达：日语中的"腹"，男性说时读成"はら"，女性说时，需要在前面加上"お"，读作"おなか"；另外，"おれ"是男性用语，其中的"す"为"です"的省略，是一些体育社团男生常用的表达。女性表达"肚子饿"应该说成"お腹すいた。"否则，像这位留学生那样表达，就给人以"野小子"的感觉。[①] 相反，如果男性用了女性用语，自然会被视为娘娘腔。

汉语在这方面的表现不明显，但不是完全没有，请看现实生活中

---

[①] 参见：韩莲丹《我也来谈谈日语里的"男性语"和"女性语"》，载于彭飞等主编 2011《88 人畅谈 学地道的日语》，大连理工大学出版社。

的两个人的对话：

（15）（在食堂排队买饭）

A：这几天没看到你，去哪儿啦？

B：人家在嘛！

B是男性还是女性？

有些案件的侦破正是利用了语言的这一特点而缩小侦查的范围。

### 3. 语言是社会生活的记录

语言中的语汇跟社会生活关系最为密切。跟人们的生活密切相关的，在语言中都有所反映，如农民对"米"的区分是城市里的人望尘莫及的；同样，渔民对"鱼"的认知、爱斯基摩人对"雪"的不同称法也是我们无法比拟的。据马学良等介绍，哈萨克族表示"男孩"的词直译成汉语是"牧羊人"，表示"女孩"的词直译成汉语是"有马人"。因为按照哈萨克族的婚姻习俗，男子娶妻必须给女方送去马匹作为聘礼。又比如，云南纳西族语言中"夫妻"这个词直译成汉语是"妻子丈夫"，"男女"直译成汉语是"女男"；"母"与"大"是同义词，"男"与"小"是同义词，"树母"是"大树"，"树男"是"小树"，早期纳西族母权社会的状况由此可窥见一斑[①]。与此相反，从湖南岳阳临湘一带的亲属称谓中则可看出父权社会的痕迹。这一带的亲属称谓中只有男性称谓，缺少女性称谓。爸爸是爸，妈妈也是爸；祖父叫爹，祖母也叫爹。分别男女的办法只是加"大、细（小）"，爸爸是大爸，妈妈是细爸。同样，哥哥是哥哥，姐姐也叫哥哥；弟弟称老弟，妹妹也叫老弟。

即使在同一语言中，我们也能通过其语汇在一定程度上看到该语言社团在不同时代的社会文化状况。如"文化大革命"时期的"臭老九""黑五类""阶级斗争"等词语折射出了当时"以阶级斗争为纲"，知识分子地位的低下；而"外资""合资""下海""扫盲""科教兴国"等词语的高频度使用则透出了引进外资、重视教育的改革开放之后的

---

[①] 马学良、瞿霭堂、黄布凡、罗美珍、王远新 1997《普通语言学》，第328-329页，中央民族大学出版社。

新气象;"环境保护""科学发展观"和"绿水青山就是金山银山"则透露出人们节约资源、保护环境的意识。

由此可见,我们可以从语言中观照某民族或某地区的文化。所以,我们学习外语或古代汉语时,必须了解外国的文化和中国古代的文化。只有这样才能更好地掌握这门语言。

**4. 语言的思维工具功能**

4.1 语言与思维的关系

语言和思维的关系历来存在着争论。有的说思维离不开语言,有的说也可以有没有语言的思维。如何证明或者反驳这两个论点?有人给猩猩一串钥匙,让它开锁,它就一把钥匙一把钥匙地去尝试。还有个实验是让猩猩取悬挂在高处的香蕉。猩猩不能直接够着这香蕉,但室内有个木块,木块也不是直接在香蕉之下,而是在旁边。实验的目的就是看猩猩知不知道利用这个木块。结果表明,猩猩成功地取到了香蕉,它将木块移到香蕉下面,然后站上去,这样就够着了。通过这两个实验,我们可不可以说猩猩有一定的思维能力呢?但猩猩有语言吗?一个不会说话的婴儿,要小便的时候,知道将接小便用的塑料盆从卫生间拖出来。这是不是思维呢?其实,这两种说法都有一定的合理性,但同时都有一定的片面性。其症结在于对思维的理解简单化了,没有分清不同性质的思维。思维有形象思维和抽象思维之分,形象思维又可分为直观动作思维和表象思维,它们又有初级和高级之分;只有初级的形象思维和语言没有什么关系,而高级的形象思维和抽象思维都离不开语言。

4.2 语言的思维工具功能

高级的形象思维和抽象思维离不开概念、判断和推理,而概念是通过语言中的词或短语来表示的,比如,要表示擦黑板用的工具,在汉语普通话中我们用"黑板擦"这个词;表示 $H_2O$ 这种物质,我们用"水"这个词。判断和推理又离不开句子,大家熟悉的三段论推理是由大前提、小前提和结论构成的,而它们又都是通过句子来体现的。例如:

(17) 人总是要死的。(大前提)

张三是人。（小前提）

所以，张三是要死的。（结论）

在这一三段论中，"人总是要死的""张三是人"以及"张三是要死的"这三个句子各表示一个判断。离开了句子，自然就谈不上推理。可见语言是思维赖以凭借的工具。人们的认识结晶，也要通过语言固定下来，只有这样，人类关于世界的知识才会越来越丰富，后人才会比前人更聪明。

**二、语言的自我调节功能**

物理学中有一种"耗散结构"理论。所谓**耗散结构**，是指一个远离平衡态的开放系统，通过不断地与外界交换物质与能量，在外界条件的变化达到一定阈值时，能从原来的无序状态转变为在时间上、空间上或功能上的有序状态，当外参量继续改变时，还会出现一系列新的结构状态。这种从无序到有序的变化过程是"**自组织**"的，就是说，在这样的系统中并无谁来发号施令，进行综观全局的统筹协调，但它们却自我组织，自我调节，形成一种具有调节功能的有序系统。这就是系统的**自我调节功能**。

前面我们已经指出过，语言符号是一种系统。语言这个系统随着社会的不断发展而不断地发生变化，可见，语言作为一种系统，它是开放性的。既是开放性的系统，它就不时地受外在因素影响，当这种影响达到一定程度的时候，旧的有序受到了破坏，于是就会失去原有的功能；而要维持这些功能，就必须达到新的有序状态。这种从一种状态过渡到另一种状态，是语言在发展过程中的自我调节。这就是**语言的自我调节功能**（或**语言的自组织性**）。语言的自组织性表现在多方面，词语的更替、词义的演变、形态种类的变化都能体现这一点。如在古代汉语中，表示"窗"的词有两个："在墙曰牖，在户曰窗。"到了现代汉语，"牖"这个词已不复存在，这个词所表达的意思就必须由其他的词来承担。英语中的 cow、pig、sheep 早些时候既可指相关的牲畜，也可以指这些牲畜的肉。但在诺曼底人入侵之后，随之而来的是法语词语 beef、pork、mutton。那些贵族们为了显示自己的高贵，喜欢用这些相应的法语词语，他们使用这些词语更多的场合应该是指称相关牲畜的肉。在同一个语汇系统中，指称同样的东西用两种说法，显然不符合语言运转的经济原则。于是它们经过自我调节，在指称上进行了分工：原有的英语词语指称牲畜，后来的法语词语指称这些牲畜的肉。[①]

古今汉语判断句句式的更替也是在不知不觉中完成的。语言形态上的这种自组织性，在基诺语中有比较明显的反映。据盖兴之说："基诺语助词在各地土语里的分布不太一致。有的多，有的少。一般说助词在基诺语里是对名词、动词、形容词等词类形态变化消失的一种补偿手段。"基诺语里，表领属关系的有领格助词 ε$^{55}$，它与用声调屈折表示领格的方式并存并用，有的土语已经有领格助词代替声调屈折的形式。[②] 古英语中名词的格变化比较丰富，因此语序比较自由；但在现代英语中，这种格变化已经消失，于是语序就比较固定，语序成为区分主语和宾语一种重要手段。这是英语在历时演变过程中的一种自我调节。

在语言的发展过程中，新的词语不断涌现，同时，一些旧的词语也成了历史词语。这些都是语言在语汇方面自我调节的表现。

语言的自我调节功能在共时平面也有所体现。不同语言都有程度不同的禁忌语，据说，慈禧属羊，所以在宫廷内忌说"羊肉"。遇到要说"羊肉"怎么办？改说"福肉"或者"寿肉"。有些地方把"吃中药"说成"吃香茶"，"吃醋"说成"吃忌"等，这都是语言自我调节功能的一种体现。

---

① 参阅：L.R.帕默尔 1983 《语言学概论》，第 129 页，李荣等译，商务印书馆。
② 盖兴之 1986 《基诺语简志》，第 69 页，民族出版社。

## 第二节 语言的运作原则

### 一、默认原则

有一则小幽默叫《欺骗》,一男一女对话如下:

(18)女:你为什么欺骗我?你爸爸明明是烧锅炉的,你却说能管一千多人。

男:没错,管一千多人喝开水。

你认为男的欺骗女的了吗?为什么?

"**默认原则**",通俗地说,就是我们在理解词语或句子时自觉地按照我们对它们的常规理解去理解,而不是故意地"抬杠",从所谓的逻辑角度诡辩。

比如,当我们说"吃排骨"时,实际上只吃排骨的"肉"的部分,而不是连"骨头"也吃下去;说"吃鸡蛋"时,也只是吃鸡蛋清、蛋黄,而不包括蛋壳。同样,当我们说"照半身像"时,不言而喻,指的是"照上半身像",而实际上"半身像"也可以是"下半身的像"。这样看来,我们的日常语言不是处处都可以拿逻辑来衡量的,它不像法律条文、合同语言那样追求严密。正因为这样,在日常生活中,有人会利用这一点来开别人的玩笑,甚至报复别人。大家一定知道不少阿凡提的故事,其中有一个讲的是,有一个顾客阿訇每次理发都不给钱,阿凡提想捉弄他一下。一次理发剃光头后,阿凡提给阿訇修面,修到眉毛时问道:"你要不要眉毛?",阿訇说"当然要!这还用问!"阿凡提嗖嗖几下,将眉毛刮了下来,塞到阿訇手中说:"给你!"阿訇埋怨他,阿凡提回答说:"不是你说要的嘛!"阿凡提继续给阿訇修面,问他要不要胡子时,阿訇想:刚才说要,他把我的眉毛给刮了下来,现在干脆就说不要。于是就说"不要!"阿凡提又嗖嗖两下把胡子给刮了个精光,扔到地上。阿訇又责备他,阿凡提不慌不忙地说:"不是你说不要的嘛?所以我把它扔了!"阿凡提其实是有意钻这种默认的空子：当我们在理发时说要眉毛的时候，不言而喻，指的是把眉毛留着，不要刮了。

对语言的默认理解，在很多情况下与那个词语某个意义的使用频率有关，或者与那个词语所指称的事物的普遍性有关，实际上就是跟认知心理学和认知语言学所说的原型范畴的典型成员有关。使用频率高的意义，具有普遍性的事物，往往都被默认理解。比如我们经常说的"爱国、爱党、爱民"中的"党"，就其词义来说，它既可以指称"中国共产党"，也可以指其他的党，如"农工党""国民党"等；但在中国大陆，由于中国共产党的特殊地位，它一般被默认为"中国共产党"。

对语言的默认理解，有时候与我们对现实世界的常规认知有关。例如，在改革开放之前或者之初，私人拥有轿车的现象并不多见，国人的主要代步工具是自行车，那时，当你听人说"我有车"的时候，你的默认理解是"自行车"而不会是"轿车"；今天则不然，越来越多的人拥有了轿车，人们对"车"的默认理解很可能是"轿车"。据说有个老师在一寺庙里给僧人们讲课，下课后，老师和一个学生都说这样的一句话："我去取车。"结果，老师取的是自行车，而那个僧人学生取的却是一辆名牌轿车。一留学生在回答"你家有哪些人？"时，答道："我家有一个爸爸、一个妈妈……"你觉得他的回答如何？是不是有点儿怪怪的？为什么？这就与默认有关。因为就一个正常的家庭而言，只有"一个爸爸""一个妈妈"，这是默认的，加上"一个"就显得多余，除非要进行某种对比。

默认是语言的共性。可以这么说，对语句的默认理解渗透在我们语言生活的方方面面。汉语中像这样的默认现象很多，如果没有默认原则，说话时不知要啰唆多少倍。反过来看，对语句的默认理解有时也可能会给我们带来麻烦，甚至重大的经济损失。曾经发生在美国一家公司和瑞士（瑞典？）的一家公司之间的跨国官司，根源就在于对极普通的一个英语词 chicken 的不同理解。这两家公司所从事的行业都跟鸡肉有关，美方公司要从瑞方公司进口大批量的鸡肉，在合同上对需要什么样的鸡写得非常仔细，瑞方公司也严格地按照合同的要求提供了产品。可美方收到产品后却说产品不合格，因为产品中除嫩鸡外，也有的不是嫩鸡。瑞方辩论说，合同里没有明确说需要的是嫩鸡。于是打起了官司。原来，美方一直所用的是"嫩鸡肉"，在他们公司员工看来，这是"必须的"，是不用说的，也就是公司内部的默认；而瑞方则是按照 chicken 的词典释义去理解，是全民的默认理解，自然可以是任何种类的鸡。法院于是对不同群体、不同行业的人进行调查，结果，绝大多数人的理解跟瑞方公司的理解一致，因而判美国那家公司败诉。

现在有不少网络词语，完全偏离了人们对它们的正常理解（默认语义），如"讨厌（讨人喜欢，百看不厌）""神童（神经病儿童）""气质（孩子气，神经质）"等。类似这样的词语在日常交际中要慎用。

正是语言具有默认的原则，一些商家就利用这点搞起了噱头、甚至欺骗。在商场，你可能经常看到"买一送一"的招牌。根据默认原则，应该理解为"你买什么东西，商家送你同样的一个东西，至少是同一类的东西"，最初见到这类招牌时，只是怀疑而已。后来有消费者抱怨，买了东西后，并没有另送他同样的东西。商家是如何解释的呢？比如说你买了一台彩电，商家送了你一个电视机罩。这就是"买一送一"啊。这种招数到今天恐怕难以吸引消费者的眼球了。于是，2010年虎年伊始，陕西某地打出了一幅惊人的广告："虎年送大礼，买铺子送老婆"。按照默认理解应该是：我买你的铺子，你送我一个老婆。谁信啊？记者随机采访了好几个人，都摇头说不相信。于是记者找到了打出广告的主人，解释是：你买我的铺子，回去**送给**你老婆，而不是**我送你**一个老婆！

《新民晚报》曾经报道过这样的事：（某夏令营业务员）"到我们那儿，包吃包喝包住包玩，学生优惠，每位 90 元。老师也优惠，住宿房里还装有空调……"后来老师带了一个班级的孩子去了，结果，学生们吃不饱、没水喝，晚上又热又有蚊子。老师找到接待人员，回答是："包吃"，是给吃的但非包"饱"；"包喝"是指用餐时喝的菜汤，并非茶水；空调只是老师的房间里有，因为前面用了句号。[①]

从默认的角度看，"包吃"自然是能吃饱，"包喝"自然是能提供足够的水让人喝。这个不良的业务员就是利用人们对"包吃包喝"的默认理解来达到欺骗的目的。

语言理解的默认原则既可以被不良人用来欺骗别人，也可以用来取得幽默的效果。有这么一个段子：

（19）警察盘问一个酒鬼："你在哪里工作？"

"市总医院。"酒鬼半醉半醒地回答。

"做什么的？"

"各科医不好的病人都请我处理。"

（你是否觉得这个酒鬼很厉害？）

警察一听不敢怠慢，立即扶酒鬼上了警车，往医院驶去。刚进医院大门，有一个护士对酒鬼大声喊道："喂！阿康，你跑到哪里去了？内科有个病人死了，等你送太平间处理。"

## 二、羡余原则

什么是羡余原则？我们不妨先看一个例子：

（20）公安局的一个警察在商店里抓到了一个偷钱包的小偷，已经人赃俱获了，可是小偷仍然撒泼耍赖说自己没有犯罪。（张继《遍地羊群》）

（21）主要就是因为我基本上是个城里人。长得很"文化"。这使得我的家乡的乡亲们始终不肯把我当成一个<u>一无所有的穷</u>学生来对待。（王泽群《正爷》）

上述例（20）中，"偷钱包"和"小偷"之间在语义上就重复，某人偷钱包，他自然是小偷，或者反过来，说某人是小偷，他自然是偷了别人的东西。例（21）中，说某人"一无所有"，他自然"穷"。由此，我们可以将"羡余"做如下表述：所谓**羡余**（redundancy）就是某成分在传达信息过程中因另一成分的存在而显得信息重复，因为它所

---

[①] 《听写广告语》，《新民晚报·蔷薇花下》，时间无从查考。

传达的信息已包含在另一成分之中。汉语中不乏此类现象,除上述两例外,类似的如"年逾古稀的老人"。有些语法结构会造成羡余现象,如"没上大学以前"中的"没"就是一个羡余成分,去掉"没"之后,意义的理解并不发生变化。"这个问题只能这样解决,不能用其他方法"也是一种羡余表达,因为其中的"不能用其他方法"所表达的意思已经蕴含在"只能这样解决"之中。

不同的语言在不同的程度上和不同方面都存在着羡余现象。比如英语的 many books 中-s 所传达的复数意义已包含在 many 之中,因而,-s 如果脱落,这并不影响我们对 book 的复数的理解。

同一词语的反复使用也可以看作一种羡余。

既然如此,语言中又为什么有那么多羡余现象呢?

羡余成分,从表义的角度看似乎是废话,但实际上废话不废。羡余现象的存在有一定的合理性,至少可以从以下几方面看:

第一,某些语言里语法上的需要,如英语中名词复数后加-(e)s 就是这种情况。

第二,语言是一种交际工具,在交际过程中,从发话到收话,中间往往伴随着各种各样的干扰,或者听话人思想不集中,有些句子不是每个词都听得很清楚,羡余成分的存在在某种程度上弥补了这一不足。请看列车上报站的一个例子[①]:

(22)旅客们,列车前方停车站是西安车站。西安车站停车 20 分。在西安车站下车的旅客请提前做好准备。旅客们,西安车站就要到了。

第三,有时利用羡余成分来表示强调,如"只能……,不能……";又如我国少数民族的载瓦语中,其主语标志是 $ki^{21}$,但这个标志一般情况下是不用的,只在防止混淆或强调的时候才用。[②]

第四,有些羡余现象与词语自身的语义潜隐有关。[③]有些词语意义

---

[①] 此例摘自:高有祥 2001 《广播电视有声语言冗余度新探》,《中国语文》第 4 期,第 335-338 页。

[②] 徐悉艰、徐桂珍 1984 《景颇族语言简志(载瓦语)》,第 107 页,民族出版社。

[③] 有关语义羡余方面的详细论述,可参阅:卢英顺 2023 《语义羡余的种类、原因及机制》,《对外汉语研究》第二十七期,商务印书馆。

的某方面不为现代人注意,要表达相关的意义时另外加上了其他的词。如"天籁",本来就含有"声音"的意义,但现在时常听到"天籁之音"的说法;又比如,"涉及"的"及"就是"到"的意思,但我们习惯说"涉及到"。

第五,有些羡余现象与说话人对语义的具体细化表达有关。例如"年近古稀的老人","老人"到底有多老?语义非常模糊。过去我们说"年过半百的老人",耄耋之年也是老人,期颐之年也是老人。所以,加上修饰语"年近古稀"之后,就使得"老"具体化了。

可见,羡余成分与废话还不是一回事。

我们来看一个废话的例子。从前有人写过一首打油诗,是讽刺说废话的,因而打油诗本身就充满了废话:"一个孤僧独自归,关门闭户掩柴扉;半夜三更子时分,杜鹃谢豹子规啼。"[1]语言中真正的废话并不少见,如"梵婀玲提琴""现在而今眼目下",不过这只是个人的言语行为。社会性的废话在我国"文化大革命"时期屡见不鲜,例如[2]:

(23)中国文化大革命是世界历史上最大的极大的一次,不是比它们小或者和它们一样大,或者比它们大一点,而是极大最大的一次。

(24)我们要把政治摆在一切工作的第一位,不能摆在第二位,第三位,也不能和其他工作摆在同等的地位。

2012年,在网络上流传乌青的一首诗《对白云的赞美》[3]:

(25)天上的白云真白啊

　　真的,很白很白

　　非常白

　　非常非常十分白

　　极其白

　　贼白

　　简直白死了

　　啊——

---

[1] 参阅:于根元、张朝炳、韩敬体 1994 《语言的故事》,第209页,东方出版社。
[2] 苗作斌 2011 《我们有个废话协会》,《世纪》第6期。
[3] 乌青,原名郑功宇。该诗被称之为"废话体"。参见扬子晚报网,2012年4月4日。

### 三、类推原则

**类推现象**（analogy）一般指对语法中的不规则现象作规则化处理，这从学外语和小孩学说话中可窥见一斑。如英语规则动词的过去式是通过加-(e)d 来表示的，但一些不规则动词的过去式往往通过类推而弄错，go 的过去式有可能被说成*goed，而不是 went；同样，see 和 know 的过去式可能被说成*seed 和*knowed，而不是 saw 和 knew。但由于语言是发展的，有的类推现象因使用频繁而逐渐变成合法的，help 的过去式在古英语中就是不规则形式，现在却变成了规则形式 helped。英语中有些词的过去式有两种情况，如：

knit—knit / knitted　　burn—burnt / burned　　learn—learnt / learned

这些都是类推的结果，久而久之，那些不规则的形式可能被淘汰掉。

类推在构词、修辞学上都起着一定的作用。有"文坛"，又有了"网坛""艺坛""体坛""武坛"；有"的哥"，又有了"的姐"；等等。修辞学上有一种"仿拟"也是类推现象①。1965 年，周总理为安娜·路易斯·斯特朗的 80 大寿举行盛大的庆祝会，在热烈的掌声中，周总理站起来讲话了："今天我们为我们的好朋友，美国女作家安娜·路易斯·斯特朗女士庆祝 **40 公岁**诞辰。"其中的"公岁"就是仿照"公斤""公里"而成的。1 公斤等于 2 市斤，1 公里等于 2 里，1"公岁"自然等于 2 岁，这样，40"公岁"就是 80 岁。其他的如对成语的改造运用也可看作此类，"望书兴叹"就是仿照"望洋兴叹"而成的，尽管对"望洋"的理解发生了偏误。

再看下面的例子：

（26）他搞了一部可供代步的轿车，出出进进，领着初出茅庐的于莲，拜访了一些在文艺界属于大师以下、小师以上的人物。(李国文《冬

---

① 需要注意的是，修辞学上的仿拟不限于仿词，还可以仿篇，这就不属于类推了。例如网上有一篇是仿《陋室铭》的："分不在高，及格就行；学不在深，作弊则灵。斯是教室，唯吾闲情。小说传得快，杂志翻得勤。琢磨下象棋，寻思看电影。善于抄作业，猎奇闻。无书声之乱耳，无学习之劳心。虽非跳舞场，堪比游乐厅。心里云：混账文凭。"戒之！戒之！

天里的春天》)

（27）有人调查了，女方的父亲比教授还小几岁，说岳父应该叫"岳弟"，有人说这不足为奇，不要大惊小怪，将来会有叫"岳侄"的事情出现。（阎真《因为女人》）

（28）卖车有车模、卖房有房模，作家莫言的新书发布会也找来了美女模特！只是吃不准能不能管她们叫"书模"。（《文汇报》2010-01-25）

例（26）中的"小师"显然是仿"大师"的结果，知道"大师"的意思，也就不难理解"小师"的意思。例（27）中，根据我们对翁婿年龄差距的正常理解（一般的社会认知），我们不难从"岳弟、岳侄"中理解其翁婿之间的年龄状况。例（28）中的"书模"是仿照"车模、房模"而成，只要我们能理解"车模"和"房模"，也就自然能理解"书模"。

在语言的演变过程中，类推对语法结构的影响也是值得关注的。现代汉语中，"给"可以表示"被动"，如"他在街上给（醉鬼）打了"。"给"的这一用法是从表示"给予"义的"给"发展来的。起初对"给"后的名词性成分是有要求的，即必须是表示人或者动物的名词；后来经过类推，这一用法才得以扩大，成为今天这个样子。[①]

### 四、经济原则

语言运转的基本原理是"语言经济原则"，这是法国著名语言学家马丁内（Andre Martinet）提出的。他认为，言语活动中存在着从内部促使语言运动发展的力量，这种力量可以归结为人的交际和表达的需要与人在生理上（体力上）和精神上（智力上）的自然惰性之间的基本冲突。交际和表达的需要始终在发展，变化，促使人们采用更多、更新、更复杂、更具有特定作用的语言单位，而人在各方面表现出来的惰性则要求，在言语活动中尽可能减少力量的消耗，使用比较少的、

---

[①] 参阅：蒋绍愚 2003 《"给"字句、"教"字句表被动的来源》，载吴福祥、洪波主编《语法化与语法研究》（一），商务印书馆，第202-223页。

省力的、或者具有较大普遍性的语言单位。但是，这种省力必须以成功地完成交际功能为前提。语言的经济原则作用于语言的不同方面①，简而言之，**经济原则**是指在不影响交际（表义明确）的前提下，语言的编码趋向从简。

比如汉语中我们用"吃大碗"来代替"用大碗吃"，用"睡沙发"代替"在沙发上睡"等等，就是因为前者比后者来得简练。②简称的大量使用也是经济原则的体现，如一般场合不说"复旦大学"，而说"复旦"；不说"中国语言文学系"，而说"中文系"，就是为了表达上的省力。各种语言省略现象的大量存在也说明了这一点。修辞上的借代，有时也是经济原则的体现，"喝茅台"比"喝茅台酒"简练，"抽红双喜"比"抽红双喜牌香烟"简练，如此等等，不一而足。

语言的经济原则，东乡语和错那门巴语的"数"的语法范畴③就很能说明这一问题。刘照雄指出，东乡语名词复数的标志在强调可数事物的复数时使用，但是名词前面有数词修饰时，名词复数的标志一律省用；有的词从上下文很容易判断该事物的数时，名词复数的标志也省用。④另据陆绍尊指出，错那门巴语中，称人名词后面添加表复数助词 nAŋ$^{35}$ 以后，不能在它的后面再加数词；同样，已加数词表示名词的多数，也不能再加表复数助词。⑤换句话说，数词和表示复数的标志不能同现。之所以会这样，是因为语言的经济原则在起作用。当名词受数词修饰时，名词的数量意义已经明确，再加上表复数的标志就是一种浪费；反过来，当名词带上复数标志以后，它的复数意义已经明确，也就不需要再加数词来修饰。

需要指出的是，我们说语言的运转受经济原则的制约，并不是说经济原则处处都在起作用。在交际过程中，有时为了特别强调某一信息，我们会违反经济原则，就是说，在"强调原则"起作用的地方，

---

① 参阅：冯志伟 2013 《现代语言学流派》（增订本），第 210-211 页，商务印书馆。
② 当然不仅仅如此，"吃大碗""睡沙发"主要是为了凸显"大碗""沙发"。
③ 关于"语法范畴"，将在后面的"语法"部分介绍。
④ 刘照雄 1981 《东乡语简志》，第 34-35 页，民族出版社。
⑤ 陆绍尊 1986 《错那门巴语简志》，第 33 页，民族出版社。

经济原则就不起作用。载瓦语主语和宾语标志的使用情况可以说明这一点。徐悉艰和徐桂珍说,载瓦语中,ki$^{21}$用在主语的后面,指明或强调前面的成分是主语。但并不是任何主语后面都要用它。一般是,当句中主语不易辨认或需要强调的时候才用。宾语标志 lě$^{55}$ 或 ʒě$^{55}$ 的使用情况与主语标志类似。①

有时即使不是为了强调,因为表达的需要,也不能为了遵循经济原则而苟简。说有个爱删古人诗的人,认为杜牧的《清明》一诗写得不好,应该将每句的开头两个字删去,更有人认为每句只保留后面的三个字就行了。②于是:

(29)

| 原诗 | 删节后 | 再删后 |
|---|---|---|
| 清明时节雨纷纷, | 时节雨纷纷, | 雨纷纷, |
| 路上行人欲断魂。 | 行人欲断魂。 | 欲断魂。 |
| 借问酒家何处有, | 酒家何处有, | 何处有, |
| 牧童遥指杏花村。 | 遥指杏花村。 | 杏花村。 |

### 五、邻近原则

典型的邻近关系是空间上的一种位置关系。空间物体之间的远近要有一个参照点,这个参照点往往是说话者本人所处的位置。**邻近原则**是说,我们在理解话语时,在很多情况下是按照就近的原则来理解,这种"近"不仅仅是空间方面的,也可以是语篇、时间等方面的。③例如,"南京大学"和"南开大学",它们各自都简称为"南大",这在理解上会造成困难吗?一般不会。北方,特别是天津市的人所说的南大,指的是南开大学,而南方,特别是南京市的人所说的南大则一定指南京大学。这显然与空间距离的远近有关。再比如,上海有两所师范大

---

① 徐悉艰、徐桂珍 1984 《景颇族语言简志(载瓦语)》,第137页,民族出版社。
② 参阅:于根元、张朝炳、韩敬体 1994 《语言的故事》,第209页,东方出版社。
③ 详细情况可参阅:卢英顺 2004 《语言理解中的邻近性原则》,《安徽师范大学学报》第4期;卢英顺 2012 《跟邻近性原则有关的另外几种现象》,复旦大学中文系语言文字学科《语言研究集刊》(第九辑),上海辞书出版社。

学,这两所高校附近的人在理解"师大"时也有距离方面的倾向。你在华东师范大学附近问路:"请问,师大的正门在什么地方?",他绝对不会问:"你说的是哪个师大?"

这种三维空间还可以延伸到"自我"心理空间。"自我心理空间"是一种以"我"(一般都是说话者,听话者也按指向说话者的"我"来理解)为中心的、非三维性的空间,它是心理上的一种空间。之所以说它是心理方面的,是因为这种空间所指不受"我"的身体所处的三维空间的约束。因而,自我心理空间的邻近性原则可以表述为,不管说话者这个"我"身处何处,对"我"所说的话语中的有关词语只能作与"我"相关来理解。一个中国人,无论他走到哪个天涯海角,当他说"我国"时,一定指的是"中国",并不因为他人在美国而指"美国",或人在日本而指"日本"。例如:

(30)然后贡开宸又让他马上找到贡自和。让"这小子"这会儿就回家去"等着我"。

……(焦来年)突然又想起什么,忙问:"贡书记,是让贡自和在他自己家等着,还是上枫林路十一号等着?"贡开宸应道:"当然在枫林路十一号。"(陆天明《省委书记》)

"枫林路十一号"是贡自和的爸爸——省委书记贡开宸的家。对第三者焦来年来说,贡自和有自己的家,到底在哪个家等是需要确定的问题。但在说话者贡书记看来,他所说的"家"当然是自己的家,而不是他儿子贡自和的家,所以他对这个问题的回答是"当然在枫林路十一号"。显然,这种回答与自我心理空间的邻近性原则有关。

由于受自我心理空间邻近性原则的影响,我们在说话时,往往是"自我"领先。请比较:

(31)日本《读卖新闻》7月31日称,在7月26日举行的中日防务安全磋商会上,中国人民解放军副总参谋长马晓天就"日本向西南群岛配备自卫队"、"日本在东海强化警戒监视活动"等向日本表示不满,认为日本"正走向危险的方向"。日媒由此分析说,此举表明**日中**国防部门仍存"芥蒂"。清华大学当代国际关系研究院副院长刘江永8月1日对《环球时报》记者表示,多种因素导致当前**中日**围绕安全保

障方面存在"不正常的状态",但这个问题不在中方,完全是日方在制造摩擦。(雅虎新闻,2011-08-03)

例(31)中,同样是中国和日本之间,从日媒的视角说成"日中",而从中国人的视角则说成"中日"。

语篇中常常出现代词或省略等现象,这些代词或省略成分具体表示什么意义,往往与其前的某个先行成分(词或短语等)相关。这种现象是"**回指**"现象,这些代词或省略成分是"**回指成分**",用代词还是省略方式来回指叫"**回指形式**",用省略的方式来回指,叫"**零形回指**"。回指成分与先行成分之间一般不能插入其他的可能先行成分。语篇方面邻近现象的例子如:

(32)**谁**₁对我好,我就对**谁**₂好。

(33)老犯人张开的嘴巴合拢不上了,他自己不知道是怎么走出房子来的。但[ A ]刚出屋子,章龙喜就追出来,[ B ]把那张减刑的裁决书,交给了他。并[ C ]含蓄地告诉老犯人说……(从维熙《远去的白帆·大墙下的红玉兰》)

例(32)中的"谁"不表示疑问,而是表示任指。如果按照这种思路来理解,前面的疑问词和后面的疑问词可以有不同的所指,因为它们都是任指。但显而易见,实际情况并非如此。实际情况是,第一个疑问词可以任指,但第二个疑问词只能跟着第一个疑问词的所指来理解。例(32)只能理解为"张三对我好,我就对张三好;李四对我好,我就对李四好"。这就是邻近性原则约束的结果。在上述例(33)这段语篇中共有 A、B、C 三处省略。凭语感就知道,A 处应理解为"老犯人",因为第一句的话题是"老犯人",根据邻近性原则,第二句的"他"指代"老犯人",A 处的省略成分与"他"又邻近,所以 A 处就自然理解为"老犯人"。但 B 处和 C 处的省略则不然。他们之前出现了一个新话题"章龙喜",与 B 处邻近的因而是"章龙喜"而不是"老犯人",所以根据邻近性原则,B 处应理解为"章龙喜";C 处与 B 处邻近,因而 C 处也应理解为"章龙喜"。

就语言理解而言,有时候会同时涉及话题邻近和空间邻近的问题,这时候会发生怎样的情况?

韩剧《天赐我爱》中有这么一个情节：英善和以前的恋人生过一个女儿，很多年后这个前男友知道了这件事，想认这个女儿，于是请英善吃饭，谈这个问题。话题自然是他们的女儿。谈话中有一段沉默后，男友忽然问英善道：

(34) 男友："身体怎么样？"
　　　英善："问谁？我吗？"
　　　男友："你和孩子。"

由于受话题邻近的影响，当问"身体怎么样？"的时候，很容易理解为"他们的女儿的身体"，但男友和英善又是面对面谈话，具有空间的邻近性，而且在问这句话前有一段时间的停顿，所以这句又可以理解为问英善的。所以英善听到这句问话后问道"问谁？我吗？"

时间方面也有邻近理解现象。比如说"下午我去公园"这句中的"下午"是指哪天下午？从默认的角度看，显然是指"今天下午"；但"下午"并不总是默认理解为"今天下午"，看下面的句子：

(35) 明天上午我去图书馆查点资料，**下午**准备行李。

(36) 昨天上午我们谈到了小李，**下午**他就来了。

这两例中的"下午"都不能理解为"今天下午"，它们分别是"明天下午"和"昨天下午"的意思。这就是邻近原则在起作用，因为前者邻近时间词语"明天"，后者邻近时间词语"昨天"。

运用邻近原则时，都存在一个参照点的选择问题。在正常情况下，我们在理解话语的时候总是理解为靠近参照点的区域，比如，说年龄的时候，一个38、39岁的人，我们一般不会说他"三十几岁"（除非别有用心），而会说"快40了"；因为30的"零头"8、9离30太远，而离40更近，后一种表达符合语言表达和理解的邻近性原则。如果是35岁呢？如何表达？请看下面一段文字：

(37) 29岁就"过期"，也实在太夸张了些。不过，在很多招聘会上，用人单位打出"年龄：35岁以下"这样的要求的倒也不在少数。所以又有了种说法，叫"35岁现象"。"30岁出头时，人家说，'噢，才30出头，还年轻……'一过35岁，说法变成'哟，也快40喽！'一下子就觉得老了。"(《白领35岁，老了？》，某报纸)

由上例不难发现，对参照点的选择有时是很重要的。假如你要买一辆二手车，半新半旧的，卖的人会说"我的车还是半新的"而不会说"我的车半旧了"。为什么？以"新"为参照点，在价格上就可以理直气壮地多要一点，而如果以"旧"为参照点，就不宜要高价了。相反，买的人应该强调"旧"的一面，说"你的车都半旧了"，这样或许便于砍价。

### 六、格式塔原则

"格式塔"(gestalt)不仅是个重要的心理学术语，也是一个重要的心理学学派("格式塔心理学"又称"完形心理学")。简单地说，物体相对稳定的形状在我们的头脑中形成以后，我们就会按照这个形状来理解这个物体，即便缺少某一部分，也按照该形状的整体来理解。如右图所示，或许本来就是这样的图形，但我们习惯把它看作两个重叠的圆形。表现在语言上，就是某个词语或者某一格式一旦在人们的头脑中留下印记，即使这个词语或格式没有完整出现，人们总能按照它们整体出现时的情况来理解。汉语中典型的格式就是"非……不可"，它表示"一定……"，如"我非去不可"。下面的句子没有"不可"，又如何理解呢？①

(38)十一二岁的时候,他就在家里"纵过火"——因为保姆非"逼"他洗澡；也曾在学校里"跳过楼"——因为班主任老师非"逼"他把家长请到学校里来面谈。(陆天明《省委书记》)

如果真要把这种"非"仅仅理解为"不"，那就成了笑料。看下面

---

① 参阅：卢英顺 2005 《语言理解中的格式塔原则》，《修辞学习》第5期。

的例子：

（39）某君是在大学里教古文的，一日妻子提议一同去听音乐会，他道："无此雅兴。"妻嗲道："我非要你去！"他大悦道："甚好，'非'者，不也。非要我去看，则不要我去也。"妻愕然……（某报纸，具体信息不详）

跟格式塔原则有关的其他例子如：

（40）别说了，本姑娘我没空洗耳朵。（电视剧《战火青春》）

例（40）中的"洗耳朵"当然不是指洗耳朵本身，而是表示"恭听"的意思。为什么会有这种理解？这就是格式塔的作用。因为我们常说"洗耳恭听"，现在"恭听"虽然没有说出来，但是我们很容易将它补出来。

跟语言理解有关的一种普遍现象是对话省略。为什么在对话过程中省略了某些成分之后并不影响理解？可能的回答是，这是上下文的语境的作用。情况确实如此。离开特定的语境，我们只能理解某个词或短语的可能的静态意义，但无法理解其在语篇中的意义。光说个"张丽"，我们一般只知道它是个人名，所指对象是个女性。但如果在语篇中情况就不一样了，例如：

（41）王强跟谁结婚了？张丽。

这例中的"张丽"所传达的信息就不只是一个人名了，而是"王强跟张丽结婚了"这一信息。再看下一例：

（42）谁跟丈夫离婚了？张丽。

（43）他打谁了？张丽。

例（42、43）两例中"张丽"在语篇中所传达的信息分别是"张丽跟丈夫离婚了""他打张丽了"。为什么"张丽"在不同的语境中会有相应的不同的理解？这也是格式塔的作用。问话实际上就是一种"形"，答话者就是对这个"形"的空缺部分进行补充，就是"完"这个空缺的"形"。这个空缺部分就是疑问焦点。例如，例（41）问话部分给答话者所提供的空缺之形就是"王强跟＿＿结婚了"，将"张丽"

填进去之后便成了"王强跟张丽结婚了"。由于格式塔一般理解为比较恒定的形状,我们称这种情况为"**临时格式塔**"。

一些常用的歇后语在省略了后面的关键部分以后,并不影响理解,这也是格式塔原则在起作用。例如"我们现在的生活真是芝麻开花啊!","他这个人是铁公鸡"等。人们得以完形的前提,是这个歇后语的经常使用,否则就不会有这个歇后语的定型。正是这个缘故,那些不经常为人所用的歇后语的后一部分是不能省略的,否则无法完形,因而也就难以理解。例如:

(44)人家都说你心里有事爱琢磨不爱说,没想到真要叫你讲起来,还是<u>景德镇的瓷器</u>——<u>一套一套的</u>。(蒋子龙《锅碗瓢盆交响曲》)

## 思考题

1. 你是怎样理解语言的功能的？
2. 语言的自我调节功能指的是什么？
3. 羡余成分不是表义所必需的，语言中却又存在羡余现象。你是怎样看待这个问题的？
4. 语言的经济原则是什么意思？
5. 以汉语为例，搜集若干跟语言理解中的邻近原则和格式塔原则有关的现象。
6. 有没有故意违反邻近原则的情况？是在什么情况下违反的？
7. 在邻近原则中有"自我"领先的情况，假如提及"自我"之外的其他几方，如韩国和日本，其排列顺序有规律可循吗？
8. 下列两例中的画线部分都存在羡余现象，它们之间有什么不同吗？

（1）（祥子）拉到个僻静的地方，<u>细细端详</u>自己的车，在漆板上试着照照自己的脸！（老舍《骆驼祥子》）

（2）一年前，我受死者生前之托，<u>破天荒第一次</u>写了一幅墓碑，碑文曰"酒公张先生之墓"。（余秋雨《酒公墓》）

9. 下面网络段子中，学生的回答反映了什么问题？

小朋友从学校回家不开心，家长问他"为什么不开心啊？""老师打我。""为什么呀？""老师说，狼和狗生下来的是狼狗，老虎和狮子生下来的是什么呀？""老狮（师）。"

10. 《扬子晚报》曾经报道过这样的事：近日倪萍担任央视首档公益寻人节目《等着我》的主持人。不过在主持节目时，主持人倪萍的一段话似乎存在问题。节目中倪萍慷慨激昂地说："我们微博的阅读量是五千五百万，同志们，这是什么，将近一个亿呀。"为什么说倪萍的话似乎存在问题？

11. 某校报有如下一则消息报道,你怎么看?

### 西德画家来校办个展(标题)

　　西德青年画家托思顿·施尔姆先生日前在我校举办个人画展,与美术系师生开展学术交流。

　　指画萌芽于唐代,清代画家高其佩正式创立,以手指代笔蘸墨作画,别具一格。施尔姆长期从事指画艺术研究和创作,这次他带来了百余幅指画作品,使师生开拓了视野。

---

**本章关键词**

语言的外部功能;自我调节功能;
默认原则;羡余原则;类推原则;
经济原则;邻近原则;格式塔原则

# 第四章

# 语　音

## 第一节　语音学

### 一、语音及其性质

我们耳朵正常的人能听到自然界各种各样的声音，如春天的蛙鸣声、夏天的知了声、秋风飕飕声，虎啸猿啼声、波涛澎湃声、潺潺流水声，等等，等等，不过，这些自然界的声音，尽管千变万化、丰富多彩，它们都不能算作语音。**语音**有着特定的含义，它指的是人类语言中能够传达意义的声音。语音是由人发出的，但由人发出的声音并非都是语音，如呼噜声、咳嗽声等。

语音从广义上讲也是一种声音，是一种特殊的声音。既是声音，它就有着和自然界一般声音相同的地方，那就是它必须经过空气的传递，通过空气的振动，才能使人听见。这是语音**物理方面的属性**；人们要想发出语音，必须借助一定的发音器官。人的发音器官由三部分组成：肺和气管，喉头和声带，咽腔、口腔和鼻腔[①]。人类语言中各种各样的语音就是通过它们的相互配合而发出的，可见，语音又具有**生理属性**；物理属性和生理属性都属于语音的自然属性。人类的语音如

---

① 该发音器官图来源于百度网站。

果只有自然属性,那它和自然界的其他声音也就没有本质的不同。人类的语音除了自然属性以外,它还能起到区别意义的作用,这是语音的**社会属性**。社会属性是语音的本质属性。

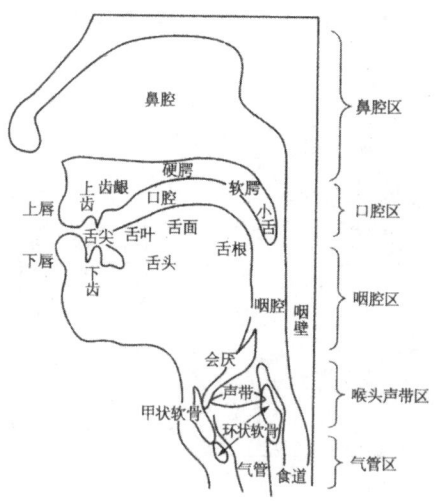

图 4-1 发音器官纵侧面示意图

### 二、语音学及其分类

概括地讲,凡是研究语音的科学都叫语音学(phonetics)。它研究人类发出语音的特点,并提出各种语音描写、分类和转写的方法。但是,随着人们对语音研究的不断拓展和深入,语音学一般有三个分支:发声语音学(articulatory phonetics),研究发音器官如何发出语音;声学语音学(acoustic phonetics),研究语音的物理属性;听觉语音学(auditory phonetics),研究人通过耳、听觉神经和大脑对语音的知觉反应。[①] 接下来我们先介绍发声语音学的基础知识,再简单介绍一下声学语音学的基础内容。

---

① 参阅:戴维·克里斯特尔编 2000 《现代语言学词典》(*A Dictionary of Linguistics and Phonetics*),沈家煊译,第 267 页,商务印书馆;维多利亚·弗罗姆金(Victoria Frromkin)、罗伯特·罗德曼(Robert Rodman)和妮娜·海姆斯(Nina Hyams) 2018 《语言导论》(*An Introduction to Language*)(第 8 版),王大惟、朱晓农、周晓康和陈敏哲译,第 215 页,北京大学出版社。

### 1. 发声语音学

发声语音学研究的是语音是怎样从人的发音器官发出来的。平常我们所熟悉的元音和辅音就属发声语音学的研究范畴。通过发音器官发出的语音是**音素**，它是从音质角度划分出来的最小的语音单位。

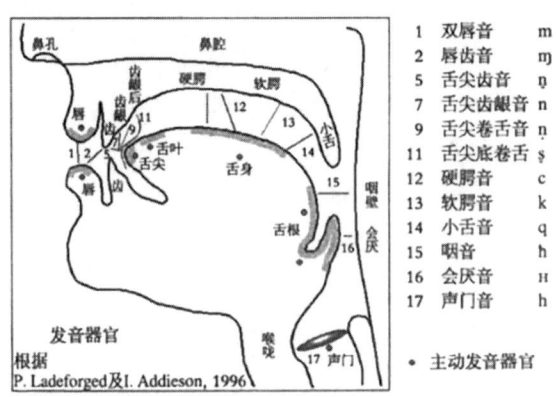

图 4-2 发音器官图①

音素首先可以分为**元音**和**辅音**，它们的主要区别是：第一，发辅音时，气流在口腔或咽腔中会受到一定的阻碍，而发元音时则不会受到这样的阻碍；第二，发辅音时，为了克服阻碍，呼出的气流就比较强，而发元音时，由于无需克服阻碍，所以呼出的气流就比较弱；第三，发辅音时，因为有一定的阻碍，阻碍部位的发音器官就明显地紧张，发元音时，发音器官紧张程度是均匀的。实际上，有的音是介于元音和辅音之间的，如英语中的[j]和[w]。

元音，根据舌位的高低可以分为高元音、中元音和低元音，如[i][u][y]为高元音，[E]为中元音，[a][ɑ]为低元音，此外，还有介于其间的半高元音和半低元音；根据舌位的前后可以分为前元音、央元音和后元音，如[i][y][a]为前元音，[A][ə]为央元音，[u][o]为后元音；根据嘴唇的圆展可以分为圆唇元音和非圆唇元音，前者如

---

① 该发音器官图来源于百度网站。

[y][o][u]，后者如[i][ʌ]。图4-3为元音舌位图①。

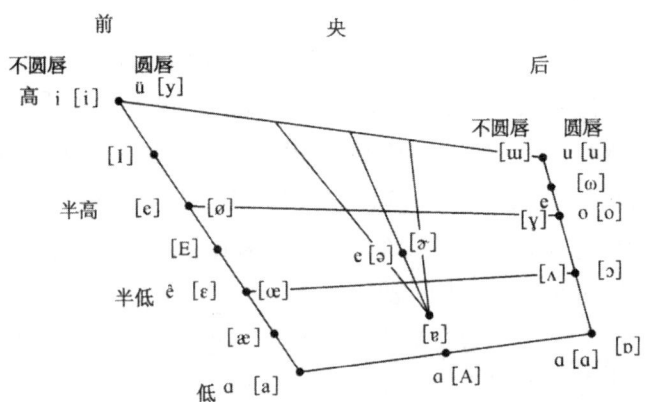

图4-3 元音舌位图

由于发同一个音可能同时涉及舌位的前后、高低和嘴唇的圆展，所以对同一个音的描写可以是多角度的，如[i]是前、高、非圆唇元音，[u]是后、高、圆唇元音。

当然，元音还可以从其他角度分类，如根据音节的多少可分为单元音和双元音等；根据发音时间的相对长短分为长元音和短元音；等等。

辅音可以根据发音部位和发音方法来分类。**发音部位**指的是形成阻碍的部位，**发音方法**指的是克服阻碍的方式。

根据发音部位的不同，辅音可以分为以下几种：

1）双唇音　下唇和上唇接触或靠近时发出的音，如[b][p][m]等；

2）唇齿音　下唇和上齿接触时发出的音，如[f][v]；

3）齿间音　舌尖放在上下齿之间发出的音，如[θ][ð]；

4）舌尖前音　舌尖抵住或靠近齿龈时发出的音，如[t][d][n][s]；

5）舌尖后音　舌尖抵住或靠近硬腭时发出的音，如[tʂ][dʐ][ʂ]

6）舌叶音　发音时，舌叶两边隆起接近硬腭，双唇略有突出，如

---

① 该舌位图来源于百度网站。

[ʃ][ʒ];

7）舌面音　舌面抵住或接近硬腭时发出的音，如[tɕ][ɕ]等；

8）舌面后音　舌面后抵住或接近软腭时发出的音，如[k][x]等；

9）小舌音　小舌与舌根抵住或靠近时发出的音，如[R]；

10）喉音　发音时声门紧闭或接近，声带不颤动，如[ʔ][h]。

根据发音方法的不同，辅音主要可以分为以下几种：

1）塞音　发音器官在某部位形成闭塞后忽然打开，气流由内向外冲出而发出的音，如[t][d][p]等；

2）擦音　发音器官在某部位形成一道缝隙，气流从缝隙中摩擦通过而发出的音，如[f][s][ʂ]等；

3）塞擦音　发音器官在某部位先形成闭塞，闭塞打开后仍保留一道缝隙，气流再从缝隙中挤出、摩擦而发出的音，如[ts][dz]等；

4）鼻音　发音时，气流不是通过口腔而是通过鼻腔出来而发出的音，如[m][n][ŋ]；

5）边音　发音时，舌尖抵住齿龈，让气流从舌头的一侧或两侧通过而发出的音，如[l]；

6）闪音　发音时，舌尖靠近齿龈，只颤动一次而发出的音，如[ɾ]；

7）颤音　舌尖或小舌由于气流冲击而连续颤动所发出的音，如[r]；

等等。其中，边音、闪音和颤音常统称为"流音"。

其实，辅音还可以从其他的角度进行分类，如根据声带是否振动可分为清辅音和浊辅音，发音时，声带不振动的是清辅音，如[p][t][k]；发音时声带振动的是浊辅音，如[b][d][g]。有的辅音还可以根据送气与否分为送气音和不送气音，送气符号用" ' "或"ʰ"来表示，前者如[pʰ][tʰ][kʰ]，后者如[p][t][k]。

由于发同一个辅音同时涉及发音部位和发音方法等方面，所以我们可以结合这些方面对任意一个辅音进行描写，习惯的描写顺序是"发音部位＋（送气情况）＋声带振动情况＋发音方法"，如：

[p] 双唇、不送气、清、塞音；

[m] 双唇、浊、鼻音；

[tʰ] 舌尖前、送气、清、塞音；

[tɕ] 舌面、不送气、清、塞擦音；

等等。

如果我们把发音部位、发音方法、送气情况和声带振动情况分别看作一个特征的话，那么音素之间的差异就表现为某一方面或某几方面的不同，如[p]和[pʰ]，它们都是双唇、清、塞音，所不同的是，前者不送气，而后者送气；再比如[m]和[n]，它们都是浊、鼻音，但[m]是双唇音，[n]是舌尖前音；[p]和[tɕ]，两者都是不送气、清音，但前者是双唇、塞音，后者是舌面、塞擦音；等等。正因为音素与音素之间有这样的对立特征，所以我们在分析语音特征时有时可以采用二元对立的方式，如口音和鼻音的对立，清音和浊音的对立，送气音和不送气音的对立，等等。

**2. 声学语音学**

声学语音学研究的是语音的物理性质，如可以从音高、音强、音长和音质四个方面加以分析。

**音高**就是声音的高低，它取决于物体振动的频率。频率越大声音越高，频率越小声音越低。人的发音主要靠声带的振动，所以声带的长短、厚薄和松紧都会影响声音的高低；小孩的声带比较短、薄，成人的声带比较长、厚，因而小孩比成人的声音要高；女人的声带比男人短而薄，因而女人的声音听起来比男人高。戏曲中的花旦过去多由男子扮演，为什么说出或唱出的声音听上去像个女的？这是因为每个人都能控制自己声带的松紧，绷紧自己的声带后再发音，发出的音就较高。

**音强**是指声音的强弱，它取决于物体振动的幅度（振幅）。振幅大，声音就强；振幅小，声音就弱。振幅的大小与外力有关，外力越大，振幅就越大；外力越小，振幅就越小。所以，语音的音强与发音时用力的大小和呼出气流的强弱有关。用力大，呼出的气流强，音强就大；反之，用力小，呼出的气流弱，音强就小。这就是浊辅音听起来比清辅音响、元音听起来又比浊辅音响的原因。日常生活中我们往往发现，底气足的人，说话时的声音洪亮，体弱多病者，说话时的声音就小。

**音长**是指声音的长短，它取决于物体振动时所持续的时间。持续的时间长，音就长；持续的时间短，音就短。

**音质**，又叫"音色"，是指声音的本质和特色。音质的不同是由三方面的原因造成的：发音体的不同，发音方法的不同和共鸣器的形状的不同。同样是胡琴，系上丝弦和系上金属弦，拉出的音就会有差别，这是发音体不同所致；同一把胡琴，用弓拉和用手弹，发出的音也会不一样，这是发音方法不同所致；京胡和二胡，大提琴和小提琴，之所以会发出不同的音质，是因为共鸣器的形状不同。语音中，不同的发音部位就是不同的发音体，发音时摩擦与否、送气与否，就是不同的发音方法，口腔的形状的不同，如舌位的高低、前后，嘴唇的圆展，就是共鸣器形状的不同。

音高、音强、音长和音质，可以统称为**语音的四要素**。

伴随实验仪器的诞生和改进，又出现了新的研究语音的学科——实验语音学（experimental phonetics），它是根据研究手段的不同从传统语音学中分离出来的。它凭借仪器和有关设备，使用科学实验方法对语音进行研究，研究范围涵盖传统语音学的各个分支。与传统语音学相比，实验语音学不是简单的研究手段上的不同，它能揭示出许多前所未知的语音现象。这些成果能丰富、修正传统语音学的若干理论和解释。它还研究自然语言语音的识别和合成，等等。实验语音学的研究成果具有广阔的应用前景，它不仅可以用于语音教学、言语矫治，还可应用于卫星通信、声控技术、机器翻译、人机对话等。[①]

---

[①] 参阅：《中国大百科全书·语言文字》"实验语音学"词条（中国大百科全书出版社，1988年）；马学良等主编 1997《普通语言学》，第60—61页，中央民族大学出版社。

## 第二节 音位学

### 一、音位、音素和音标

#### 1. 什么是音位

在日常生活中，我们每个人说的话大家都能听懂。也许我们会认为，因为我们每个人对一个特定的词所发的音是相同的。其实，从声学的角度看，每个人对同一个音素的发音是不完全相同的，即使是同一个人对同一个音素进行发音，在不同时间、不同场合发出的音是有一定差异的，不妨试着发一发"科"和"苦"，体会其中的声母[kʰ]的发音情况，你就会发现，在发"苦"中的[kʰ]时，嘴唇略圆，这是在自然状态下的发音情况。如果我们硬要把"苦"中的[kʰ]发成和"科"中的[kʰ]一样的，虽然听起来有点别扭，但不至于理解成其他的词。这是因为我们在听觉上把它们看成同一个语音。但是，如果把"苦"中的[kʰ]发成[k]，我们听起来就会联想到另一个词"古"。"古"和"苦"在意义上是有很大的差异的，这种差异是由[kʰ]和[k]的不同造成的。这就是我们前面提到过的语音的社会属性。语音的社会属性是音位学（phonemics）所要研究的内容。

那么，什么是音位呢？**音位**（phoneme）是指在一定的语音系统中能够区别意义的最小的语音单位。这要从三方面去理解：一是"最小的语音单位"，[ai]不是最小的语音单位，因为它还可以分解成[a]和[i]，所以[ai]不是一个音位；二是必须"在一定的语音系统中"，如在普通话的语音系统中，或者某个方言的语音系统中；三是要"能够区别意义"，这可以通过替换反映出来，比如[tʰi]（梯），把其中的[i]换成[a]则变成了[tʰA]（他），意义发生了变化；再把其中的[tʰ]换成[t]则变成了[ti]（低），意义也发生了变化，所以汉语普通话中，t、d、i、a所代表的音[tʰ]、[t]、[i]、[A]就各是一个音位。区别意义必须以一定的语音系统为前提，离开一定的语音系统，我们无法区别意义。

由于音位是属于一定的语音系统的，所以不同的语音系统其音位也有所不同。比如送气与不送气在汉语普通话中形成对立,试比较"科"和"哥"、"替"和"地"；而在英语中，它们并不形成对立，比如 sky、still、speak 等中的 k、t、p，发音时无论送气还是不送气，都不会引起意义的变化。相反，英语中有清浊的对立，比如 pig--big / tear--deer / coat--goat，因而[pʰ]和[b]，[tʰ]和[d]，[kʰ]和[g]属于不同的音位，而汉语普通话中则没有这种对立。

### 2. 音位、音素和国际音标

如前所述，音位是指在一定语音系统中能够区别意义的最小的语音单位。这里所说的"最小的语音单位"，一般理解为音素（现代语音学研究认为还有比音素更小的单位），但这里的音素已经属于特定的语音系统，它体现着语音的社会属性。而音素则是纯粹从物理角度分出来的语音单位。离开特定的语音系统，可以谈音素，但是不可以谈音位。音素既然不属于特定的语音系统，也就谈不上区别意义的问题。

国际音标则是记录语音的符号，它用特定的符号来表示特定的音素。音标和音素之间的关系是一一对应的，即"一个音标记录一个音素，一个音素只用一个音标记录"。其实，记录语音的符号可以多种多样，不同的语言记录语音的方式可以不同，如现代汉语普通话中用拼音字母来记录语音，日语则是用假名来记录语音；就是同一种语言，在不同的历史时期，记录语音的方式也可能不一样，汉语拼音方案产生以前，我国记录语音曾经使用过的方法有反切和注音字母。国际音标是1888年国际语音学会拟订的一套记音符号，后来经过多次增补、修改。国际音标的建立，为精细地记录、描写和研究不同语言的语音提供了方便，也为我们学习外语提供了方便。国际音标的形体以拉丁字母为基础，为了避免和拉丁字母相混，国际音标采用方括号来作为标记，如[a][e][d]等等。

需要注意的是，我们不能把国际音标和汉语拼音字母混为一谈，比如汉语拼音中的 ang 所对应的国际音标是[ɑŋ]，g、d 所对应的国际音标是[k]和[t]，而不是[g]和[d]。

## 二、音位变体

语言中还有这样的现象：在发音时，我们有时将甲音素发成乙音素而并不引起意义的变化，如南京话中，将"男女"中的声母[n]发成[l]不会引起理解上的困难，从音位的角度看，[n]和[l]在南京话中属于同一个音位，这里，同一个音位包含两个音素。我们不妨把特定语音系统中的各种音位看作这个语音系统中具有不同辨义功能的音素的集合，每一个集合可以包含不同的元素，集合中的元素可以是一个，也可以是两个或更多。集合与集合之间具有辨义功能，集合内部各元素之间不具有辨义功能。这样，每一个集合就是一个音位，同一个集合内部各元素就是这个音位的不同变体。因此，**音位变体（allophones）**可以作如下概括：属于同一个音位的各个音素是该音位的不同变体。音位习惯用"//"来表示。现代汉语普通话中的 a 音位可以表示为/a/，它包括如下变体：[a][A][ɑ][ɛ]。同样，南京话中的[n]和[l]是音位/n/的变体。

音位，根据其变体的性质的不同，可以分为**自由变体**和**条件变体**。

### 1. 自由变体

前面我们提到过，南京话中，"男女"中的声母发[n]还是[l]是完全自由的[①]，它没有一定的条件约束。像这样处在相同的语音环境中而不能区别意义的可以自由替换的两个或两个以上的音素，就是音位的**自由变体**（free variants）。一些方言中，[n]和[l]可以自由地发而不会改变意义，因而是同一音位的自由变体。

英语中的[p][t][k]位于一个单词的末尾时，发成送气音或者不送气音是自由的。[②]

---

① 国内的语言学概论教材在举自由变体的例子时都喜欢举这个例子。笔者的方言（安徽无为市）跟南京话很接近，这两个音不存在区别，发的是另外一个音，这样的话就不存在自由变体的问题，现在所说的变体似乎是比附普通话的语音系统来说的，所以我一直怀疑这种例子的恰当性。就像我的方言不分 z、c、s 和 zh、ch、sh 一样，其实根本就不发翘舌音，所以就谈不上是变体。有兴趣的话，可以通过实验证明一下我的语感。

② 参阅：Robins, R. H. 2000 *General Linguistics*/《普通语言学概论》（英文，第 4 版），第 123 页，外语教学与研究出版社。

日语中的自由变体似乎比较典型，如か行的假名か、き、く、け、こ，只要不是在一个词语的开头，它们的发音，是送气还是不送气，是完全自由的，如すいか（西瓜）、かき（柿子）、いく（去）、いけ（水池）、ねこ（猫）；た行的假名类似。

### 2. 条件变体

顾名思义，音位的**条件变体**（conditioned variants）是指在一定的语音系统中各有一定的出现场合、彼此形成互补分布而同属于一个音位的两个或两个以上的音素。比如现代汉语普通话中的/a/音位，它的四个变体各有自己出现的条件：

[a]在韵尾[i]、[n]之前，如"来[lai]、抬[tʰai]、凡[fan]"等等；

[A]单说或作开音节中的单元音，如"啊[A]、拿[nA]和他[tʰA]"等等；

[ɑ]在韵尾[u][ŋ]之前，如"好[xɑu]、当[tɑŋ]"等等；

[ɛ]在韵头[i]或[y]和韵尾[n]之间，如"前[tɕʰiɛn]、圆[yɛn]"等等。

英语中的[pʰ]和[p]、[tʰ]和[t]、[kʰ]和[k]也都是一种条件变体，其中，在[s]和元音之间的/p/、/t/、/k/都发不送气音，其他场合则发送气音。试比较：

| 送气音 | 不送气音 |
|---|---|
| pin（针），tip（小费） | spy（间谍） |
| tie（领带），hit（打，打击） | stick（拐杖） |
| people（人民），cheap（便宜） | speak（说话） |

## 三、音位的归并

我们知道，一个音位可能有不同的变体，也就是说，可能包含几个音素。接下来的问题是：到底哪些音素可以归并到同一个音位？音素归并为音位有没有什么原则或什么条件？不同的人对此可能作出不同的回答。

赵元任曾经提出过三个主要条件和三个附属条件。三个主要条件是：相似性、对补性（即通常所说的"互补性"）和系统性；三个附属条件是：经济性、感知性（即音位的归并要符合本地人听觉上的习惯）和历史性（即必要时需看看该语音在历史上的情况）。[①] 霍凯特就此提出了四条原则：对立互补原则、语音相似原则、模式均匀原则和经济原则。[②] 对音位归并的原则或条件，尽管不同的人所提出的数量不尽相同，但根本的原则还是相同的。下面简单介绍一下音位归并中的几个根本原则：

### 1. 对立原则

在相同的语音环境中，如果两个音素相互替换以后就会引起意义的变化，那么这两个音素就是对立的。对立原则符合我们所说的"音位能起到区别意义作用"的要求。比如现代汉语普通话中的[k]和[kʰ]，在同样的语音环境[-u²¹⁴]中，相互替换后就会产生不同的意义"古"和"苦"，因此，[k]和[kʰ]就应该归为不同的音位。

### 2. 互补原则

两个音素如果不能出现在相同的语音环境中，而它们的出现环境却是相互补充的，就是说，甲音素能出现的地方，乙音素不能出现；乙音素能出现的地方，甲音素却不能出现，那么这两个音素就形成互补分布关系。普通话中/a/音位的四个变体就属这种情况。

### 3. 相似原则

这里的"相似"，指的是语音上的相似。两个或两个以上具有互补分布关系的音素，只有在语音上具有高度的相似性，才能归并为一个音位。互补原则本身只是个必要条件，但不是充分条件；就是说，不具有互补关系的几个音素就绝不能归为同一个音位，但具有互补关系的几个音素不一定就是同一个音位。比如现代汉语普通话中，[tɕ]只出现在[i, y]一类音之前，[f]不能出现在这类音之前，出现的条件虽然是补充的，但它们除了都是辅音以外，很少有共同的地方，所以[tɕ]和[f]不能归为同一个音位。英语中的/h/音位只出现在一个词开头，至少是在重音的前面，不出现在一个词的末尾，而/ŋ/音位则不能在上述位置

---

[①] 参阅：赵元任 1980 《语言问题》，第 30-37 页，商务印书馆。
[②] 参阅：霍凯特 1986 《现代语言学教程》，上册，索振羽、叶蜚声译，第 124-127 页，北京大学出版社。

出现，可见，它们之间是呈互补分布的。但是语言学家并没有把它们归为一类，因为它们的发音很不相似。

由于相似原则中的相似是个比较模糊的概念（到底相似到什么程度？），加上不同的人对辅助原则的运用又有所差异，所以，对同一个语音系统的描写可能因人而异，从而得出不同的音位系统。

**四、音位的区别特征**

如前所述，音素与音素之间的差别体现在音素某一或者某几个方面特征的不同，而音素又是音位的具体体现，所以音位与音位之间的差别实际上体现在音素中能够起区别意义作用的某一或某几个方面的特征（可称为"音位特征"），这就是音位与音位之间的"区别特征"。音位与音位之间的不同，不必是所有的音位特征都各不相同。我们不妨比较一下现代汉语普通话中几个音位之间的差别：

| | | |
|---|---|---|
| /p/ 双唇 | 闭塞 | 不送气 |
| /$p^h$/ 双唇 | 闭塞 | 送气 |
| /t/ 舌尖前 | 闭塞 | 不送气 |
| /k/ 舌面后 | 闭塞 | 不送气 |
| /m/ 双唇 | 鼻音 | |

从上面的音位之间的对比中可以看出，/p/音位和/$p^h$/音位之间的差别只是不送气与送气的不同，它们的共同特征是都是双唇、闭塞音；/p/音位和/t/音位之间的对立只是，一个是双唇音，一个是舌尖前音，它们都是闭塞、不送气音；/$p^h$/音位和/k/音位之间只在闭塞方面相同，其不同点是，前者是双唇、送气音，而后者是舌面后、不送气音；/m/音位和/p//$p^h$/两个音位相比，其相同点是，都是双唇音，但前者是鼻音，后两者是口音。

一种语言里（或者说一个特定的语音系统中）的音位，利用哪些特征和其他音位区别开来，形成对立，这由它在整个音位系统中所处的地位而定。现代汉语普通话中没有清音和浊音的对立，而英语中则有这样的对立，因为英语里，在相同的语音环境中，清音和浊音的不同会引起意义上的变化，如在相同的语音环境__ig 中，发成 **pig** 还是

big，意义上是有很大差别的。反过来，英语中的[pʰ][tʰ][kʰ]和[p][t][k]之间因不能起到区别意义的作用而不能形成音位上的对立，只能看作同一音位的不同变体；但是在现代汉语普通话中，这种送气与不送气的不同却能引起意义的变化，从而形成对立。

### 五、音位的组合：音节

任何语言，要想达到表义的目的，仅靠有限的音位是远远不够的，它必须通过音位与音位之间的不同组合才能表达丰富多彩的意义，才能满足人们对语言的多种需要。音位与音位之间的组合构成音节①。由于音位是个比较抽象的单位，而音位与音位的组合涉及的又是具体的音素，所以在谈到音位与音位之间组合的时候，人们往往说音素的组合。

音节的定义很难下，通常所下的定义是"能够自然感觉到的最小的语音单位"。这个定义要是放在汉语中，也许比较合适，因为汉语中的音节基本上和汉字对应；但是要是放在像英语这样的语言中，就未必合适，因为英语中的单词往往是多音节的，在一个单词内部，在听觉上音节与音节之间的界限有时并不那么明显。也有人从发声学的角度给音节下定义，比如说，音节是在发音时肌肉一次紧张形成的语音片段。这样来定义音节也不是没有问题，众所周知，英语中的 going 其实是两个音节，但发 going 时，肌肉并没有两次紧张的感觉。类似的现象当然不止 going 一例。音节的定义虽然难下，但在具体的语言中，学会怎样划分音节却并不是一件很难的事。

音位与音位之间的组合是有规则的，不同的语音系统，其组合规则往往不尽相同，比如现代汉语普通话中没有复辅音现象，而英语中则有；汉语和英语都有复元音现象，而俄语、日语则基本上没有。就音节内部元音（用 V 表示）和辅音（用 C 表示）的可能位置来说，有

---

① 有人提出"音丛"的概念，如 spr、ear、an 等。"音丛"这一概念比较模糊。有辅音音丛、元音音丛，也有辅音和元音共同组成的音丛，那么像 spring 这样的组合，自然是一个音节，但算不算音丛呢？如果算的话，是一个音丛还是两个或者更多的音丛？如果不止一个音丛，又该如何划分不同的音丛？

的语言类型较多，有的语言类型较少。英语中有 16 种，比如 V（I）、CV（tea）、VC（is）、CVC（book）、CCV（star），等等；维吾尔语有 6 种，现代汉语普通话中只有 4 种，而日语中只有 2 种：V、CV。

### 六、非音质音位

前面我们所说的音位都是通过音素的特征去区别意义的，而音素又是从音质角度划分出来的语音单位，所以为了区别起见，我们有时称这样的音位为"**音质音位**"，平常我们所说的音位都默认理解为音质音位。音质音位固然能区别意义，但语言里除了用这种方法（也是主要的方法）区别意义以外，还可以通过其他的方法来区别意义，比如汉语中可以通过声调的不同来区别意义。像这种不是通过音质音位来区别意义的方法，属于**非音质音位**，也有人称之为"**超音质音位**"。非音质音位是通过语音的音高、音强和音长的不同来区别意义的。根据这一点，非音质音位可以分为以下几种：

#### 1. 调位

调位我们都很熟悉，就是通过声调的不同来区别意义。如相同的音节 ma，由于声调的不同而有了：mā（妈）、má（麻）、mǎ（马）、mà（骂）。利用声调来区别意义，是汉藏语系语言普遍采用的方法。不同的语言或方言中，声调种类的多少和调值是不尽相同的。

#### 2. 重位

通过重音位置的变化来区别意义。重位，有的称之为"势位"。英语中有不少词就是通过重音位置的变化来区别意义的，比如 content，重音落在第一个音节时，意为"内容、目录"，重音落在第二音节上时，意为"满意"；再如 present，重音落在第一个音节时，意思是"出席"，重音落在第二个音节上时，意思是"提供"。

汉语中有些词语也是通过轻重音的不同来区别意义的，如"地道"和"大意"：

（1）我们从**地道**过去比较安全。

（2）这个人不**地道**。

（3）这篇文章虽看过一遍，但还不知道其**大意**。

（4）你这个人啊，真是太**大意**了！

在有固定的词重音的语言里，一般没有重位。

### 3. 时位

通过发音时间的长短来区别意义。日语中就有大量的这种现象，如：

いえ（家）——いいえ（表示否定）

おじさん（叔叔）——おじいさん（爷爷）

ビル（大楼）——ビール（啤酒）

有人把英语中的/i:/和/i/这两个音位之间的区别看作时位的不同，其实是不妥的，或者说是不确切的，因为这两个音位之间的差别不单纯是时间的长短问题，其中还包含着舌位高低的因素，发前一个音时舌位更高。

非音质音位之所以被称作音位，是因为它们能够区别意义，只是在这一点上，它们才和音质音位相同。

## 七、音位的系统性

如前所述，语言这种符号是具有系统性的。作为语言符号的一个组成部分——语音，它也是具有系统性的，它是语言这个大系统中的一个子系统——音位系统。

音位系统的内容包括：

1. 它的全部的音质音位和非音质音位；
2. 每个音位常见的变体，以及其中的条件变体出现的条件；
3. 音位之间的对立关系；
4. 音位与音位的组合规则。

因此，我们在描写一种语言的音位系统时，必须对它的全部音位、各个音位的内容、音位之间的对立关系和音位的组合规则作出说明。

## 第三节　语流音变

### 一、什么是语流音变

在说话的时候，音位并不是一个个孤立地发出，而是连续地发出的。在这连续的语流中，一个音往往由于受邻近的音的影响，或者受其他因素的影响，原来的发音可能发生临时性的变化，因这种变化是发生在语流中的，所以叫"**语流音变**"，也有称之为"联音音变"的。

那么，为什么在语流中一个音会受另外一个音的影响呢？这就涉及我们在说话时到底是如何发音的这个问题：不同的音节究竟是严格地依次发出的，还是一定程度上并行产生的？有关实验语音研究表明，音节之间存在着前后交叠的现象。"言语的产生本身就是一个动态叠加的过程。正是由于这种动态叠加，后一个音的准备和作势动作干扰了前一个音的发音动作，因而使它的发音偏离了原来的目标，这就使这个音生了变化，具体表现为它的目标不到位以及它跟后一个音之间的过渡音。同样，前一个音由于惯性而造成的滞后了的撤离动作，也干扰了后一个音的发音，使它不可能达到它原来的目标。""这种动态叠加过程，好比接力赛中的交接棒过程，是在运动变化中完成的。"①

### 二、语流音变的种类

语流音变，根据语音变化前后的关系，可以有不同的类。常见的语流音变主要有以下几种：

#### 1. 同化

两个原来不相同的音位，其中一个因受另一个的影响，变成跟它相同或相近的音位，这就叫做**同化**。例如：

---

① 曹剑芬 2003《关于语言本质问题的一些思考——人机对话的启示》，载胡裕树等著《方光焘与中国语言学——方光焘先生纪念文集》，第152-153页，北京语言大学出版社；可参阅其《普通话语音的环境音变与双音子和三音子结构》，载《语言文字应用》1996年第2期。

A 民盟 min meng—mi**m** meng 人民 ren min—re**m** min 难免 nan mian—na**m** mian

B 面包 mian bao—mia**m** bao  根本 gen ben—ge**m** ben 辛苦 xin ku—xi**ng** ku

英语中也不乏同化现象，如 ten mice—tem mice，ten bikes—tem bikes。我们知道，英语中的 n 发[n]音，字母组合 ng 发[ŋ]音。为什么 think 中的 n 发[ŋ]音呢？这是因为其中的[n]音受它后面的音 k[kʰ]同化的结果。英语中有一组表示否定的前缀 ir-, im-, il-, in-, 如 irregular, impossible, illiterate, incorrect 等等这些否定前缀的使用有什么规律吗？它们都跟同化有关。

同化，除了上面所说的辅音同化以外，有的语言里还有元音同化的现象，比如在土耳其语里，表示复数的后缀有 ler 和 lar 两个，这两个复数后缀在使用上有没有什么规律呢？有的。这就跟同化有关。根据土耳其语中"元音和谐律"的要求，词中元音的舌位必须相同或相近，前元音后面只能出现前元音，后元音后面只能出现后元音。因此，ip（线）的复数形式只能是 ip-ler，baba（父亲）的复数形式只能是 baba-lar，因为 i 和 e 都是前元音，而 a 是后元音。

同化，根据同化程度的不同，可以分为"全部同化"和"部分同化"。**全部同化**指的是被同化的音变得和同化音（即相关的两个音中没起变化的音）完全相同，如上述 A 组中的同化；**部分同化**指的是被同化的音变得和同化音相近但不是完全相同，上述 B 组中的同化就属这一类，如"根本"中"根"的 n 变成 m，它和"本"中的 b 并不完全相同，但它们都是双唇音。

**2. 异化**

和同化相反，两个本来相同或相近的音位，其中一个由于受另一个的影响而变得和它不相同或不相近，这就叫做**异化**。异化现象在语言中比同化现象少见得多。比如韩语中**학교**（学校）的发音，后一个音中的[k]就发生了异化，读为[kk]。俄语中，人们把 КТО 发成[xto]，也是一种异化现象，因为这里塞音 Т[t]把塞音 К[k]异化成了擦音[x]。英语中的 diphthong（双元音）[ˋdifθoŋ]被发成[ˋdipθoŋ]也是一种异化现

象。汉语中，两个上声相连，前一个上声字变成阳平①，这也是一种异化。

### 3. 弱化

在语流中，有些音的发音可能变弱，这就是**弱化**。元音的弱化往往见于非重读音节或语流中的非重读词。汉语中的"妈妈"[mAmA]读成[mA mə]，"哥哥"[kɣkɣ]发成[ kɣkə]都是一种弱化现象。英语中的 and 在语流中读成[ənd]，his 在语流中读成[həs]，也是一种弱化现象。辅音的弱化表现为发音时所受的阻力减小，发浊音比发清音所受的阻力要小，发擦音所受的阻力比发塞音小，因此，由清音变为浊音，由塞音变为擦音，都是语音弱化的结果。现代汉语普通话中的"喇叭"发成[lA bə]，"你的"发成[ni də]就是清音弱化为浊音的例子。声调方面也有弱化现象，普通话中"桌子""椅子""窗子"等中的"子"读轻声，就是弱化。

### 4. 脱落

有些音在语流中不以任何形式出现，完全脱落了。**脱落**是弱化的进一步发展。如汉语普通话中的"豆腐"发成[tou f]，"衣服"发成[i f]，其中的[u]音脱落了；把"你们"发成[ni m]也是脱落的结果。有些音的脱落是为了发音的方便，如"小孩儿"中"孩儿"发成[xɚ]，其中的[i]脱落了。英语句子在连读时，往往发生脱落现象，如 There is a pen in his pocket 一句中的 his 在连读时读成[is]或[əs]，原有的[h]脱落了。

### 5. 加音

在连续的语流中，为了发音的便利，在一些音节中增加了音，这种现象叫**加音**或**增音**。汉语中"敬爱"中的"爱"读成[ŋai]就是这方面的例子；"多美啊"中的"啊"读成[iA]，其中加入了[i]音。英语中，there is、there are 连读时也加了音[ɾ]；在发 dreamt 和 something 时，实际的发音是 dream**p**t 和 some**p**thing，在其中加了[p]这个音②。

---

① 这是就一般规律而言的，实际上由于受其他因素的影响，不是任何上声在一起时前面的上声都变成阳平，如"小李买老酒"。规律何在？原因何在？

② 参阅：简·爱切生 1997《语言的变化：进步还是退化？》，徐家祯译，第171页，语文出版社。

此外，有的书上还介绍了"**换位**"，它指的是两个音前后位置的相互对换。一般认为，一些北京人把"言语"发成[yɛn³⁵ i²¹⁴]就是换位的例子。我们认为，就"言语"这一现象而言，即使把它看作换位，也是一种不正常的语流音变现象，不如把它看作**口误**。英语中曾有两个有趣的口误例子①，20世纪初，牛津新学院的院长对他的学生说：

（5）You have **h**issed my **m**ystery lecture（你们嘘我的神秘演讲）

而实际上他想说的是：

（6）You have **m**issed my **h**istory lecture（你们错过了我的历史讲座）。

他还说：

（7）You have **t**asted the whole **w**orm（你们尝过整条蚯蚓）

其实他要说的是：

（8）You have **w**asted the whole **t**erm（你们荒废了整个学期）。

汉语中也会经常听到类似的口误现象。只是多在词与词之间换位，而不是在音位与音位之间换位。我妻子看到酒后驾车造成车祸的新闻，对儿子说："你以后不要**驾**酒**喝**车。"（"驾"与"喝"换位）。无独有偶，某电子显示屏上显示的内容是："喝车不开酒，开酒不喝车"。

据说，英国一无名氏的小诗《吻》是这样的："我跑上门，打开楼梯，说完睡衣，穿上祷告，关上床，钻进灯，所有这一切都是因为，道晚安时你给我的一吻。"②

可见，我们不能把这种口误式的换位看作正常的一般现象。

---

① 这些例子参见：维多利亚·弗罗姆金等 1994 《语言导论》（第四版），第120页，北京语言学院出版社。

② 参阅：徐晓彬《语言"短路"》，载于郝铭鉴主编 2008 《咬文嚼字三百篇》，第104页，上海文化出版社。

# 思考题

1. 语音有哪些属性？语音的四要素指的是什么？
2. 人的发音器官为什么能发出不同的音素？
3. 你是怎样理解"音位"的？音质音位和非音质音位有什么异同？常见的非音质音位有哪些？
4. 音位变体有哪几种？请举例说明。
5. 什么是音位的区别特征？归纳音位的原则主要有哪些？
6. 你是怎样理解音位的系统性的？
7. 什么是语流音变？语流音变主要有哪几种？请举例说明。
8. 造成语流音变的主要原因是什么？
9. 汉语拼音方案中，i 在 ti、zi、zhi 中的发音实际上是不一样的，为什么只用一个 i 来表示？

---

**本章关键词**

语音；音素；元音；辅音；
语音四要素；音位；音位变体；
音位归并原则；音位区别特征；
非音质音位；语流音变

# 第五章

# 语 法 学

## 第一节 语法和语法学

### 一、语法

#### 1. 语法的客观性

在日常的言语交际中,我们并不是随便怎么说都为大家接受的,虽然有时别人也会理解我们所要表达的意思,比如"* 张小姐结婚了李先生""* 昨天我见面了我的中学老师",等等;有时听到儿童说出"* 不要把门关"这样的话时,我们会教他应该怎么说。初学外语时,也会碰到类似的现象,如果我们说出"*He work everyday"或者"*He see a film yesterday"这样的句子时,老师一定会教我们改说成"He works everyday"和"He saw a film yesterday"。这种种事实表明,我们在日常交际中所使用的语言并不是杂乱无章的,也不是随心所欲的,而是受着一定东西的支配,这个东西就是我们所说的"语法"。可见,语法存在于我们的语言现实之中,这就是语法的客观性。

#### 2. 语法的规律性

任何语言都受一定的语法的支配,但是,一般而言,这种语法不是零星的,不是就事论事的,而是有着一定的规律的,当然也有例外。所谓"规律"有两层含义:一是,既然是规律,就不是个别现象。上面前两句汉语例子毛病出在同一方面,即把不及物动词"结婚""见面"当作及物动词用了。二是,是规律,而不是规则,这意味着规律是在无数的言语事实中体现出来的、带有普遍共同倾向的东西,因而有例外情况。我们之所以没用"规则",是因为规则一词往往让人联想到"无例外"。

### 3. 语法的相对稳定性

语法,首先它应具有稳定性,没有稳定性,我们的语言就不会成为有条理的东西,因而也就不可能作为交际工具为人类社会服务。但是,这种稳定性是相对的,它只是一定历史阶段内的稳定,在语言这个历史长河中,语法并不是一成不变的。比较一下现代汉语的起始期(一般认为在1919年"五四"前后[①])和当今状态就不难发现,现代汉语的语法还是有变化的,尽管总体而言变化不大。就是在共时平面,为了一定表达的需要,对既有的语法规律也可以作些适当的突破,例如:

(1)老早就说要货币分房,但是福利分房老是停不下来,福利分房就是领导分房,公司的头头都"福利"了许多次了。(李肇正《同林鸟》)

(2)立足于当前发展中国家的经济水平,在大学入学率上攀比发达国家的目标,这是否合理呢?(新浪博客 2010-03-07)

"福利"原本是名词,不能作谓语核心,更不能带补语,但在例(1)中却作了谓语核心,也带了补语"许多次";"攀比"虽然是动词,但它原本是不及物动词,不能带宾语,但在例(2)中却带了宾语"发达国家的目标"。

### 4. 语法的可变性

语法的相对稳定性预示着语法的可变性一面,语法的变化不是突如其来的,它是通过新质要素的不断积累和旧质要素的不断消亡来实现的。从古代汉语到现代汉语,我们会感受到它的变化。例如:

(3)不患人之不己知,患不知人也。(《论语·学而》)

---

[①] 可参阅:刁晏斌 2006 《现代汉语史》,福建人民出版社。

（4）作此语<u>了</u>，遂即南行。(《敦煌变文集·伍子胥变文》)

例（3）中的"己"和"人"都是"知"的宾语，但"己"位于"知"之前，而"人"位于"知"之后，这是古代汉语的语法规律：否定句中，代词作宾语时要放在动词的前面。到了现代汉语，代词作宾语时和名词一样，也位于动词之后。例（4）中的"了"表示"完结"的意义，位于动宾短语"作此语"之后，而在现代汉语中，这种用法的"了"则位于动词和宾语之间，如"说完了这句，……"。

其他语言，比如英语的语法也有发展变化的过程。大家都知道，在现代英语中，主语（S）、动词（V）和宾语（O）之间正常的语序是 S-V-O，但根据李赋宁的介绍，古英语中，这三者之间的语序是很自由的，可以是 S-V-O，也可以是 O-V-S、O-S-V 和 S-O-V。现代英语的这种语序，"在古英语时期有了一个开端，先出现于从句，后来才推广到主句。在中古英语时期这个词序逐渐确立起来。到了现代英语时期它才取得完全的胜利。"①

在共时平面上，我们也会发现一些语法方面的变化。比如，原本不及物动词和形容词现在也带上了宾语，而且这种现象越来越普遍，也能够为大家所接受。例如：

（5）白岩松学王志<u>挂职</u><u>地方</u>？多方回应：无稽之谈（搜狐新闻 2010-09-27）

（6）我有一个<u>媲美</u><u>王菲</u>的好嗓子（江西卫视 2010-01-28）

（7）现在让他和"二百五"来竞争，他就不服气。他不<u>服气</u>"<u>二百五</u>"的能力，不<u>满意</u><u>他的霸道作风</u>。（刘震云《官场》）

"挂职""媲美"和"服气""满意"的习惯表达方式是"在……挂职""与……媲美"和"对……服气/满意"，但现在它们都直接带了宾语。

由上不难看出，语法是可以变化的。

---

① 参阅：李赋宁 1997 《英语史》，第93页，商务印书馆。

## 二、语法学

### 1. 语法和语法学

**语法**是任何语言中都客观存在着的、带有规律性的、同时也有例外的东西,而**语法学**则是对这种规律性东西进行探讨、描写和解释的学问。

### 2. 语法学的主观性和语法学体系的多样性

语法学既然是人们对语法事实的探讨,那么就不可避免地要渗入研究者主体对语法事实的认识,使得语法学具有主观性。不过,这种主观性不是随意的,它要受客观语法事实的制约。

语法学的主观性又决定着语法学的多样性,因为不同的语法研究者对同一个语法事实的认识未必完全一致。比如,现代汉语中的"了"("我吃了饭了""花红了"),写出来的汉字是一个,在语法上到底如何处理?有的人把它作一元化处理,认为现代汉语中的"了"就是一个;有的人则认为是三个;更多的人认为是两个。再比如,现代汉语中的形容词,有的把它和动词并列,有的把它合并到动词。类似的如汉语中的"兼语式"问题,有的认为有,也有的认为没有。如此等等,不一而足。语法学多样性的体现就是对客观的语法体系的描写多种多样。初学语法的人往往有这样的感觉:一本语法著作把某种语言(比如现代汉语)的语法描写得这么详细,我还有什么东西好研究的?之所以有这种感觉,就是因为他不了解语法学的多样性。

平常我们所说的语法,其实有两种含义,一是指某种语言的客观的语法事实,二是指对这种事实所作的描写、解释,即语法学,《现代汉语》教材中的"语法"部分,实际上指的是"语法学"。

## 三、语法学的范围

语法学的范围有狭义和广义不同的理解,狭义的理解是指句法学研究,包括组词成句的规律以及形态变化等方面的内容。较为广义的理解,除研究上述内容以外,还研究构词法,即语素是如何构成词的,如合成词的构成方法主要有复合法和派生法，① 前者是利用两个或以上词根②构造一个新词，如"黑板""电灯"；后者是将词根和词缀结合起来构造一个新词，"桌子"就是。英语中的词利用派生的情况很多，如 movement、honestly 就是在 move、honest 的基础上加上相应的词缀构成的。更为广义的理解则把语音方面的内容也纳入语法学范围。

有关构词法方面的内容，现在一般都放在词汇学（有的学者称之为"语汇学"）中；语法研究有时虽与语音有关，但在更多情况下它们是相互独立的，所以一般研究语法的著作也不涉及语音。这样，现在语法学的研究范围一般是狭义的。

**四、语法学的发展阶段**

语法学从产生之初到今天，其理论派别形形色色，不一而足。但就其发展情况来看，大致经历了三个阶段：

结构主义产生以前为第一阶段，这时期的语法学主要是规定性的（prescriptive），语法学家告诉我们的是，什么可以说，什么不可以说，坚持用法规范。比如，他们会说 Who are you looking for? 中的 who 用得不对，应该用宾格 whom；He is taller than me 中的 me 用得也不对，应该用 I。

从结构主义的产生到转换生成语法的问世（问世之前和问世之初一段时间）为第二阶段，这时期的语法学是描写性的（descriptive），语法学的主流是对客观的语言事实进行尽可能全面而详细的描写，而不是对语言现象指手画脚。赵元任的《汉语口语语法》③是现代汉语语法描写研究的代表。上述英语句子既然为多数人接受和使用，我们就

---

① 构词法的具体情况比较复杂，此不赘述。可参阅语汇学（词汇学）方面相关著作的构词法部分。

② 注意"词根"与"根词"的区别。

③ 该书原名是《中国话的文法》（*A Grammar of Spoken Chinese*），原文是英文。吕叔湘在翻译时有所删节，1979 年由商务印书馆出版。全本翻译有丁邦新的译本：刘梦溪主编 1996《中国现代学术经典·赵元任卷》，河北教育出版社。后期的描写语法，值得关注的有刘月华等著的《实用现代汉语语法》（第三版），商务印书馆，2020 年；张斌主编的《现代汉语描写语法》，商务印书馆，2010 年。

应该承认它们是合语法的。描写性语法可以说是语言学中的"自然主义"。

转换生成语法问世以后至今为第三阶段，这时期的语法学强调要对种种语言现象进行解释。持这种主张的有转换生成语法和功能主义（包括认知语言学）学派。例如下列现象如何解释？

（8）Which boy might he say **likes/*like** Mary?

（9）Which boys might he say **like/*likes** Mary?

从语言的线条性看，like 或者 likes 都位于 say 之后，为什么在上述两个句子中反应不一样？生成语法通过转换来解释：其实例（8）和例（9）的深层结构是不一样的：

（8a）He might say **which boy** likes/*like Mary?

（9a）He might say **which boys** like/*likes Mary?

当 which boy 和 which boys 前移后，在 say 后留下的虚迹（trace）也就不一样：

（8b）**Which boy** might he say [**t** ]likes/*like Mary?

（9b）**Which boys** might he say [**t** ] like/*likes Mary?

由（8a）、（9a）可知，（8b）中的 t 代表的是 which boy，（9b）中的 t 代表的是 which boys，这就圆满地解释了例（8）和例（9）的差异所在了。类似的如：

（10）Who do you want to beat? → Who do you wanna beat?

（11）Who do you want to win? → *Who do you wanna win?

为什么例（10）前面的句子能说成后面的而例（11）却不能？因为其相对应的深层结构不一样，因而留下的虚迹的位置不一样：

（10'）**Who** do you want to beat **t** ?

（11'）**Who** do you want **t** to win?

由（11'）可见，例（11）中的 want 和 to 之间实际上是受虚迹 t 阻隔的，因此它们不能缩合成 wanna。

再看下面的例子：

（12）他**从**上海飞**到**北京。

（13）他**从** 2 点工作**到** 5 点。

"从"和"到"原本是表示空间领域的源点和目标的，为什么在时间领域有类似的用法？这种用法不限于汉语，其他语言，如英语中的 from 和 to、日语中的から和まで都有类似的用法。日语的例子如：

（14）うち**から**学校**まで**自転車で半時間かかります。（从家到学校骑自行车要半个小时）

（15）王さんは 9 時**から** 4 時**まで**勉強します。（小王从 9 点学习到 4 点）

认知语言学用**隐喻**来解释这种现象，即用于空间领域的这些词语用于时间领域，词语的这种跨认知域的用法是隐喻用法。

生成语法学派和功能主义学派都强调对语言现象进行解释，但前者所做的是从语言内部（语言结构本身）进行解释，后者所做的是从语言外部（结合语境、认知心理、认知经验等）进行解释。它们各有千秋，最好不要走极端，把两派视为水火不相容的。对语言事实的解释工作还刚刚开始不久，这方面的工作亟待加强，因此大有可为。

## 第二节　语法单位及其组合

### 一、语法单位

我们在听我们不熟悉的语言的时候，只感到一个音接一个音地说下去，不知道应该在哪里可以停顿；而对我们熟悉的语言来说，无论一句话有多长，我们都能感觉到从哪儿到哪儿是个有意义的单位。写在书面上，我们也可以切分，比如"他昨天离开上海到北京去了"这句，可以切分成"他""昨天""离开""上海""到""北京""去""了"，这是普通人的语感，从语言学的角度来看，"昨天"还可以进一步切分成"昨"和"天","离开"还可以进一步切分成"离"和"开"。往上看,"离开"和"上海"可以组合成"离开上海","到"和"北京"可以组合成"到北京","到北京"和"去"再组合成"到北京去","离开上海"和"到北京去"又可以组合成"离开上海到北京去","离开上海到北京去"还可以与"昨天"组合成"昨天离开上海到北京去",等等,直到最后组合成句子。这种不同层次的切分(或组合)的结果,就形成了不同的语法单位,根据普通人的语感所作的切分结果就是我们所熟悉的"词",词再往下切分就成了一个个语素,词往上组合就成了"短语",短语再加上一定的时体成分和语调等就成了句子。根据这些不同语法单位的不同性质和功能,可以分别作如下定义:

### 1. 语素和语素组

**语素**是最小的语音和语义结合体。这里的"语义"不限于词汇意义,汉语词"桌子、窗子、椅子"中的"子","第一、第二"中的"第",英语中的"-ful、-ly"等等也都是语素。判断一个语音片段是不是语素或者是几个语素,首先要看这个语音片段有没有意义,如果没有则不是语素;如果有,则要进一步看是否最小的意义单位,有几个最小的意义单位就是几个语素。就汉语而言,单音节的比较好办,只需看看它有没有意义即可,如"黑""板""笔"等等都有意义,所以它们各是一个语素,"葡""萄""蜈""蚣"等都没有意义,所以它们不是语素。双音节以上的语音片段,除了判断它有没有意义以外,还要看它是不是最小的意义单位,在具体操作上我们可以用替换法。如果一个音节能被其他的音节替换,那么,那个未被替换的音节是有意义的,因而是一个语素。比如:

| 电表:电**表** | 电**表** | 钢笔:钢**笔** | **钢**笔 |
|---|---|---|---|
| 电灯 | 仪表 | 钢刀 | 毛笔 |
| 电流 | 水表 | 钢板 | 铅笔 |
| 电工 | 手表 | 钢丝 | 随笔 |

通过上面的替换可以看出,"电""表""钢""笔"都有意义,因而它们各是一个语素,可见,"电表"和"钢笔"都包含两个语素。上面所说的"葡萄"和"蜈蚣"就不能作这样的替换,所以它们只能各

算作一个语素。"巧克力"看上去可以切分成"巧""克""力",而且都有意义,但这些意义都不是它们在"巧克力"这个结构体中的意义,所以"巧克力"只能看作一个语素。比较麻烦一点的是"苹果""蝴蝶"这样的语音片段,它们一部分可以替换,另一部分则不可以替换,试比较:

| 苹果: | **苹**果 | 苹**果** | 蝴蝶: | **蝴**蝶 | 蝴**蝶** |
|---|---|---|---|---|---|
| | 水果 | 苹? | | 粉蝶 | 蝴? |
| | 野果 | 苹? | | 彩蝶 | 蝴? |

这说明"苹果"和"蝴蝶"只有一个音节有意义,另一个音节没有意义因而不能成为一个语素,所以整个的语音片段只能看作一个语素(当然,其中的"果"和"蝶"也是一个语素)。以上我们在对称的位置上进行替换,主要是为了看得更清楚一点。其实,判断一个语音片段是否有意义,不必在对称的位置上替换,只要看看这个语音片段是否以同样的意义在其他语音片段中出现即可,比如"电表"中的"电"还可以在"水电""漏电"中出现。

以发展的眼光看,一个语音片段是不是一个语素并不是一成不变的。如"啤酒"中的"啤"原来只是音译的一个音节,没有独立的意义,现在有"生啤""熟啤"和"干啤"等说法,显然,"啤"已获得了"啤酒"整个词的意义;"巴士"中的"巴"类似,有"大巴""中巴"和"小巴"等说法,其中的"巴"就是"巴士"的意义。英语中的 burger 也是同样情况,起初在 hamburger(汉堡包)一词中,它并没有独立的意义,也就是说它还不是一个语素,现在英语中有 cheeseburger(奶酪汉堡包)、chickenburger(鸡肉汉堡包)和 burger king(汉堡王)等说法,可见,burger 俨然获得了"汉堡包"的意义。[①]

汉语中还有一种合意或者会意现象,如"甭"是"不用"的意思,"孬"是"不好"的意思,"歪"是"不正"的意思。有的人把它们看作两个语素,你是怎么看的?

---

[①] 诸如此类现象的发生有没有一定的认知基础?可参阅:卢英顺《语言理解中的格式塔原则》,载《修辞学习》2005 第 5 期;后收录于卢英顺 2020《语言问题新探索》,上海社会科学院出版社。

笔者认为这是不妥的。因为他们只看到了意义这一面，而没有看到语音这一面，更没有看到语音和语义统一这一面。"甭"是最小的有意义的语音片段，它并不读成 bù yòng。如果只看意义这一面，那么"妻"也要算两个语素了，因为它的意义是"妻子"，"妻"和"子"各是一个语素。"闷"又该算几个语素呢？

语素，根据其自身性质，可以分为自由语素、准自由语素和粘着语素、准粘着语素。①**自由语素**指的是能够独立成词的语素，如"人""很""了"等等②；**准自由语素**指的是虽然不能独立成词但作为构词成分时它在词中的位置是自由的不确定的，如"目"，在现代汉语中它不能独立作为一个词来使用，只能作为构词成分，但作为构词成分时，它的位置又是不固定的，我们可以说"目镜""目标"，也可以说"侧目""盲目"等等；而**粘着语素**指的是既不能独立成词、在作构词成分时其位置固定、词汇意义又是很虚的语素，一般称之为"词缀"，如"老师、老虎"中的"老"，"桌子、椅子"中的"子"（"苍老、父老"等中的"老"和"子女、孝子"等中的"子"，虽然读音与此相同，但意义却不同，它们只能算作同音的不同语素）。词缀根据其粘着位置的不同，又可以分为前缀和后缀，有的语言里还有中缀。**准粘着语素**指的是在此前一段时期，作为构词成分，它是自由的，但现在逐渐向粘着语素发展，或者在原有意义上发展出新的具有词缀性质（定位）但还有着某种抽象意义的语素。前者如"员"，过去有"员工""动员"，现在逐渐定位在后，有"教员、学员、营业员、运动员、邮递员"等等。后者如"出国热""演说家"中的"-热""-家"等。所以有人称之为"类词缀"。当然，语素还可以从其他角度进行分类，如实语素和虚语素。

语言是发展变化的，语素从自由到准自由，从准粘着再到粘着，是逐步演化的结果，在演化的过程中，必然涉及演化起始时间的早晚，

---

① 参阅：卢英顺 2024 《现代汉语语汇学》（第二版），第 10 页，南开大学出版社。

② 有人给"自由语素"下的定义是："能够独立成词，也能够同别的语素组合成词的语素是自由语素。"同时对"不自由语素"定义如下："不能独立成词，只能同别的语素组合成词的语素是不自由语素。"你是怎样看待这一定义和分类的？

演化进程的快慢，因而，从自由语素到粘着语素的过程中出现准自由语素和准粘着语素是很自然的。由此可见，我们在分析语言现象时不能作简单化处理。

我们上面介绍语素的相关概念时举的都是双音节的例子。在现代汉语中有不少词是三音节的，如"黑板擦""语言学"等，它们各含几个语素？从组合的层次性来看，它们的组合情况分别是"黑板｜擦"和"语言｜学"。接下来的问题是："黑板"和"语言"在这两个词中都不能看作一个词，因为它们只是这两个词的构成成分，那么它们是一个语素吗？显然不是，因为它们有违语素的定义。因此有必要引进"语素组"这一概念。所谓**语素组**，就是由两个（或以上）的语素组成的结构体，如"黑板擦"中的"黑板"、"语言学"中的"语言"，等等。

### 2. 词

词是比语素高一层的语法单位。语言学家给词所下的定义，没有一个能让人非常满意的，无论在英语中还是汉语中。这不能怪语言学家的无能，而是语言现象的复杂所致。汉语学界给**词**下的传统定义是"能够独立运用的最小的语言单位"，所谓"独立运用"是指能够自由地用来造各种不同的句子。比如"学习"，可以出现在"我们学习语言学""学习是一件很快乐的事""学习时间不可以来打扰"等句子中，所以"学习"是一个词。再比如"了"，可以出现在"上课了""下雨了""这本书我看了三遍"等句子中，可见"了"也是一个词。一般来说，实词在造句时能单说，或者能单独回答问题。如"飞机！""那是什么？飞机。"前者即一般所说的独词句，后者是对话中的省略现象。类似例子如"看！""你看不看？看。""漂亮！""这字漂亮不漂亮？漂亮。"等，所以"看""漂亮"也是一个词。值得注意的是，在汉语中有时受韵律的影响，某个词不能单说，如"你几岁了？"回答说："*七。"不成话，必定说"七岁"，"七"不能单说；但如果是"十一岁"则可以回答为"十一。"①"能够独立运用"排除了语素，但并不能排除

---

① 这与汉语的韵律特征有关，有人指出，汉语中的自由运用单位至少是一个音步，一个音步有两个音节。一个单音节词不足一个音步，至少是双音节。所以单说"七"不可以。

比它高一级的短语，所以又用"最小"加以限制。词与短语之间也有瓜葛（将在下面的短语部分介绍）。所以有人试着从停顿的角度来确定词。比如霍凯特就说"词是句子中以前后两个可能的停顿为界的任何片段"①，注意：词是按"可能的停顿"定的，而不是按发出时的实际停顿定的。这种方法也有问题，英语中 I'm、we'll 听起来中间没有停顿，它们都是一个词还是两个词？

我们觉得，上述两个确定词的方法大体上是可行的，只是要注意具体的操作方法。第一，我们判断一个语法单位是不是能单说，不能只在特定的语言环境中进行，而要联系到其他的可能语境。"他姓王。"中的"姓"不能单说，"王"一般也不单说，我们不能就此断定"姓王"是一个词；因为我们还可以说"他姓赵。""他姓欧阳。"可见"姓"也是可以自由地用来造句的，况且"姓赵、姓欧阳"也不可能是一个词，所以"姓"是一个词。另外，在"他姓什么？"一句中，"他"和"什么"都能单说，所以剩下的"姓"也应该看作一个词。第二，利用可能的语音停顿来确定词，在英语中需要其他的补救办法。就汉语而言，利用可能的语音停顿，也要结合具体的语言环境，看看停顿以后分离出来的语音片段所表示的意义是不是它在整个句子中所表示的意义，如"我希望你明天来"实际上可以说成"我—希—望—你—明—天—来"，这样停顿以后，"希"和"望"所表示的意义就不是"希望"所表示的意义，可见，"希"和"望"应该合到一起来组成一个词。"明"和"天"也类似。最好的办法是将能否独立运用和可能的停顿结合起来考察。

### 3. 短语

短语是由词组成的比词高一级的语法单位。如"认真学习""明天来"等等都是短语。但是，我们习惯认为是词与词的组合的，未必就是短语，比如，"水"和"电"都是词，但它们的组合体却不是短语，而是词。同样，"电"和"灯"，"铁"和"画"也都是词，但"电灯"和"铁画"也不是短语。词与短语的瓜葛主要体现在复合词与短语之

---

① 霍凯特 1986《现代语言学教程》上册，索振羽、叶蜚声译，第 203 页，北京大学出版社。

间。有人主张用插入法来区别词和短语，比如"黑板"和"黑包"，插入"的"以后就成了"黑的板""黑的包"，在意义上，"黑的包"等于"黑包"，但"黑的板"不等于"黑板"，"黑板"是一种教学工具，其颜色未必就是黑的。可见，"黑板"是词，而"黑包"则是短语。当然，对不同结构类型的组合体要插入不同的词（一般要求是虚词）。但插入法也存在着明显的不足，有的语感上觉得是词的，却可以插入相关的词而不改变原有的意义，如"鸡毛"就是"鸡的毛"。词与短语的瓜葛还体现在所谓的"离合词"上，"洗澡""理发""鞠躬"，感觉上像一个词，典型的词的内部是不可以加入其他成分的，而这些词则可以，可以说成"洗了一次澡""理过发""鞠了三次躬"等。所以有人主张，它们在一起的时候是词，分开的时候算短语。实际上，所谓词的离合现象，部分是由语用造成的，部分与汉语双音节词的形成特点有关。汉语中一部分双音节词是由古代汉语中的短语凝固而成的，当凝固程度不太强的时候，某特定结构体是词还是短语，不同的人看法可能就不一致。

像英语这样的语言是实行分词连写的，所以词与语素的界限、与短语的界限，相对比较清楚，但也不是绝对的。汉语不是实行分词连写的，因而汉语中词与语素、与短语之间的界限就更加模糊不清。语言本来就是纷繁复杂的，我们不必处处一刀切，也不可能处处一刀切，所以在今后的研究中，要注意尊重客观的语言事实。

### 4. 句子

一般情况下，我们能感觉出句子是个什么样的东西，但是，要给句子下一个令人满意的定义却非易事。霍凯特从结构主义角度给句子下了这样的定义："句子是不跟任何其他语法形式处于结构中的语法形式，即句子是结构体而不是成分。"[①] 比较一下"他来了"和"我知道他来了"这两个语法形式，前者是独立的结构体，所以它是一个句子；而后者中，"他来了"则是"知道"的宾语，是整个句子的一个构成成分，它不是一个句子。汉语语法学界一般把句子定义为"能够表达完

---

[①] 霍凯特 1986《现代语言学教程》上册，索振羽、叶蜚声译，第 248 页，北京大学出版社。

整意思的语言单位",如"小李昨天去北京了。"我们可以把典型的**句子**表述为具有一种独立语调、表达一个或几个事件、与现实世界(或虚拟的可能世界)发生联系的语法单位。它是语篇的基本单位。

句子由短语组成,但句子与短语有着本质的区别:句子有独立的语调,通过某种体<sup>①</sup>形式与特定的语境相联系,如"昨天下雨了。"通过"了"表示"昨天""下雨"成为事实,而短语不是;句子中一些词语的次序可以变动,而短语不能。句子中还有个叫"子句"(汉语中习惯称为"分句"的,其实也是子句)的东西,和典型的句子相比,它有体的形式,但没有独立的语调,如"我去了他去过的地方"中的"他去过"。英语里子句中的时体表现就更为明显,如"I met a person who has made a lot of money."中的 who has made a lot of money。

### 二、语法单位的层级性

上面所说的语法单位,从语素到语素组,由语素组到词,从词到短语,从短语再到句子,其实就是从最底层的语素到最高层的句子[2],可简单图示如下(图5-1):

| 语素层(语素→语素组) > 词→短语 > 句子 |

**图5-1 语法单位的层次关系**

不同层级之间在性质和功能上有本质的不同,语素只是构词成分,由语素构成的合成词,其内部具有较强的稳固性,作为构词成分的语素不能扩展[3],如"高"可以扩展成"很高",但"提高"不能扩展成"*提很高";由词构成的短语则不然,短语内部的词可以扩展,如"看小说"可以扩展成"看长篇小说""聚精会神地看小说"等;从短语到句

---

① "体"概念,参阅"语法范畴"一节。

② 有的学者认为在句子之上还应该有个语法单位"句群",有的称之为"句组"。句群实际上属于语篇研究的内容,我们这里只介绍到"句子"这一层。

③ 所谓"扩展"就是对中心语加以修饰,如名词性中心语前可以加定语,动词或形容词前可以加状语。如"厚厚的词典"中,"词典"是中心语,"厚厚的"是定语,是扩展成分;"经常来"中,"来"是中心语,"经常"是状语,是扩展成分;"很干净"中,"干净"是中心语,"很"是状语,是扩展成分。"扩展"是美国描写主义学派的一个重要概念。

子更有着本质的不同，短语是静态的语法单位，它不跟现实发生联系，而句子则是动态的语法单位，言语交际过程中，我们直接使用的是句子，句子直接跟现实发生联系。

我们说，从语素到句子是一层一层地组合而成的，那么怎样看待"独词句"呢？比如说"飞机！"就一个词，怎么好说这句是由短语构成的呢？我们可以这样看：典型的短语当然至少由两个词组成，由一个词构成的短语可以看作短语的特例，由这个特殊的短语构成的句子就是我们称之为"独词句"的。从语素到词的情形也类似，有的语素可以独立成词，如"水""人""笑"等，有的语素不能独立成词，它们必须组成语素组以后才能成为词，如"参"和"观"都不能独立成词，但语素组"参观"则是一个词。我们之所以这样看问题，是为了求得理论上的一贯性。否则理论就会混乱而让人难以理解，比如"人"，一会儿说它是词，一会儿又说它是语素。说"人"是一个语素是从语素的层次来说的，说它是词则是从词的层次来说的，是由一个语素构成的词。所以这两种说法之间并不矛盾。

### 三、语法单位的组合

#### 1. 组合的规则性

语法单位组合的规则性首先表现在同层级之间的组合，比如说语素层不能直接与词这一层组合成短语[①]。其次，同层级之间的组合也有一定的规则，英语中的前缀 il-、im-、in-、ir-，都表示否定，但不是随便乱加的，il-加在以 l 打头的形容词前面，im-加在以 m 或者 p 打头的形容词前面，ir-加在以 r 打头的形容词前面，其他情况下加 in-，如 illiterate , immoral, impossible, irregular, incorrect, indefinable，等等；在词这一层上，词与词的组合，不仅受到词类的限制，还受到语义的限制，汉语中有时还要受到音节的限制。这些在前面讲组合关系的选择限制时已经讲过。

---

[①] 汉语中的成语似乎是例外，比如"袖手旁观"，其中的"袖、旁、观"在现代汉语中都不能独立作为一个词来用。不过在古代汉语中，它们都是词。

除了上述组合规则以外，有些语言还有一致规则（agreement）要求。所谓**一致规则**是指在句法结构中两个相关的成分之间在形式上有某种相应的匹配要求。这种现象在印欧语中比较普遍。如英语中，主语为第三人称单数的时候，一般现在时的动词后要加-(e)s；联系动词 be 现在时的不同变体 am、is、are 与不同人称及数的主语有不同的对应要求。再比如，法语中修饰语与其所修饰的中心语之间以及作谓语用的形容词与主语之间有性一致的要求。①比较：

（1）Mon　　　　　mari　　　　　est　heureux.
　　　我的-阳性-单数　丈夫-阳性-单数　是　幸福-阳性-单数
（2）Ma　　　　　tante　　　　　est　heureus-e.
　　　我的-阴性-单数　姑姑-阴性-单数　是　幸福-阴性-单数

例（1）中，mari（丈夫）是阳性、单数，其修饰语 mon（我的）也是阳性、单数形式；mon mari（我的丈夫）是主语，其后的形容词 heureux 也是阳性、单数形式。例（2）中，tante（姑姑）是阴性、单数，其修饰语 ma 也是阴性、单数形式；ma tante（我的姑姑）是主语，其后的形容词 heureus-e 也是阴性、单数形式。再看下面的例子：

（3）Je suis　heureux
　　　我　是　幸福-单数-阳性
（4）Je suis　heureus-e
　　　我　是　幸福-单数-阴性

例（3）和例（4）中的主语虽然都是"我"，但通过其后形容词"幸福"的阳性或阴性形式，我们就很容易判断说话者是男性还是女性。

## 2. 组合的层次性

语法单位有时是由单个成分构成的，有时是由两个成分构成的，但有时则是由三个或更多的成分构成的。由单个成分或两个成分构成的语法单位当然不存在层次问题，而由三个（或以上）的成分构成的语法单位，在构成上就存在着哪个与哪个先组合的问题，比如"黑板

---

① 参阅：Booij, Geert 2007/2014 *The Grammar of Words: An Introduction to Linguistic Mophology* /《词的语法：形态学导论》，第 111 页，外语教学与研究出版社。

擦"这个词包含三个语素,它们并不是一次性地组成的,而是"黑"和"板"先组合成"黑板",再和"擦"组合而成"黑板擦";"语言学"也是"语"和"言"先组合成"语言"后,再和"学"一起组合成"语言学";"看长篇小说","长"和"篇"、"小"和"说"各自先组合成"长篇"和"小说",然后,"长篇"和"小说"在一起组合成"长篇小说",再和"看"一起组合成"看长篇小说"。可图示如下(图5-2):

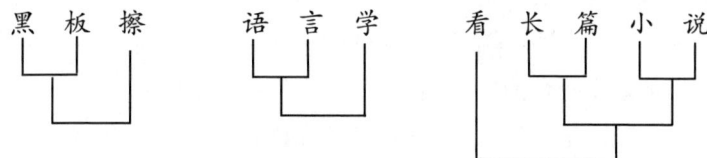

图 5-2 语法单位组合层次图

在句子这一层级上也同样可以作如上分析。

由三个(或以上)的成分构成的结构体就一定有两个(或以上)的层次吗?

### 3.3 组合的递归性

"鸟飞了",对汉语中这样的句子,我们可以不断地加上修饰语使它扩展:

(5)树上的 鸟 飞了。
　　　图书馆前 树上的 鸟 飞了。
　　　文科 图书馆前 树上的 鸟 飞了。
　　　复旦大学 文科 图书馆前 树上的 鸟 飞了。
　　　杨浦区 复旦大学 文科 图书馆前 树上的 鸟 飞了。
　　　…… …… …… …… …… ……

(6)据说帮忙搞手续的人是邹姑娘的远房亲戚,至于有多远已无从考证,反正邹姑娘动用了<u>她父亲的表姑的女婿的外甥</u>。(张楚《过香河》)

再比如"我喜欢小说"这句,可以扩展成:

(7)我喜欢 张老师给我们讲过 的 **小说**。
　　　我喜欢 张老师给我们讲过 的 路遥写 的 **小说**。

上述例（5）中，名词"鸟"之前可以加定语（树上）形成偏正型名词短语（树上的鸟），这个定语（树上）还可以受定语（图书馆前）修饰，形成更大的名词性短语（图书馆前树上），"图书馆"自身还可以受定语（文科）修饰，等等；例（6）画线部分类似；例（7）中，"我喜欢小说"是个主谓结构，这个主谓结构可以通过扩展内嵌另一个主谓结构，这个内嵌的主谓结构还可以内嵌另一个主谓结构。这种层层套叠或内嵌现象表明，同一个语法规则可以在同一个句子中不断地使用，这就是语言组合的"**递归性**"，它原是数学上的术语。

递归性是语言的普遍特征，汉语如此，英语也不例外。英语中有一首 Jack 造房的儿歌，它的开头部分是这样的：

（8）This is the farmer sowing the corn,

　　 that kept the cock that crowed in the morn,

　　 that waked the priest all shaven and shorn;

　　 that married the man all tattered and torn,

　　 that kissed the maiden all forlorn,

　　 that milked the cow with the crumpled horn,

　　 that tossed the dog,

　　 that worried the cat,

　　 that killed the rat,

　　 that ate the malt,

　　 that lay in the house that Jack built.

（农夫种棒子，棒子喂公鸡，公鸡早打鸣，吵醒老牧师，牧师刮胡子，娶一叫花子，花子亲小妞，小妞养母牛，母牛长犄角，犄角挑黄狗，黄狗追花猫，花猫吃土耗，土耗吃麦草，麦草堆阁楼，阁楼杰克造。）[1]

从理论上说，递归应是无限的，如"我爸爸的爸爸的爸爸的爸爸

---

[1] 转引自：维多利亚·弗罗姆金、罗伯特·罗德曼 1994《语言导论》（第四版），沈家煊等译，北京语言学院出版社，第 196-197 页。

的……",但实际上,任何语言的递归现象都是有限的,有的大概受结构本身性质的限制,有的是受人们的认知心理制约的,"我爸爸的爸爸的爸爸的爸爸"到底是"我"的什么人?听后大概如坠云雾。相声中偶尔利用此法逗乐,如"你不是我妈妈的妈妈的儿子的儿子吗?""你"和"我"是什么关系?听后有点茫然。

### 3.4 语法单位的组合关系

既是组合,那么组合体内部还存在组合关系的问题。从汉语的实际来看,无论是语素与语素的组合还是词与词的组合,甚至子句与子句的组合,都有一定的组合关系。① 不过,一般讲**语法单位之间的组合关系**时都是指词与词之间的组合关系,也就是短语内部的结构关系。

汉语短语内部的结构关系主要有以下几种②:

1. 主谓关系:我们学习　他吃饭　头发黄　肚子饿
2. 述宾关系:学习游泳　写毛笔　打电话　挖地道
3. 述补关系:看清楚　掉下来　跑两趟　红起来
4. 状中关系:深入研究　仔细看　非常好　明天见
5. 定中关系:语言问题　脏衣服　新方法　三本书
6. 并列关系:弟弟妹妹　纸和笔　新奇而刺激
7. 同位关系:首都北京　他们俩　小王这个人
8. 介宾关系:到下星期　在夜里　从上海

在上述多种关系中,述补关系是汉语的一大特色。

---

① 其他语言语素之间的组合关系与汉语有很大的不同。

② "述宾关系"和"述补关系",一般称之为"动宾关系"和"动补关系"。考虑到汉语中的一部分形容词也可以带宾语和补语,后一种称法不能涵盖这一现象。卢英顺在《形态和汉语语法研究》(学林出版社,2005)一书中,主张将汉语中的动词和形容词合为一类,并名之曰"述词"。另有人把"动宾"中的"动"叫做"述语"。无论哪种情况,称"动宾关系""动补关系"为"述宾关系"和"述补关系"都比较合适。

## 第三节　语法意义、语法手段和形态

### 一、语法意义和语法形式

汉语中,"我的书""小李的皮包""树上的鸟""昨天的报纸",等等,虽然具体意义各不相同,但它们有一个共同点,就是"的"前面的成分限定后面的成分;英语中的 book、pen、box 表示的是单数,而 books、pens、boxes 表示的则是复数;等等,等等;像汉语中的"的"、英语中的-(e)s 所表示出来的意义,就是语法意义。概括地说,**语法意义**就是通过一定的形式所表示出的抽象、概括意义。表示这种语法意义的形式叫**语法形式**。

### 二、语法手段及其种类

**语法手段**就是语法形式的表现手段,也就是特定的语法意义是通过哪些具体方式表现出来的。语法手段主要有以下几种:

#### 1. 语序

**语序**,即结构体中成分的排列顺序。有的语言中,哪怕两个同样的结构成分,如果排列的顺序不同,它所表达的语法意义(包括成分的性质)也就不一样,比较汉语中的"他打"和"打他",前者中的"他"是"打"这一行为的实施者,而后者中的"他"则是挨打的对象,之所以有这种语法意义上的差别,是因为"他"和"打"在语序上的不同。"玻璃窗户"和"窗户玻璃",从结构意义上看是相同的,都是"限定-被限定"关系,但前者的限定成分是"玻璃",而后者的限定成分是"窗户",因而从意义上看,前者说的是"窗户",后者说的是"玻璃";因此,我们只能说"一扇玻璃窗户""一块窗户玻璃",而不能说"*一块玻璃窗户""*一扇窗户玻璃"(请比较:一扇窗户、一块玻璃、*一扇玻璃、*一块窗户)。同样,"红玫瑰"说的是一种花,而"玫瑰红"说的是一种颜色;"书本知识"说的是"知识","生活方式"说的是"方式",而不是相反。

### 2. 虚词

**虚词**也是表示不同语法意义的一种手段。比如汉语里,"我和弟弟"与"我的弟弟"句法结构和意义都不同,其原因就在于虚词使用的不同,前者用的是表示"连接"关系的"和",后者的"的"则表示"领属"关系。"我吃了饭了"中的"了"、"她唱着歌"中的"着"、"那本小说我看过"中的"过",也都表示不同的语法意义。日语中的が是主语的标志,を则是宾语的标志,主语和宾语的不同是靠这两个不同的助词区别开来的。例如:

(1) 薬を飲んだんです。すると風邪がすっかり治りました。((我)吃过药,感冒很快就治好了。)

例(1)中,"薬(药)"是"飲む"的宾语,所以用宾语标志を表示,"風邪(感冒)"是主语,其后用主语标志が来表示。

### 3. 构形变化

**构形变化**是通过在词的前面或后面加上前缀或后缀来表示一定语法意义的一种手段。利用加后缀的方法较多,如英语中可数名词复数的语法意义就是通过加-(e)s来表示的,规则动词的过去式是通过加-(e)d来表示的。拉丁语和俄语的构形变化比较丰富。

我们不要把构形变化中的"前缀"或"后缀"与构词法中的"前缀"或"后缀"混淆起来。[①]构词法中的前缀或后缀,或改变词的词汇意义,或改变词的语法属性,如英语中的 impossible,其中的 im-前缀,改变了 possible 这一词的意义;power 是名词,加上后缀-ful 后变成了形容词。而构形变化则不然,它改变的只是语法意义,而不是词汇意义或词性,book 加上-s 以后,它的词汇意义还是"书",词性上还是名词。

### 4. 内部屈折

**内部屈折**是通过对词语内部某个音的改变来表示不同语法意义

---

[①] 西方文献在论及 morphology(形态学)的时候,把构形的和构词的放在一起讨论。实际上,前者是句法层次的,后者是词法层次的,区别对待或许更可取。

的一种手段。英语中不规则动词 know 的过去式是 knew，build 的过去式是 built，foot 的复数形式是 feet，等等。

### 5. 重叠

**重叠**是指词根或整个词的重复。词的重叠也可以表示一定的语法意义。汉语中的动词，重叠后表示"短时、尝试"，如"他每天早晨跑跑步就吃早饭""这件衣服你穿穿看"。马来语中的名词复数意义一般是通过重叠来表示的，如 cara（方法），其复数形式是 cara-cara（各种方法），anai（白蚁）的复数形式是 anai-anai；buah（果实）的复数形式是 buah-buahan（各种各样的水果），daun（叶子）的复数形式是 daun-daunan。[①] 藏语的疑问代词重叠后表示复数，如 su$^{55}$（谁）的复数形式是 su$^{55}$ su$^{55}$。

### 6. 异根法

**异根法**是用一个和原来的词没有任何形式上联系的词来表示不同语法意义的一种手段。英语中 good 的比较级和最高级不是通过加 -(e)r 和 -(e)st 来表示的，而是 better 和 best；go 的过去式不是 *goed，而是 went。

### 7. 零形式

**零形式**，它相对有词形变化的那部分而言也能表示一定的语法意义。这有两个不同的视角，一种如英语中的 books 表示复数语法意义，而 book 却表示单数语法意义；单数语法意义不像复数语法意义那样在名词后加上什么形式，其形式可看作"零"。另一种如 sheep 所代表的，其单数和复数同形，其复数语法意义相对其他名词来看在形式上没有任何变化，或者说其变化形式是"零"，所以 sheep 的复数语法意义也可以说是用零形式来表示的。英语中 put 的过去式还是 put，相对其他动词的过去式需要加 -(e)d 来说，也是通过零形式来表示的。

---

[①] 马来语的复数问题，向马来西亚来的留学生张巧娴同学咨询过，谨此志谢。据笔者观察，其复数表达有两种形式，一是直接重叠，二是重叠后加-an，这种情况都是以辅音收尾的；但在所提供的例子中有一个例外，就是 bahan（材料）的复数形式是 bahan-bahan，估计 bahan 本身是以-an 收尾的缘故吧。有些名词没有复数形式，如 baju（衣服），需要表示复数时可加形容词如 banyak，banyak baju（很多衣服）。

需要注意的是，这里所说的零形式，不是省略。sheep 的复数形式本来就没有有形的形式，而不是省略了-s。汉语中有些虚词所表示的语法意义在特定的语境中可以不用那个虚词来表示，这不能算零形式，如"了"在表示现实体意义的时候有时候不需要出现，"我做完作业了"与"我做完了作业了"表达的意思一样，我们不宜因此说汉语中的现实体语法意义可以通过零形式来表示。

### 三、形态

#### 1. 形态的内涵

"**形态**"①指的是语法意义和语法手段的结合。平常所说的形态，实际上只相当于这里所说的语法手段。单独的语法手段不是形态。如英语 books 中的-s 本身不是形态，它只是个语法手段，它只有和名词复数这个语法意义结合后才是形态，才能构成 book 的复数形态 books。a book 中的 book 是单数形态，表示单数语法意义的语法手段是零形式。由于语法意义和语法手段是不可分割的统一体，所以，人们往往把语法手段称作形态而不影响理解。

#### 2. 形态的种类

形态，根据其赖以表示的语法手段的不同，可以分为"**屈折形态**"和"**非屈折形态**"两种。由构形变化、内部屈折等语法手段所表示的形态，是屈折形态；由语序和虚词等语法手段所表示的形态是非屈折形态。

语言学界对形态的理解一般是狭义的，即只承认屈折形态才是形态，不承认非屈折形态也是形态。这种以构形变化等屈折手段来表现的形态是**狭义形态**。而**广义形态**是指通过任何语法手段（包括屈折手段和非屈折手段）所表现的形态。其实，语序和虚词与构形变化一样，都是表示语法意义的重要手段，把它们排除在形态之外，是不合理的，是片面的。之所以有这种片面的理解，是因为早期的语法研究是以印欧语为对象的，印欧语，特别像拉丁语这样的语言，构形变化非常丰

---

① 有关"形态"问题的详细论述，可参阅：卢英顺 2005 《形态和汉语语法研究》，学林出版社。

富，语法学家没有看到其他语言（如汉语）中语序和虚词的作用，因而，他们只把构形变化这类东西看作形态。后来的语法研究一般以印欧语语法为蓝本，所以对形态的理解也一直是狭义的，同时也是片面的。其实，中外学术界对形态作广义理解的也有人在，我国的方光焘、胡裕树和张斌等人就一直倡导广义形态[①]，但没能引起足够的重视。

从功能上看，屈折形态和非屈折形态所起的作用是一样的。关于这一点，英语中形容词的比较级和最高级很能说明问题。众所周知，英语中形容词的比较级和最高级有两种构成手段：一是加-(e)r 和-est，另一是加 more 和 most。如：

cheap—cheaper, cheapest

pretty—prettier, prettiest

difficult—more difficult, most difficult

beautiful—more beautiful, most beautiful

这两种构成方式，原则上有一定的分工，但这种分工不是泾渭分明的，因而有的词语可以用两种方式的任何一种。如：

common—commoner/more common, commonest/most common

handsome—handsomer/more handsome, handsomest/most handsome

### 3. 形态之间的关系

形态可以分为屈折形态和非屈折形态两类，非屈折形态又有语序和虚词等的不同。这些不同形态之间的关系是怎样的呢？简而言之，它们之间的关系是相互制约和相互补充的。

屈折形态和非屈折形态都出于语言表义的需要。在表义明确的前提下，语言的编码力求从简。所以，在屈折形态发达的语言里，由于屈折形态明确地标示了成分的不同的语法意义，所以这些成分在句子中的位置相当自由。这意味着在屈折形态发达的语言里，语序和虚词这样的非屈折形态不起什么作用或者起很小的作用，这是屈折形态对非屈折形态的制约。拉丁语、俄语都有此例（俄语中成分的次序在语

---

[①] 可参阅：方光焘《方光焘语言学论文集》，（商务印书馆，1997 年）、胡附和文炼《现代汉语语法探索》（商务印书馆，1990 年）或者文炼和胡附《文炼胡附语言学论文集》（商务印书馆，2010 年）中的相关论文。

篇中受到一定的约束，应另当别论）。但在语序和虚词起重要作用的语言里，屈折形态所起的作用就小得多，如汉语和英语。这是非屈折形态对屈折形态的制约。

不同形态之间的相互补充指的是，某种语言，如果屈折形态不丰富，那么非屈折形态一定起着很重要的作用。因为在屈折形态不发达的语言里，由于没有屈折形态来标示成分的不同语法意义，再没有语序和虚词来补偿，那么这种语言将无法用来交际。假如语言 L 里的施事、受事既没有格标记，又不受语序的约束，也就是说，在"X 打 Y"这样的句法结构中，我们既可理解为：X 是施事，Y 是受事，又可理解为：Y 是施事，X 是受事，那么后果将不堪设想。

屈折形态和非屈折形态之间这种相互制约和相互补充的性质，可以在不同语言里找到例证，也可以在同一语言的不同时期得到证明。古英语中的语序比较自由，而现代英语则不然，造成这种变化的原因是古英语名词的有关词尾变化到了现代已经消失。

不同形态之间存在着一定的相互制约和相互补充关系，即使在同一形态内部也存在着这种特性，语序和虚词之间就是一例。据田德生等研究，在土家语的句子里，间接宾语在直接宾语前面，谓语动词在双宾语的后面，但由于间接宾语有结构助词 $po^{55}$ 作标志，因此语序的作用相对减少。在句法结构的线性序列中，间接宾语在前在后比较自由，并不影响结构和意义，例如①：

（2）$pha^{21}phu^{35}$　$\eta a^{35}$　$po^{55}$　$t\varepsilon hi^{35}pu^{55}$　$ka^{55}si^{55}$　$le^{35}$　$le^{55}$
　　　爷爷　　　我　（间宾助）　黄豆　　几升　　给　（语助）
　　（爷爷给我几升黄豆）

　　　$pha^{21}phu^{35}$　$t\varepsilon hi^{35}pu^{55}$　$ka^{55}si^{55}$　$\eta a^{35}$　$po^{55}$　$le^{35}$　$le^{55}$
　　　爷爷　　　黄豆　　几升　　我　（间宾助）　给　（语助）
　　（爷爷给我几升黄豆）

语言中不同形态之间为什么会存在这样的相互制约和相互补充关系呢？这跟语言作为交际工具的性质和语言的经济原则有关。相互制

---

① 田德生、何天贞等 1986 《土家语简志》，第 96 页，民族出版社。

约避免了语言编码的极大浪费,相互补充是为了能保证语言能顺利地为交际服务。

## 第四节 语法范畴

### 一、语法范畴的内涵

"范畴"就是"类"。语言中的名词、动词、形容词等其实都是语法上的类,所以广义地讲,这些也属于语法范畴。但普通语言学所说的"**语法范畴**"一般是狭义的,它指的是对用某种语法手段所表示的具体语法意义的更高层次的概括。由此可见,语法范畴首先是语法手段和语法意义的统一体,光有语法意义而没有相应的语法手段,或者,光有语法手段而没有相应的语法意义,都不能构成语法范畴。语法意义和语法手段的统一就是形态,因此,范畴的确立是以形态为基础的。其次,语法范畴是对某些具体语法意义作更高层次的概括。比如英语中的名词有单数形态和复数形态之分,单数和复数都是具体的语法意义,它们的更高层次都是"数",因而可以概括成"数"的语法范畴。通过语汇形式所表示的意义不能概括为语法范畴。比如汉语中,我们可以用"昨天""今天"和"明天"这类词语来表示"过去""现在"和"将来","过去""现在"和"将来"所表示的意义都与时间有关,它们的更高层次可以概括为"时",但汉语中并不能建立"时"的语法范畴,因为时意义并没有通过一定的语法手段来表示。

语法范畴是在语法学中建立起来的,是以形态为基础的,它并不是以概念为基础的。所以,说某种语言没有哪种语法范畴并不意味着说那种语言的人没有相关的概念。汉语中没有"时"的语法范畴,但说汉语的人和说其他语言的人一样,都有时间概念。概念范畴是普遍性的东西,而语法范畴则和特定的语言相联系,因而不能把概念范畴和语法范畴混为一谈。

既然语法范畴是和特定的语言相联系的,那么,第一,甲语言有的语法范畴,乙语言里就不一定有;乙语言里有的语法范畴,甲语言里也不一定有。第二,同一语法范畴在不同的语言里,其内涵也可能不一样,比如"数"的语法范畴,在英语里只包含单数和复数,有的语言里还有双数。同样,"性"的语法范畴,有的语言里包括阴性和阳性,有的语言里则包括阴性、阳性和中性。第三,不同语言里相关语法范畴所覆盖的范围往往是不一样的,如英语中"数"的语法范畴覆盖的范围是"可数名词",而有的语言里"数"的语法范畴只覆盖"有生命的名词"。所以我们在确立某语言的语法范畴时,一定要以该语言的语言事实为依据,不能盲目地搬别的语言里的东西。当然,别的语言里的东西有助于启发我们去思考。

## 二、语法范畴的种类

常见的语法范畴主要有以下一些:

### 1. "数"范畴

数(number)的语法范畴体现的是词语的"量"的特征。体现"量"这一特征最典型的词语是名词语,所以很多语言里的名词有数范畴。数范畴一般包括单数和复数,英语中的名词就是如此,如 book 和 books 之间就形成了单数和复数的对立。有的语言里还包括"双数"。如爱斯基摩语中,iglu(房间)一词三个不同数的形式是 iglu(单数,用零形式表示的)、igluk(双数)和 iglut(多数)。

语言类型学研究者把不同"数"标记之间的蕴含关系归纳为:
singular(单数)〉plural(复数)〉dual(双数)〉trial(三数)[①]

这一蕴含关系可以从不同的角度来看:从数范畴的标记来看,位于左边的蕴含其右边的,反之则不一定。例如,如果一种语言的单数是有标记的,那么其复数一定是有标记的;但是,如果其复数是有标记的,其单数不一定有标记。从数范畴本身来看,蕴含方向则相反。例如,如果一种语言有"双数",那么它一定有"复数",但并不意味着它有"三数"。

---

[①] 参阅:Corbett, Greville G. 2005 *Number*(《数量范畴》),第 38 页,北京大学出版社。

除了名词具有数范畴以外，有的语言里的代词、动词和形容词也有数范畴。

### 2."格"范畴

格（case）范畴体现的是句法结构中名词、代词与其他词的关系。有些语言里的名词或代词，随着它在句子中身份的变化而有不同的变格形式。例如土耳其语 adam（男人）的 6 种变格形式是：[①]

| nominative | accusative | genitive | dative | locative | ablative |
|---|---|---|---|---|---|
| （主格） | （宾格） | （所有格） | （与格） | （处所格） | （夺格/离格） |
| adam | adamı | adamın | adama | adamda | adamdan |

俄语中的名词随着作主语和宾语等的不同有第一格、第二格等不同的变化形式。古英语中名词的变格形式到现代英语中已经消失，现代英语的变格形式只保留在人称代词里面，如 he（他，主格），him（他，宾格），his（他的，所有格）；I（我，主格），me（我，宾格），my（我的，所有格）。

在同样有格范畴的语言里，不同语言在格的数量上可能很不一样。比如，阿拉伯语的名词有 3 个格，德语名词有 4 个格，俄语名词有 6 个格，芬兰语名词有 16 个格，匈牙利语中名词的格多达 25 个。不同语言在格的内涵上也不尽相同。

### 3."性"范畴

性（gender）范畴体现的是人们对语言中名词等所表示的事物或现象的性属的认识，是阳性还是阴性等。不同语言里，性的种类不一定一致，法语中的名词只有阳性和阴性之分，而德语中则有阳性、阴性和中性的分别。性范畴多体现在名词、代词方面，如欧洲许多语言就是如此。有的语言里的形容词也有性的语法范畴，形容词的性属取决于它所修饰的名词，它和其所修饰的名词保持性上的一致。现代英语中的名词已没有语法上性的分别；he 和 she、him 和 her 的对立只属于个别的词汇现象，这种对立不成系统，不足以建立一个范畴。因而现代英语中没有性范畴。汉语中也没有性范畴，汉语中的"男"和"女"、

---

[①] 参阅：Blake, Barry J. 2005 *Case*（《格范畴》），第 2 页，北京大学出版社。

"公"和"母"等只是区别自然界生物性属而已,它们不是表示阳性和阴性的语法手段。

这种语法上的性起初可能是以自然的性为基础的,但语言发展到今天,语法上的性已经和自然的性有很大的差异了。根据霍凯特的介绍,西班牙语、法语、意大利语和葡萄牙语中的阳性和阴性,从语义上看,跟名词所指事物的自然性别是一致的,但是跟自然性别无关的名词的性则是任意的。①由于不同民族对同一事物性属的认识可能产生差异,因而同一个事物,在不同的语言里,语法上的性可能不一致。如"太阳"一词,在德语里是阴性,在法语里是阳性,在俄语里却是中性。不同语言中性的种类多少的不同也是这种认知差异的体现。

### 4."时"范畴

"时"指的是动作发生的时间,因而和动词有关。时范畴体现的是动作发生的时间与说话时刻的关系,一般以说话时间为"现在"时间,先于说话的时间为"过去"时间,后于说话时间为"将来"时间。可图示如下(图5-3):

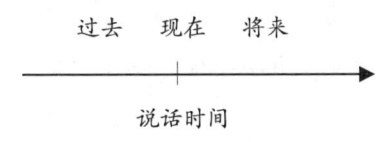

**图 5-3 时间流动示意图**

在有"时"范畴的语言里,随着动作发生时间的不同,动词有不同的变化形式。英语里的动词有"过去""现在"和"将来"之分,规则动词的过去式是在原形动词之后加-(e)d,现在式除主语是第三人称单数以外用原形动词来表示,将来式用"shall/will/be going to ＋ 原形动词"来表示。比如:

(1) He lived in Beijing five years ago.(五年前他住在北京)

(2) They help each other.(他们互相帮助)

(3) She will go abroad next week.(她下星期要出国)

日语中的时有两种:过去时和非过去时。非过去时用于现在和将

---

① 霍凯特 1986 《现代语言学教程》(上册),索振羽、叶蜚声译,第289页,北京大学出版社。

来的时间。例如：

（4）昨日は火曜日でした。（昨天是星期二）

（5）今日は水曜日です。（今天是星期三）

（6）明日は木曜日です。（明天是星期四）

（7）わたしはきのう7じに起きました。（我昨天7点钟起的床）

（8）わたしは毎日7じに起きます。（我每天7点钟起床）

（9）彼女は来年大学生になります。（她明年就是大学生了）

上述例子中的でした和ました分别是です和ます的过去时形式。

一般认为，汉语里没有"时"的语法范畴，汉语里的时是通过语汇手段来表示的。

**5."体"范畴**

"体"（aspect）是跟事件①相关的一种语法范畴，它体现的是行为事件所处的阶段，是"开始"，还是"正在进行"，或者业已"完成"。不同语言中"体"范畴所包含的具体"体"的种类有所不同，俄语中只有"完成体"和"未完成体"之分；英语里有"完成体""进行体"和"完成进行体"等，分别用 have/has + v-ed、be + v-ing 和 have/has + been + v-ing 来表示，如：

（10）I have seen the film.（我看过那部电影）

（11）He is reading a novel.（他正在看一本小说）

（12）He has been reading the novel for two days.（这两天他一直在读那部小说）

汉语中到底有多少体还有争议，一般认为有"开始体""持续体""完成体""经验体""短时体"和"继续体"，分别用"起来、着、了、过、动词重叠式、下去"来表示。

体范畴不等于时范畴②，但"体"中蕴含着时间这一因素，它体现

---

① 一般认为"体"是跟动词相关的，这种理解是不确切的。确切地说，体是跟事件相关的。不同的事件与不同的体形式联系在一起，而且动词与体的类型有一定的关联，但它不是决定体的类型的唯一因素，其他成分对体的类型也有影响。

② 如何理解英语中的"tense"？

的是相对的时间关系。

### 6."态"范畴

"态"（voice）就是我们熟悉的语态，它体现的是动作与主体、客体的关系。态范畴一般包括主动态和被动态、自动态和使动态等。主动态表示动作行为由主体发出，被动态表示动作行为由客体承受；自动态表示主体发出的动作行为不涉及客体，使动态表示主体促使客体进行或完成某一动作行为。英语中的主动态是用零形式来表示的，如 He teared the letter（他把信撕了）；被动语态是用"be + 动词的过去分词"来表示的，如 The letter was teared （by him）（信被（他）撕了）。自动态和使动态在藏缅语族语言中比较多见，彝语多用动词的内部屈折手段来表示，如 bu$^{33}$（松散）—— phu$^{33}$（使松散），ndi$^{55}$（戴）—— ti$^{55}$（使戴）。

日语中既有被动表示法，也有使动表示法。被动形式是在动词的未然形后面加上れる或者られる（视动词的性质而定），使动形式是在动词的未然形后面加上せる或者させる（视动词的性质而定）。试比较：

（13）先生はときどき林さんをしかります。（主动句，老师有时候批评小林）

（14）林さんはときどき先生に**しか**ら**れ**ます。（被动句，小林有时候挨老师批评）

（15）学生が本を読みます。（自动句，学生看书）

（16）先生は学生に本を読ま**せ**ます。（使动句，老师叫学生看书）

（17）弟が北京へ行きます。（自动句，弟弟去北京）

（18）父は弟を北京へ行か**せ**ます。（使动句，父亲叫弟弟去北京）

除上述几种语法范畴外，还有其他的范畴。不同语言之间在语法范畴的数量和种类上是不尽相同的，因此，我们不能盲目地以一种语言的语法范畴套另一种语言的语法范畴。

## 第五节　词类

### 一、词类的性质

现实生活中，我们会经常碰到分类的问题，分类是为了一定的目的，不是为了分类而分类。对一相同的分类对象，由于分类目的的不同，可以从不同角度进行。如"人"，既可以按性别来分，也可以按年龄来分，还可以按居住地来分，等等。语言中的词也一样，也可以从不同的角度对它们进行分类，比如汉语中的词可以分为单纯词和合成词，基本词和一般词；但语法上所说的"**词类**"，指的是为了说明语法结构规律而分出的类。

### 二、分类的标准

那么语法上的"词类"应该从什么角度，或者说，根据什么标准来分呢？曾经使用过的标准有：意义标准、形态标准和句法功能标准。

#### 1. 意义标准

这里的"意义"指的是类的意义，而不是具体的词汇意义。比如，表示人和事物的词是名词；表示动作行为的词是动词；等等。意义标准在有的情况下便于把握，但存在的问题也不少，如：

一、这种分类是以逻辑为基础的，如果使用这种标准，那么所有语言中词的分类就一样了，实际情况并不如此。

二、说表示"人"和"事物"的词是名词，没有什么问题，问题是，我们不能倒过来说"名词是表示人和事物的"。像"思想""智慧""方面"等等都很抽象，它们表示的是什么呢？因而无法归类。不同语言中都有"虚词"，它们的分类面临同样的困境。

三、以意义为标准就会把功能不同的词看成同一类，如汉语中的"聪明"和"智慧"，"红"和"红色"；英语中的现象就更为明显，如 dictate — dictation（听写），decide — decision（决定），move —

movement（移动），govern — government（统治），等等。如果把它们都归为一类，对说明语法结构规律，能起到什么作用呢？

可见，根据意义标准来给词分类是行不通的。

### 2. 形态标准

这里的"形态"一般指的是"狭义形态"，多为词尾变化部分。如英语中的-(e)s 和-(e)d，前者被认为是名词的形态标志，后者被认为是动词的形态标志；因此，由 pens、boxes，我们可以断定 pen、box 是名词，由 helped、opened，我们可以断定 help、open 是动词。

想一想：根据这种狭义形态标准划分词类有没有什么问题？

一、形态标准充其量只适合狭义形态极其丰富的语言。这一标准对英语就不很合适，对汉语就更是如此。英语中的副词多以-ly 结尾，但第一，有些词没有-ly 结尾，算不算副词？如 He runs fast 中的 fast；第二，有些以-ly 结尾的词是不是副词？如 friendly 和 lovely。至于 up，to，that，because 等等，没有形态变化，又如何归类？

二、有些形态标志，它们表示的不止一种语法意义，如英语中的名词复数形式和动词的第三人称单数一般现在时形式相同，都是加-(e)s，这时又如何断定它所表示的语法意义？watches 和 studies，其语法意义是前者还是后者？

俄语的形态相当丰富，但俄语中的词类问题也一直纠缠不清，成为俄语语法研究中一个永恒的主题。我们认为，这部分与使用的标准不当有关。

### 3. 句法功能标准

"**句法功能**"，有的称为"**语法功能**"。语言学界对语法功能的理解存在着分歧：一是指词与词之间的排他的相互结合的能力和结合关系，二是，除此之外，还包括词在句子中充当什么句法成分。英语中的词类和句法成分之间有一定的对应关系，汉语则不然。比如汉语中处在主语和宾语位置上的可以是动词和形容词，以前的汉语语法研究由于受印欧语语法框架的束缚，说这种情况下的动词和形容词已经"名物化"①了,也就是变成"名词"了。所以,从普通语言学角度来看,笼统地说根据词的语法功能来分类也有一定的麻烦。

以上三种标准,都或多或少地存在着缺陷,所以有人建议同时运用几种标准。比如王力就认为,有形态标准的就利用形态标准,没有形态标准的,就参考意义标准和语法功能标准。这样做至少存在着两个问题:

第一,分类的标准不一致,这是逻辑上不允许的。

第二,如果同时使用多项标准,不同标准之间往往会发生冲突,这时何去何从?比如我们班的同学,同时以"性别"和"是否上海市"为标准,怎么分?结果可能是:既是男性又是上海市的一组,既是女性又是外地的另一组,但还有一部分人无法分类,是男性但不是上海市的同学和是女性但不是外地的同学怎么处理?语法中词的多标准分类面临着同样的窘境。比如,英语中的 fast 从语法功能上看,它可以是副词,但从形态上看,它又没有 -ly 结尾;friendly 和 lovely,从形态上看似乎是副词,但从功能上看却是形容词。move 和 movement,从意义上看都是"运动"的意思,它们的语法功能却很不相同。采用多标准如何归类?汉语也一样。"红"和"红色"都有"红"的意思,但"红"前可以加"很"(很红),后面可以加"了"(花红了),而"红色"不具有这样的功能:"* 很红色","* 花红色了"。

可见,同时使用多项标准在实践中是行不通的。笼统地把语法功能当作分类标准,至少在汉语中犯了多标准的错误:一个标准是词与词之间的相互结合能力和结合关系,另一标准是充当什么句法成分。那么,到底用什么标准来分类呢?意义标准肯定行不通,狭义形态标准如何?不妨看看它的实质。

英语中的 studies 和 watches,孤立地看,我们无法知道这里的 -(e)s 所表示的语法意义,但在下列句子中就很容易看出来:

---

① 这个问题比较复杂,至今还在争论不休。

(1) He studies well / watches TV.（他学习好/他看电视）

(2) He gives time to his studies.（他把时间花在学习上）

(3) He has three watches.（他有三块手表）

up、to、that 和 because 等，压根儿就没有形态标志，又是凭什么把它们分成不同的类的？fast 没有-ly 结尾，为什么把它看作副词？friendly 有-ly 结尾，又为什么把它放到形容词一类？归根到底，是根据它们与其他词语之间的相互结合能力和结合关系（即"广义形态"[①]）。狭义形态，只是功能的反映，在有的语言里，不同的词在功能上有标志，在另一些语言里则不然，汉语的词类就是如此。这好比学生与校徽的关系，有的学生戴校徽，而有的学生则不戴。一个非学生的人拣到一枚校徽别在身上，我们并不承认他是学生，因为他的活动情况和学生不一样。lovely 之所以不归入副词，就是因为它的活动情况和 nicely, kindly 等不一样；而 fast 之所以归入副词，则因为它的活动情况和副词一样。

因此，划分词类只能根据词与词之间的相互结合能力和结合关系。为什么强调结合关系？如 poor John 和 hit John, red flowers 和 buy flowers 中的 poor 和 hit, red 和 buy 的分布环境一样，不强调结合关系，就可能把它们看作一类。需要指出的是，词与词之间的相互结合能力，指的是其潜在的能力，而不是某一特定语境中的能力。

明确了词类划分的标准还不够，这里还存在着词类划分过程中对标准如何操作的问题。操作方法和操作程序的不同都会导致词类划分上的差异。[②]

---

[①] 什么是"广义形态"？它和狭义形态是什么关系？

[②] 卢英顺《形态和汉语语法研究》（学林出版社，2005）认为：词类具有原型范畴的特点，相应地提出了符合原型范畴特点的操作方法，这是将原型理论和广义形态理论相结合的一种方法。详参该书的"词类"一章。

## 第六节 句子

### 一、句子的分类

#### 1. 句类

语言中的句子可以从不同的角度进行分类，根据句子的不同语气可以分陈述句、祈使句、疑问句和感叹句。陈述句一般用来告诉别人某种信息，祈使句一般用来请求或命令别人从事某种行为或禁止从事某种行为，疑问句一般用来表示询问，感叹句一般用来抒发自己的某种强烈感情。例如：

（1）下雨了。（陈述句）

（2）他是复旦大学的学生。（陈述句）

（3）请把窗户关上。（祈使句）

（4）别过来！（祈使句）

（5）他来了吗？（疑问句）

（6）他什么时候来的？（疑问句）

（7）多美的校园啊！（感叹句）

这种根据句子的语气分出来的类，叫"**句类**"。语言中，不同句类的句子除了语气上的差异以外，在形式上可能有不同的要求和特点，比如，祈使句的主语必须是第二人称、一般现在时，这第二人称往往是省略的；疑问句在英语中的语序就不同于陈述句，英语中的疑问句，没有疑问词的（即一般疑问句），只需把系动词或情态动词移到句子的开头，没有系动词或情态动词的则在句子前加上助动词 do；有疑问词的，则需要把疑问词放在句子的开头，后面再跟上一般疑问句形式，如：

（8）Are you a student?（你是学生吗？）

（9）Do you speak English?（你讲英语吗？）

（10）What time is it now?（现在几点了？）

（11）Where do you live?（你住在哪儿？）

## 2. 句型

任何语言的句子都是无限的，我们学习某种语言的句子，如果像学习单词或者惯用语那样一个一个地去记，那我们还能学会吗？事实上，语言中的句子尽管数量无限，但我们总有似曾相识之感，原因何在？就是因为这些句子在结构上有相似之处，如"我吃苹果""我吃梨""他买了梨"和"他买了许多梨"等等。根据句子的这种结构特点，也可以把它们分为不同的种类，这样分出的类叫做"**句型**"。句型是根据句子格局特点而归纳出来的不同的类。语言中的句子是无限的，但构成句子的这种基本格局却是有限的，这就是我们能学会语言的原因。

如果以 S 代表主语，以 V 代表谓语动词，以 O 代表宾语，以 C 代表补语，那么，常见的主要句型有：

1. SV 型：他来了 / He came.
2. SVO 型：我们学习语言学 / We study linguistics.
3. SVC 型：杯子打破了 / The sun is bright.
4. SVOC 型：他们让我这样做的 / They forced me to do so.
5. $SVO_1O_2$ 型：李老师教我们数学 / Mr. Li teaches us mathematics.

不同的语言可能还有自己不同的句型。由于每一种句型中的每一个成分都可以扩展，在特定的交际场景中有的成分还可以省略，语序上也可以作一定的变化，因而每一种语言的句子都是千变万化、丰富多彩的。

在汉语中还有一个跟句型相关的概念是"**句式**"。学界对句式的理解并不一致，有的把它与句型区别开来，指的是由特定虚词作标记而又具有一定特点的句子，如"把"字句、"被"字句等；也有人把它与句型混同起来。[①]还有人提出了一种"**新句式观**"，就是在对句子进行描写时加入了语义内容；而传统对句型（及与句型混同的句式）的描写是不考虑语义因素的。比如"我浇花"和"我浇水"这两句，在传统的句型/句式描写中看作同一种句型/句式，但在新句式观看来，它

---

① 更具体的情况可以参阅：卢英顺《关于"句式"研究的一点理论思考——以"放置"类动词为例》，载于卢英顺 2020《语言问题新探索》，上海社会科学院出版社。

们属于不同的句式，其差别在于，前者的"花"是"浇"行为涉及的对象，而后者的"水"是这一行为所需要的材料。①

## 二、句子的分析方法

从传统语言学到现代语言学，句子的分析经历过几个阶段，具体表现在析句方法上的不同。

### 1. 中心词分析法（成分分析法）

**中心词分析法**就是，拿来一个句子，先把它分成主语部分和谓语部分，再找出各自的主干成分，然后才找出枝叶成分（次要成分）。例如："他的弟弟在北京工作五年了"这句，先把主语部分（"他的弟弟"）和谓语部分（"在北京工作五年"）分开，再找出各自的主干成分，它们分别是"弟弟"和"工作"，然后再找出相关的枝叶成分"他"和"在北京""五年"，这些枝叶成分中，修饰名词的叫定语（"他"），在动词前面修饰动词的是状语（"在北京"），在动词后面补充说明动词的是补语（"五年"）。（有的动词还有连带成分，叫宾语）这样上句的分析结果可图示如下（图5-3）：

（他的）弟弟｜[在北京]工作<五年>了。
定语　主语　状语　谓语　补语

图5-3 中心词分析法分析结果图1

又比如：

（他）（爸爸的）朋友｜从事‖（法律）工作。
定语　定语　主语 谓语　定语　宾语

图5-4 中心词分析法分析结果图2

中心词分析法有它的优点②：第一，有利于确定句型。一个结构比较复杂的句子一眼不一定能看清它的结构类型，利用中心词分析法就

---

① 关于"新句式观"的论述，可以参阅：卢英顺 2020 《新句式观与对外汉语动词教学》，载《对外汉语研究》第二十二期，商务印书馆。

② 有关中心词分析法和下文的层次分析法的优点和缺点，可参阅：《汉语析句方法讨论集》，上海教育出版社，1984年；或者，《中国语文》1981—1982年的相关论文。

比较容易把握这一点。例如"她今天穿了一件非常漂亮的衣服"这句，将句子的主干成分提出来就是"她—穿—衣服"，"主语—谓语—宾语"结构，一目了然；第二，由于同样原因，中心词分析法有时也能帮助检验一个句子是否正确。如"入冬以来，我乡在县水利局的指导下，经过半个月的奋战，一座新的排灌站终于在春节前胜利建成了。"这句，找出主干成分便成了"我乡—排灌站—建成"，"建成"前有两个主语，其中一个主语落空了，没有谓语。知道问题的症结所在，修改起来并不困难，可以把"一座新的排灌站"移到"建成了"后面；或者把"我乡"移到"一座新的排灌站"前面作定语。这种分析法也有助于我们理解复杂的句子，如：

（12）Any man who smokes cigarettes is, the doctors say, risking his health.（医生说，任何吸烟的人都是在拿自己的健康冒险。）

（13）He has read almost every book on linguistics that he could get hold of in the library.（他几乎读了能在图书馆借到的每一本语言学书。）

当然，中心词分析法也有它的不足之处，比如它适用范围比较窄，只能用来分析单句；它没有揭示语言组合的层次性，因此对与层次有关的语言现象它就难以作出解释，比如汉语中有这样的句子："我笑痛了肚子""她哭红了眼睛"，这两句根据中心词分析法提取主干成分以后便成了"*我笑肚子""*她哭眼睛"，显然不成话。这是因为"笑"和"哭"不能直接与"肚子"和"眼睛"组合，它们应该先与"痛"和"红"组合成"笑痛""哭红"以后，再和"肚子""眼睛"组合。再比如"十几个少数民族的同学在跳舞"这句是有歧义的，中心词分析法无法解释造成歧义的原因。

**2. 层次分析法**

**层次分析法**，又叫"**直接成分分析法**"，简称 IC 分析法，IC 是英语 immediate constituent（直接成分）的缩写。所谓"**直接成分**"是指结构体的两个成分是直接组合而成的，它没有经过其他成分的中介，从切分的角度看，一个结构体每次切分出来的两个成分彼此是一对直接成分。例如：

图 5-5 层次分析示意 1（从大到小切分）　　图 5-6 层次分析示意 2（从小到大组合）

由图 5-5、图 5-6 不难看出，"他的弟弟"和"非常用功"是一对直接成分，"他"和"弟弟"是一对直接成分（作定语标志的"的"一般不考虑），"非常"和"用功"也是一对直接成分。"他"和"非常用功""用功"之间不是直接成分关系，"弟弟"与"非常用功""用功"之间也不是直接成分关系。前面提及的"哭红了眼睛"之所以不能说"哭眼睛"，是因为"哭"和"眼睛"之间不能构成直接成分关系，"哭"和"红"是一对直接成分，"哭红"和"眼睛"之间才是直接成分关系。

层次分析在对结构体作层次切分时，不是随心所欲的，它要遵守一定的原则，主要有三个方面：

第一，要使切分出来的每个直接成分都有意义，如果有一个直接成分没有意义，那么这种切分就是错误的。例如"他非常用功"第一次切分成"他非常"和"用功"这两个直接成分后，"用功"有意义，但"他非常"没有意义，因此这种切分是错误的。只有切分成"他"和"非常用功"才是正确的，因为切分出来的两个直接成分"他"和"非常用功"都有意义。

第二，切分出来的两个直接成分要有组合的可能性。有时，切分出来的两个直接成分虽然都有意义，但这两个直接成分之间却不能组合在一起，这样的切分也是错误的。例如"这本词典太贵了"，如果切分出"这本"和"词典太贵了"，虽然都有意义，但它们不具备组合在一起的可能性，因为在汉语中，数量短语（或者指量短语，如"这本"）只能修饰名词性成分而不能修饰主谓短语，就是说，这句中，"这本"只能修饰"词典"；因而这种切分是错误的。

第三，切分出来的直接成分的意义应该是它在结构体中的意义，否则，即使切分出来的两个直接成分都有意义，也是不正确的。例如"一朵大红花"中的"大红花"，可能的切分有两种："大红|花"和"大

|红花",按照前一种切分,这个结构体的意义是"大红颜色的花",按照后一种切分,其意义是"大的红颜色的花","大红花"中的"大红"显然是"大的红颜色的"意义,而不是"大红颜色的"意义。因此,前一种切分不符合我们说的这一原则,因而是错误的。再比如"小儿科"只能切分成"小儿|科",而不能切分成"小|儿科"。

层次分析法的优点在于:它的适用范围比较广,不仅可以用来分析单句,还可以用来分析短语,甚至词的内部结构层次;它揭示了语言组合的层次性,因而可以解释因层次原因而造成的歧义现象,例如:

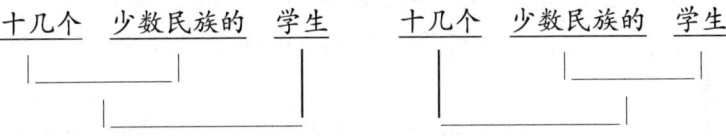

通过不同的层次切分,上述例子中的不同意义也就一目了然了。

层次分析法也有它的不足之处,它只揭示了语言组合的层次性一面,而忽略了两个直接成分之间的结构关系,这样就不利于对语言现象作深入细致的分析,因为具有不同结构关系的结构体之间完全可以有相同的层次,例如:

上述两个语言片段的结构层次完全一样,但结构关系很不相同:第一个层次上,前者是主谓关系,后者是并列关系;第二个层次上,前者的"小张"和"小王"之间是并列关系,"学习"和"英语"之间是动宾关系,而后者都是定中关系。

比较一下中心词分析法和层次分析法的优缺点,不难发现:中心词分析法的优点正是层次分析法的不足之处,中心词分析法的不足之处,正是层次分析法的长处。因而在汉语语法学界,有人主张将这两种分析方法结合起来,取长补短,形成一种新的分析方法——成分-层次分析法。

### 3. 成分-层次分析法

**成分-层次分析法**[①]，就是在分析一个句子或句法结构时，同时兼顾到语言组合的层次性和直接成分之间的结构关系。例如：

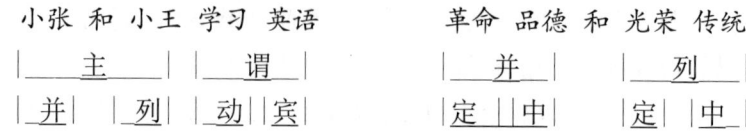

图 5-7 成分-层次分析法示意图

不难看出，上述两例尽管层次构造相同，但它们的结构关系并不相同。由此可见，成分-层次分析法比单纯的成分分析法或层次分析法都更为可取。

需要指出的是，中心词分析法强调的是找出句子中的中心词（即主干成分），讲究词类与句子成分之间的对应关系，这些内容都没有被吸收到成分-层次分析法中来，成分-层次分析法只吸收了其中的讲究成分与成分之间的关系这一面；中心词分析法从分析句子的程序来看似乎也讲"层次"，但这不是语言组合的层次，而是分析的层次，确切地说是分析的步骤，不妨看一个例子："他弟弟的朋友在北京工作"这句，按照中心词分析法，先找出主语部分"他弟弟的朋友"和谓语部分"在北京工作"，然后再找出各自的中心词"朋友"和"工作"作主语和谓语，最后找出附加成分（次要成分）："他"和"弟弟"都是定语，"在北京"是状语。这句如按照成分-层次分析法分析则是：

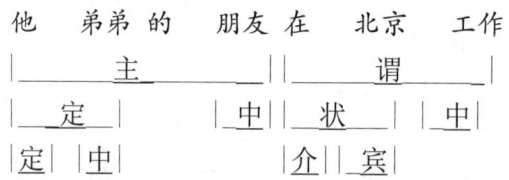

图 5-8 成分-层次分析法示意图

可见中心词分析法所分析出来的"主语"（朋友）和"谓语"（工作）

---

[①] 关于成分-层次分析法，可参阅：饶长溶《谈谈胡裕树主编〈现代汉语〉（修订本）的析句方法》，载中国语文杂志社编 1983 《语法研究和探索》(1)，北京大学出版社。

之间并不是一对直接成分,而成分-层次分析法分析出来的主语和谓语是一对直接成分;中心词分析法分析出来的两个定语(他,弟弟)没有层次性,而成分-层次分析法分析出来的两个定语是不同的(他弟弟,他),它们所在的层次也不一样,因而这两个定语所修饰的成分也不一样,"他弟弟"修饰的是"朋友",而"他"修饰的是"弟弟",这一点在中心词分析法中是看不出来的。

#### 4. 树形图分析法

**树形图分析法**是转换生成语法进行句子分析时所使用的一种基本方法。该理论认为,句子的生成需要一种短语结构规则,这种结构规则可表示为:

S → NP ＋ VP

NP → Det + N

VP → V + NP

Det → the, this, that ……

N → student, book, farmer ……

V → eat, buy, kill ……

…… ……

上述这一条一条规则叫改写规则,"→"符号表示"改写为"。这种改写规则用树形图表示就是①:

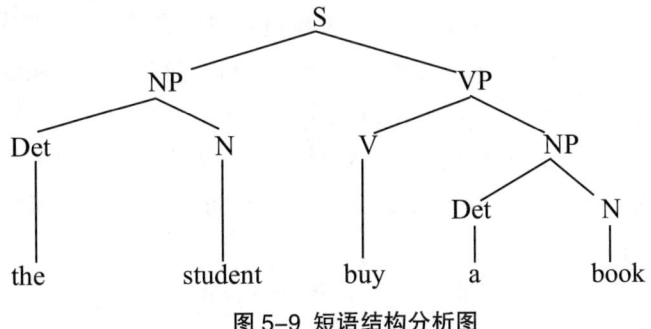

图 5-9 短语结构分析图

这里只举了一种类型为例,实际情况要复杂得多。仅就这个树形图来

---

① 后期的转换生成语法对树形图的画法与此有所不同,但基本方法是一样的。

看，这种分析似乎跟层次分析没有本质的区别，只要把层次分析倒过来就可以了。实际上，这个树形图只是转换生成语法分析的起点。该理论还要利用树形图来进行各种各样的转换（移位），解释句法上的种种现象。要学习转换生成语法理论，首先要学会画形形色色的树形图。

### 三、变换分析法[①]

提起"变换"，我们会自然想到肯定句是怎样变为否定句的，陈述句是怎样变为疑问句的，例如：

(14) 他来。→ 他不来。

(15) 他来了。→ 他没来。

(16) He is a student. → Is he a student?

(17) He lives in Shanghai. → Where does he live?

等等。这些变换都影响了原句意义上的根本变化。变换分析法中的"变换"则对原句的意义没有实质性的改变。

在日常语言运用中，我们往往会发现几个格式不同的句子，彼此的意义基本相同，如：

(18) 老虎吃了人。/ 人被老虎吃了。/ 老虎把人吃了。

(19) 墙上挂着一幅画。/ 一幅画挂在墙上。

像这种基本意义相同而格式不同的几个句子之间就存在着**变换**关系[②]。变换前后的句子必须由同一组实词构成并且意义相当。变换，是句子不同格式之间的变换，它不是某个具体句子的变换。**变换分析法**可以表述为：将具有某种相同格式意义的句法结构体（一般是句子）变换为另一种句法结构体的方法。因此，能作某种变换的句子不仅仅是那特定的句子，许许多多在结构上与此相同的句子都可以作同样的变换。例如：

(20) 台上坐着主席团。→ 主席团坐在台上。

(21) 门口站着一个人。→ 一个人站在门口。

---

[①] 有关变换分析法可以参阅：陆俭明 1997《八十年代中国语法研究》，商务印书馆；陆俭明 2003《现代汉语语法研究教程》，北京大学出版社（后多次修订）。

[②] 在认知语言学看来，每个句子都是独立的，它们之间不存在转换或者变换的关系。

（22）床上躺着一个人。→ 一个人躺在床上。
（23）墙上挂着一幅画。→ 一幅画挂在墙上。
…… ……

这些原句，尽管具体的意义各不相同，但它们的格式却是相同的，都是"NP 处所 V 着 NP"；其变换句的格式也是相同的，都是"NP V 在 NP 处所"。必须指出的是，原句与变换句尽管在格式上发生了变化，但这种格式所表示的语义关系不能变，例如原句中的"台上"是表示"处所"的，变换句中的"台上"也表示"处所"。否则就不能作相应的变换，如"沟里流着水"这句，变换成"水流在沟里"以后，"沟里"的语义发生了变化：在原句中，它表示"水流"的处所（水在什么地方流），在变换句中，它却表示"水流"的终点（水流到了什么地方）。

正因为变换具有这样的特点，所以我们可以利用变换来为语法分析服务。

第一，变换分析可以帮助我们分别表面上相同但实际上并不相同的句子，使语法研究进一步深化。比如：
（24）在黑板上写字 → 把字写在黑板上
（25）在衣领上绣花 → 把花绣在衣领上
（26）在阳台上看书 → *把书看在阳台上
（27）在河边上洗脚 → *把脚洗在河边上
由此可见，前两例能变换，属于一类；后两例不能变换，属于另一类。再看下面的例子：
（28）在草坪上踢球 → 把球踢在草坪上
上例（28）似乎可以变换，可以把它和例（24、25）归为一类；但实际上并不可以，因为上例的"在草坪上"与动词语的语义关系发生了变化，在原句中它表示处所，在变换句中它表示终点，它不符合同类格式的变换要求。

第二，利用变换分析，可以帮助分化歧义句式，例如：
（29）台上坐着主席团。→ 主席团坐在台上。／ *台上正在坐主席团。
（30）台上唱着黄梅戏。→ *黄梅戏唱在台上。／ 台上正在唱黄梅戏。

（31）台上摆着酒席。 → 酒席摆在台上。/ 台上正在摆酒席。

由上例可以看出，(29)句、(30)句只有一种变换，它们的变换句是相互对立的。其中，例(29)原式表示"某处存在某人或某物"，例(30)原式表示"某处正在进行某项活动"。例(31)原式可以有两种变换形式，说明例(31)是例(29)和(30)这两种格式的叠合，因而例(31)具有例(29)和(30)这两种格式所表示的意义，是个歧义格式。

变换分析还可以用来解释其他语法现象，这里就不多说了。

必须清楚，变换分析只是一种语法分析手段，它不是一种析句方法。

## 思考题

1. 语法学体系为什么可以是多种多样的？
2. 语法学的发展经历了哪几个阶段？各阶段的主要特点是什么？
3. 什么是语法意义？什么是语法手段？常见的语法手段有哪些？
4. 你是怎样理解语法范畴的？语法范畴的确立应该以什么为基础？
5. 传统的词类划分标准有哪些？你是怎样评价它们的？
6. 谈谈中心词分析法和层次分析法相结合的必要性和可能性以及相结合的内容。
7. 试用变换分析法判断下列句子所代表的格式是否一致：
A 这捆书运广州。B 这捆书送王老师。C 这捆书送图书馆。D 这张桌子搬灶间。
8. "在黑板上写字"和"在阳台上看书"变换的结果不一样，试观察同类现象，看看影响其能否变换的原因是什么。
9. 有人说，汉语是缺乏形态的语言，对此你怎么看？

### 本章关键词

语法；语法学；语素；语素组；词；
短语；句子；一致规则；语法意义；
语法手段；形态；语法范畴；词类；
词类划分标准；句类；句型；
中心词分析法；层次分析法
成分-层次分析法；变换分析法

# 第六章
# 语 义 学

## 第一节 词义

### 一、词义的性质

语言符号具有形式和意义两个方面,作为语言符号的组成部分——词,当然也不例外。词的意义部分就是词义。

什么是词义,语言学界有过不同的说法[①],影响比较大的有两种:一是"**概念说**",认为词义是词所表达的概念。"概念"是什么东西?《现代汉语词典》(第7版)是这样解释的:"思维的基本形式之一,反映客观事物的一般的、本质的特征。人类在认识过程中,把所感觉到的事物的共同特点抽象出来,加以概括,就成为概念。"[②]概念说无法解释下列现象:客观世界中并不存在的事物,如"神""鬼",god(上帝),fairy(仙女),等等;语言中的抽象词语,如"思想""爱情""微妙""细腻",等等。二是"**用法说**",认为词的意义就是词的用法。从词典编纂的角度来看,词的义项的确立是以词的用法为基础的,但问

---

① 有关词义的不同说法,可参阅:张志毅、张庆云 2000 《柏拉图以来词义说的新审视》,《中国语文》第2期;张志毅、张庆云 2007 《词汇语义学与词典编纂》,外语教学与研究出版社。
② 中国社会科学院语言研究所词典编辑室 2016 《现代汉语词典》(第7版),第419页,商务印书馆。

题是，在一个特定的语言环境中，人们为什么会用这个词而不用另外一个词？这就涉及一个哲学问题：是意义决定用法，还是用法决定意义？再说，在实际的语言运用中，我们凭什么说"××词"在这儿用得不恰当？如果是用法决定意义，我们只能说这个词的意义概括得还不完全。用法说本身也比较含糊，一个词的临时用法应不应该归到意义中去？

我们这样来理解词义：**词义**是人们对客观世界中的事物、现象、行为和状态等的概括认识。①是"认识"，就有认识上偏离的可能，因而语言中出现"鬼""麒麟""地狱"等等词语也就不足为奇了。

### 二、词义的特点

尽管人们对"词义是什么"的问题说法不一，但对词义自身的特点的认识还是比较一致的。词义主要有以下一些特点。

#### 1. 词义的主观性

词义既然是人们对客观世界的认识，那么可以肯定地说，词义不是客观事物本身，它渗透着人的主观性一面。词义的**主观性**体现在哪些方面？至少体现在以下几个方面：

第一，客观世界中并不存在的事物或现象，语言中却有这样的词语，如上面提及的"神""鬼"之类。这是人们对客观世界的错误认识所致，它典型地体现了词义的主观性方面。

第二，客观世界是共同的，但在不同语言中，词语所负载的内容却不相同，这就是索绪尔所说的"价值"的不同。这种不同反映了人们对客观世界的认识所作的概括不同。例如，同样是"把帽子、袜子、鞋、衣服安置到人体的不同部位"这样一些行为，英语中只用一个 put on，而汉语要分成"戴"和"穿"，日语中则分别用"かぶる（戴）（帽子）、かける（戴）（眼镜）、締（し）める（戴）（领带）、着（き）る

---

① 一般所说的词义是指实词的词汇意义，不包括虚词的意义。其实虚词也有意义，学界习惯把它看作语法意义。不过，词汇意义和语法意义的概括基础是不同的，卢英顺《语义理论和汉语语义问题》（上海社会科学院出版社，2021 年）一书中"词汇意义和语法意义"一节对此有专门的论述，可以参阅。

（穿）（上衣类）、はく（穿）（裤子、裙子、鞋、袜子等）"；同样是表示"嫉妒"义，汉语中用"红眼"，英语中却用 green eyes（直译是"绿眼"）；同样是"父亲的母亲"和"母亲的母亲"，汉语中用"奶奶"和"外婆"这两个词来表示，英语中却只用 grandma 一个词来概括。这些都是词义主观性的体现。

　　第三，词义也可能随着人们认识的变化而发生变化。如"云"，《说文解字》对它的解释是"山川气也"，《现代汉语词典》（第7版）的解释是"在空中悬浮的由水滴、冰晶聚集形成的物体"。[①]"云"词义的变化，并不是它本身有什么改变，而是人们对它的认识发生了变化。再比如"小姐"这个词，《现代汉语词典》第2版和第7版对它的释义就有所不同。试比较：

　　【小姐】（第2版）：①旧社会官僚、地主和资产阶级家庭里仆人称主人家未出嫁的女儿。②对未出嫁的女子的尊称，现在多用于外交方面。[②]

　　【小姐】（第7版）：①旧时有钱人家里仆人称主人的女儿。②对年轻的女子或未出嫁的女子的称呼。[③]

　　需要说明的是：

　　一是，我们说词义具有主观性，但并不否定它的客观基础。正因为客观世界是错综复杂的，才可能使人们的认识产生差异；正因为客观事物的多面性，才可能使人们对同一个事物作出不同的词义概括，如"海"，着眼其表面，就有"大"的意思，于是有"海碗"的说法，着眼"海水之多"，就有"广场上的人可海啦"之类的说法。

　　二是，词义虽然具有主观性，但它不是个人的，不可以因个人的不同认识而随意改变。词义的主观性是社会共同的，它反映了言语社团的共同认识。忽略了这一点而随意造一个词或者赋予一个词以新的

---

[①] 中国社会科学院语言研究所词典编辑室《现代汉语词典》（第7版），第1621页，商务印书馆，2016年。

[②] 中国社会科学院语言研究所词典编辑室《现代汉语词典》（第2版），第1267页，商务印书馆，1983年。

[③] 中国社会科学院语言研究所词典编辑室《现代汉语词典》（第7版），第1441页，商务印书馆，2016年。

意义,都不能让人理解。有这么一个故事①:苏东坡有一次对他的朋友、大学问家刘贡父说:"从前我和弟弟埋头读书,天天都吃'三白'。吃了三白,我们就不相信天底下还有什么更好吃的东西!山珍海味哪抵得上三白啊!"博学的刘贡父从未听说过天底下还有叫做三白的食品,只好虚心向苏东坡请教。苏东坡一本正经地说:"三白者,一撮盐,一碟萝卜,一碗饭也。"几天之后,苏东坡收到了刘贡父的请柬,恭请他到刘府去吃"皛饭"。什么是皛饭?苏东坡也不知道。到赴宴那天,苏东坡一进刘府就看见宴席已经摆好,原来是:盐、萝卜、饭。这时苏东坡才知道:"皛饭"就是"三白",这是刘贡父对他的玩笑的一个玩笑式的回答。

**2. 词义的概括性**

当我们用 rén 来指称"能制造工具并使用工具进行劳动的高等动物"的时候,我们并不是用它来指称特定的张三或李四,而是指一切具有这类特征的"高等动物",就每个个体而言,可以是胖的,也可以是瘦的;可以是高的,也可以是矮的;可以是男的,也可以是女的;可以是黄皮肤的,也可以是黑皮肤的;等等。个体的这些不同特征在概括"人"这一词的意义的时候已经被舍弃掉了。就一个动作而言也是如此。比如"跳",不同人,甚至同一个人在不同时候,"跳"的高度、姿势等也不会相同,但是在表示"腿上用力,使身体突然离开所在的地方"的时候,都可以用"跳"。可见,词义是对一类事物或行为等的共同属性的概括认识。这就是词义的**概括性**。

不了解词义的概括性这一特点,有可能会闹笑话。例如:

> 郑县人有得车轭者,而不知其名,问人曰:"此何种也?"对曰:"此车轭也。"俄又复得一,问人曰:"此是何种也?"对曰:"此车轭也。"问者大怒曰:"曩者曰车轭,今又曰车轭,是何众也?此女欺我也!"遂与之斗。②

---

① 参阅:王希杰《"三白"和"皛饭"》,载于根元、张朝炳、韩敬体编 1994《语言的故事》,第 248 页,东方出版社。

② 见《韩非子·外储说》,第 203-204 页(华夏出版社,2003 年)。

这个"郑县人"为什么要说别人欺骗他呢？就是因为他不知道"车
轭"不是指称某个特定的事物而是指称同类的众多的事物。当然在特
定的语境中，某个词可以指称特定的人或物等。

### 3. 词义的模糊性

"模糊"一词，在日常交际中往往会用到，如"这张照片照模糊了"，
"他的眼睛近视得很厉害，稍远一点的东西看起来就模糊不清"。不过，
语言学中所讲的**模糊**，不是这个意思，它指的是某个词义所反映的
事物的边界不明。比如"青年""中年"和"老年"，它们的界限在什么
地方，我们无法给个明确的标准，尽管有时我们也会给它们来个人
为的规定。同样，我们也不清楚"早晨"和"上午"、"上午"和"下
午"的边界在什么地方。如果以吃早饭和吃午饭为标准，不同人的用
餐时间，或者同一个人昨天和今天的用餐时间也不可能完全相同；如
果以时间为标准，比如 8 点以前为早晨，12 点以前为上午，那么 8 点
零 1 分就一定是上午？12 点零 1 分就一定是下午？再比如"秃顶"，
头上一根毛没有当然是秃顶，有一根、两根、三根，算不算秃顶？如
果算，到底达到多少根头发才不算秃顶？在鲁迅的《阿Q正传》中，
钱太爷的儿子只因为剪去了辫子，阿 Q 就骂他是"秃儿"，结果挨了
一下哭丧棒。类似的如"高"和"矮"，"胖"和"瘦"，等等，其边界
都模糊不清。

那么，语言中的词义为什么会有"模糊性"呢？至少与下列因素
有关：

一是与"概括"有关。假定每个词语在任何场合都指称同一类特
定对象，那么也就减少了一部分词语词义的模糊性，例如，没有对"梨"
"苹果"等等的概括词语"水果"，它们本身与"西红柿"的界限是明
确的；但一旦作了概括以后，"水果"的边界就不是很清楚了，"西红
柿"属不属于水果恐怕因人而异。不过①，我们不要把"模糊性"与"概
括性"混淆起来。概括性只是概括的程度不同而已，概括程度高的词，
它所指称的对象的范围并不一定不确定。比如英语中的 uncle 比汉语

---

① 我们能不能说：概括程度高的词比概括程度低的词在词义上要模糊呢？

中的"叔叔"概括程度高，我们不能因此而说 uncle 比"叔叔"词义模糊；其实，uncle 与非 uncle，"叔叔"与非"叔叔"的界限都是明确的。

与词义的模糊性有关的第二个因素是客观世界一些对象的非"离散性"。所谓"**离散性**"，就是对象与对象之间的界限是明确的，如"桌子""黑板""钢笔""书"等；"**非离散性**"就是对象与对象之间，或者对象的性质，呈一个**连续体（连续统）**状态（逐渐过渡），连续体内部没有明确的分界，如"早晨"和"上午"，"高"和"矮"，"好"和"坏"等。由于客观世界具有这种特性，反映这种特性的词语的意义当然也就有可能是模糊的。

我们说模糊与概括有关，但并不是所有概括的词语都是模糊的，"笔"是对各种各样、形形色色的"写字画图的用具"的概括，但"笔"与非"笔"的界限是明确的；说模糊与客观世界的连续体性质有关，但并不是所有呈连续体状态的对象在词义上是模糊的，比如"春、夏、秋、冬"，自然界的四季更替没有明显的变化特征，但我国的历法对四季却有明确的规定。正因为如此，我们时常听到诸如"虽然已经立夏了，但还没有到气象意义的夏天"之类的说法。

语言中的词义具有模糊性，这未必是坏事。有时，离开了模糊表达就难以达到交际的目的。比如你要找一个人，别人问你这个人长的什么样，你只需说"个子大约 1 米 8，鼻梁高高的，眼睛大大的，留了一点小胡子的"就可以了；你非要说出鼻梁的具体高度，眼睛的大小程度，胡子的确切根数，那是自找麻烦。知道了词义的模糊性一面，我们在使用词语的时候就要认真选择，该明确的时候就不能模糊，该模糊的时候，不妨模糊一点。外国人最头疼的就是中国的"有关部门"，他们永远弄不清楚这"有关部门"到底是什么部门。

### 4. 词义的多面性

前面我们说过，词义是人们对客观世界中的事物、现象、行为和状态等的概括认识，这指的是词的"**理性意义**"（有的叫"**概念意义**"）。词除了具有理性意义以外，还有情感意义、语体意义和形象意义等，这些意义可以总称为"**附加意义（色彩意义）**"。所谓"**情感意义**"就是我们熟悉的褒义、贬义等，如"果断""英勇""雄心"等是褒义，

"武断""野心""负隅顽抗"等是贬义。"**语体意义**"指的是口语色彩或书面语色彩方面,"妈妈"和"老婆"的口语色彩较浓,而"母亲"和"内子"的书面语色彩较浓。"**形象意义**"指的是词语的意义能给人以形象的联想,如"蚕食""船鞋""草绿"等。

我们说词语具有附加意义,并不是说每个词具有所有这些附加意义,也不是说每个词都有附加意义,如要么褒义,要么贬义;要么是口语色彩浓的词,要么是书面语色彩浓的词。实际上,有些词没有什么附加意义,属于中性的,如"书"。因此,我们在运用语言时,要根据具体的语境选择恰当的词语,特别是褒义词和贬义词的选用,它体现了说话者/作者的爱憎分明。在没把握的情况下,尽量选用中性词。学外语的时候,要特别注意附加意义,否则词不达意,引起不必要的误解。英语中的 peasant 和 farmer,翻译成汉语都是"农民",这两个词能不能随便乱用呢?如果你向外国人介绍你的家庭成员时说出这样的话:My father is a peasant,这外国人听后可能要惊讶:你怎么这样说你父亲?为什么会惊讶?LDOCE[①]对 peasant 词条的两个解释是:

1. someone in a poor country or in former times, who does farm work on the piece of land where they live.

2. someone who does not have good manners or much education.

原来这个词有贬义!该词典对 farmer 的解释是 someone who owns or manages a farm,不含贬义色彩。类似的,英语中的 cock 和 rooster 都有"公鸡"的意思,但前者有特定的附加色彩,使用时要慎重。

汉语中的"再见",没有什么特别的附加意义,而日语中的さようなら不是简单的"再见",它往往传达的是"离家出走"甚至"永别"的信息。

### 5. 词义的民族性

学外语的时候,往往会碰到这样的现象,就是不同语言中相关的词所负载的意义并不完全相同,也就是词的"价值"不同,比如,汉语中的"盒子"就不等于英语中的 box,英语中的 bank,也不等于汉

---

[①] *Longman Dictionary of Contemporary English*,外语教学与研究出版社,1995 年版。

语中的"银行";uncle 也不等于"叔叔"。类似的,英语中的 put on 翻译成汉语是"穿"的意思,但两者并不等同:put on 表示"穿"的动作,而汉语中的"穿"还可以表示穿的状态,如"他今天穿着夹克",这种用法在英语中要用 wear,说成 He is wearing a jacket today。就连 kill 与"杀"在用法上也有很大的不同。这些都是词义民族性的体现。

词义的民族性不仅体现在词的理性意义方面,也体现在词的附加意义方面。"狗"在汉语中被认为是贬义的,如"狼心狗肺""走狗""狗东西""狗尾续貂""狗仗人势""狗皮膏药""狗急跳墙""狗嘴吐不出象牙",等等。英语中的 dog 则是中性的,可以说 He is a lucky dog(他是个幸运儿)。汉语中的"雄心"和"野心",一个褒义,一个贬义,英语中则是同一个词 ambition。"蜡烛"和 candle,虽然都可以指称用蜡制成的、作照明用的东西,但汉语"蜡烛"所具有的丰富的联想意义①是英语 candle 所不具备的;类似的,汉语中的"荷花、梅花、松树"等的联想意义或许只为汉语独有。即便是数词,不同民族的人也有不同的喜好,中国人多钟情"八、六",而日本人多偏爱"五、三"。

可见,词义的民族性是由词义的主观性和概括性决定的。

**三、词义之间的关系**

**词义之间的关系**②,准确地说,是词的义位(义项)③与义位(义项)之间的关系。词义之间的关系是错综复杂的,它们互相补充,互相制约,形成一个语汇系统。因此,词义之间的关系一定是特定的语言系统内的词的义位(义项)与义位(义项)之间的关系。

常见的词义之间的关系主要有以下几种:

**1. 同义关系**

**同义关系**指的是在特定的语言语汇系统中两个(或以上)的词在

---

① 王德春称这种意义为"国俗语义"。可参阅吴友富主编的《国俗语义研究》,上海外语教育出版社,1998 年。

② 词义之间的关系不止我们这里提及的几种。细究起来,情况十分复杂。有兴趣的话,可参阅 D.A.Cruse 的 *Lexical Semantics*(《词汇语义学》),世界图书出版公司,2009 年。

③"义项"主要是从词典编纂方面说的,一个词有几个意义就说它有几个义项;"义位"是从语义研究角度说的,一个义位就是一个义项。

理性意义上的相同或相近似。如"计算机"和"电脑","经历"和"经验","母亲"和"妈妈",等等。

　　这里所说的"特定的语言语汇系统"至少有两层意思：一是，是共时的而非历时的。不同时代的词，尽管其理性意义相同或相近，它们也不能算作一组同义词，"目"和"眼睛"就是一例。"目"是古代汉语中的词，在现代汉语普通话中它已不能作为一个词独立运用，它只作为构词的语素或保留在成语中，如"目光""目不转睛""目不暇接""目中无人"等。再比如"箸"和"筷子"，古代汉语中的"箸"就是现代汉语"筷子"的意思，但它们不能构成同义关系，因为这里涉及历时的问题。二是，就是在共时平面上，不同语汇系统之间的词，尽管理性意义相同或相近，也不能算同义词。如果说的是现代汉语普通话中的同义词，那么未被普通话吸收的方言词，就不能和普通话中相关的词构成同义关系。粤方言中的"细佬哥"虽然指的是"小孩儿"，但它们不是同义词；北京话中的"老爷儿"也不能与普通话中的"太阳"构成一组同义词；同样，"月婆""太阴""月亮帝儿"和"月娘"也不能与"月亮"构成同义关系。

　　同义词尽管理性意义相同，但在附加意义上可能有这样或那样的差异。实际上，在任何语言中，在理性意义和附加意义上完全相同的词，即便有也会很少，因为这不符合语言运转的经济原则，会给语言学习者带来不必要的负担。同义词在附加意义上的差异，或表现在语体色彩上，或表现在感情色彩上，或表现在搭配习惯上，等等。"妈妈"与"母亲"，前者为口语词，后者的书面色彩较浓，因而"失败是成功之母"不能说成"失败是成功之妈"，或许因为"之"是个文言词，选用"妈"或"妈妈"在语体上就不协调。"果断"和"武断"，两者都有"办事、做决定不犹豫"的意思，但前者为褒义词，后者为贬义词；"顽强"和"顽抗"也属此类。"抚养"和"赡养"的差异属于搭配上的，"抚养"的是"小孩儿"，"赡养"的是"老人"；"交流"和"交换"在搭配对象上也是不同的，交流过的东西在行为结束后双方共同拥有，如"交流思想"；而交换过的东西在行为结束后，各自的东西已属于对方，如"交换礼品"。

正因为同义词之间还存在着这样或那样的不同，所以我们学习、运用任何一种语言都要注意同义词之间的这种种差异。

### 2. 反义关系

词的**反义关系**指的是两个（或以上）的词在意义上相反或相对立。比如"生"和"熟"，"来"和"去"，"大"和"小"，等等。具有这种关系的一组词在一起彼此构成反义词。能构成反义词的也必须是特定的语言语汇系统内的词。

反义关系的形成有一定的客观基础，客观事物之间存在着这种相反或相对立的关系；但是，词的反义关系毕竟是一种语言现象，因此，客观世界相反或相对立的事物在语言上不一定表现为反义词，如"狼"和"羊"，此其一；其二，客观世界并不构成相反或相互对立的事物之间也有可能构成反义词，如"丈夫"与"妻子"。

反义词之间并不是在意义上完全相反或相互对立，它们往往有一个共同的论域为前提，如"黑"和"白"都指颜色，"大"和"小"都与体积有关。事实上，没有共同论域的两个词往往难以构成反义关系，如"小"和"好"，"细心"和"美丽"。

反义词，根据其意义之间关系的不同，可以分为绝对反义词和相对反义词。所谓**绝对反义词**，指的是这样一组词，肯定甲就必然否定乙，否定甲就必然肯定乙，中间没有第三种可能。如"动"和"静"，是"动"，就不是"静"，不是"动"，就是"静"，不存在"不动不静"的情况。类似的如"有"和"无"，"真"和"假"，等等。**相对反义词**指的是这样一组词，肯定甲就否定乙，否定甲却并不一定肯定乙，甲乙之间有第三种可能存在，如"大"和"小"之间还有"不大不小"，"轻"和"重"之间还有"不轻不重"；肯定是"黑"的，当然不是"白"的，但否定是"黑"的，不一定就肯定是"白"的，因为还有"灰"的、"蓝"的、"红"的等。正因为相对反义词有这样的特点，所以有时候利用反义词的否定形式可以取得委婉的表达效果。试比较：

（1）他的成绩<u>差</u>。

（2）他的成绩<u>不好</u>。

凭语感我们不难知道，在表达"成绩差"的时候，例（2）的表达就比例（1）委婉，因为"不好"并不必然意味着"差"，还可以是"中等"。曾经有个故事说，甲、乙两人对弈三局，甲输了3局。事后有人问甲对弈的结果，甲说：第一局我输了，第二局我没赢，第三局我说和，对方不肯。甲为什么不直接说输了3局？面子问题。甲说"我没赢"的时候，他并没有说谎，但同时也并不一定就是"输"。

对一个多义词来说，它可能在不同义项上与不同的词构成反义关系，这样，一个多义词就可能有不同的反义词。如"进"的反义词可以是"出"也可以是"退"；"深"的反义词可以是"浅"，也可以是"淡"等。

### 3.3 上下义关系

我们知道，词义是对客观世界认识的概括，这样就存在一个概括程度的问题，具有不同概括程度的相关的词就构成上下义关系，概括程度较高的是"**上义词**"（hypernym），概括程度较低的是"**下义词**"（hyponym），因此，上义词和下义词往往只是相对而言的。比如"松树""榆树""柳树""槐树"等等可概括为"树"，因此，"树"相对"松树""榆树"等来说，就是上义词，"松树""榆树"等相对"树"来说是下义词。同样，"花"相对"牡丹""菊花"等，它是上义词，反之，"牡丹""菊花"相对"花"，它们是下义词。"树"和"花""草"等在一起又可概括为"植物"，因此"植物"又是它们的上义词。"牡丹"又可分为"红牡丹""黑牡丹"，相对它们来说，"牡丹"又是上义词。可图示如下（图6-1）：

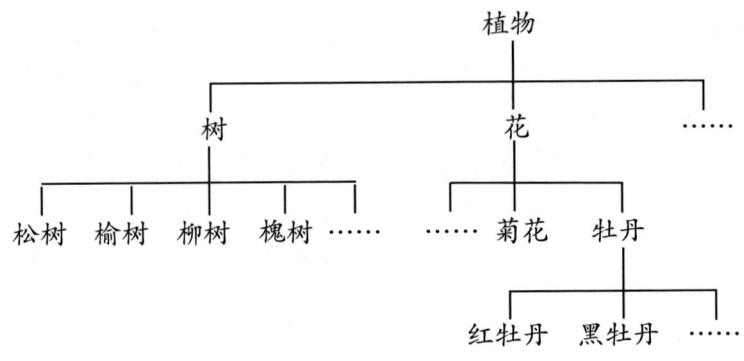

图6-1 上义词和下义词关系图

词的上下义关系反映的是逻辑上的属概念和种概念之间的关系，上义词反映的是属概念，下义词反映的是种概念。如"水果"和"香蕉"，前者在逻辑上是属概念，在词义上表现为上义词；后者在逻辑上是种概念，在词义上表现为下义词。

此外，还有**整体和部分的关系**，如"房子"和"窗子、门"之间的关系，因为后者是构成前者的一个部分；换句话说，"房子"作为整体，它包括"窗子、门"等部分。[①]可见，**整体-部分关系**指在几个相关的词中，其中一个词的词义指称对象在认知上涵盖其他几个词的指称对象。这种"涵盖"不同于上义词和下义词之间的涵盖。上下义关系的涵盖是对同类事物的涵盖，如"樟树"和"柳树"同属于"树"类。但我们不能说"窗子"和"门"同属于"房子"类。

### 四、词义的变化

从历时的角度来看，一个词的意义并不是一成不变的，事实上是经常变化的。**词义变化**是指词的早期意义与后来的意义在指称范围或指称对象方面发生的变化。共时方面的临时变化不是词义变化，但它可能是词义变化的前奏。词义的变化有多种情况，如词义的扩大、词义的缩小和词义的转移等[②]。

**词义的扩大**包括两个方面：一是词义所指范围的扩大，二是词的义位（义项）的增加，形成多义词。前一种情况如"江、河"，它们在古代专指"长江、黄河"，而现在则泛指一般的江、河。后一种情况比比皆是，用不着举例。

**词义的缩小**与词义的扩大相对应，也包括两种情况，即词义所指范围的缩小和词的义位（义项）的减少[③]。前者如"瓦"；后者如"售"，"售"在现代只有"卖"的意思而没有"买"的意思。

---

① 关于词的上下义关系和整体-部分关系，可以参阅卢英顺《语义理论和汉语语义问题》，上海社会科学院出版社，2021 年。

② 可参阅后面"语言的演变"一章中的语汇演变部分。

③ 一个词刚产生的时候，其意义总是单一的，不存在义位减少的问题。这里所说的减少是指它在发展成多义词后义位的减少。

**词义的转移**是说，一个词的现代的意义跟初始意义已经完全不同了，原有的意义已经丢失或者不能独立用作一个词了。如"脚"，本义指"小腿"，现在显然不是这个意义；"月"，原指"月亮"，现在则用来指称时间，如"5月""三个月"等。"月亮"义只保留在"月光""月球"这样的复合词里。

词义转移有时可能与多次引申有关，当我们没有注意到中间环节时，就不容易看到早期的意义与后来的意义之间的联系，如"刻"，从"雕刻"义到表示时间单位，没有一点汉语史基础的，恐怕很难看出其间的语义联系。英语中的 silly，在古英语中意为"高兴的"，到中古英语时期是"幼稚的"意思，到近代英语才是"愚笨的"意思[①]。

词义既然是变化着的，我们在使用时就得留心，否则会给交际带来麻烦，甚至会惹上官司。一个女留学生在日本就遭遇了"パンツ"的尴尬[②]。情况是这样的，这个女留学生喜欢穿裙子，几乎一年到头都穿裙子。一次，她的老师对她说："いつもパンツをはかないですねぇ。"（你总是不穿裤子啊）女生红着脸说："はっ！パンツをはかないと、人の前に出られないよ！"。（啊？不穿内裤的话，不能出现在人面前呀）导致这种尴尬局面的罪魁祸首就是"パンツ"这个词，它现在的词义范围扩大了，不仅仅指"内裤"，也可以指其他的长裤子。

另有一个例子[③]，说的是一位访问名人（女士）的编辑在访问记中写这位名人同一男士"邂逅"同居，结果招来这位名人的控告：损毁名誉，有辱人格。于是官司打到法院。引起这场官司的起因就是这个编辑和这个名人对"邂逅"一词词义的理解不同。编辑按照传统的理解，"邂逅"的是久别的亲人，同居一下也没什么；而在这个名人看来，"邂逅"的可以是从来不认识的、没见过面的人。这样的话，名人的作风自然有问题喽。

---

[①] 参阅：维多利亚·弗罗姆金等 1994 《语言导论》（第四版），沈家煊等译，第336页，北京语言学院出版社。

[②] 参见：董艺彦等《"できちゃった"的故事》，载于彭飞等主编 2011 《88人畅谈 学地道的日语》，大连理工大学出版社。

[③] 参见：李行健 1995 《词义演变漫议》，《词汇学新研究——首届全国现代汉语词汇学学术讨论会选集》，语文出版社。

## 第二节 义素分析和语义场

### 一、义素分析

#### 1. 什么是义素

我们平常所理解的词义，其实还可以分解成更小的意义单位，比如"女孩儿"，它的意义可以分解成[人类]、[女性]、[一成年]，"男孩儿"的意义可以分解为[人类]、[一女性]、[一成年]，分解出来的[人类]、[女性]、[一成年]、[一女性]，就是"义素"。可见，**义素**（sememe）就是词的某个义项意义的构成要素。为了与一般的词区别开来，习惯把义素加上方括号"[  ]"来表示。英语中的 boy，可以分解成以下几个义素：[human] [male] [-adult]。

#### 2. 义素分析

明白了什么是义素以后，就不难理解什么是义素分析了。所谓**义素分析**（componential analysis），指的是把词的某一义项进行分解，得出最基本的语义成分（sense-component）。

如何进行义素分析[①]？我们可以运用比较的方法，找出它们之间的相同点和不同点。比如"男人、女人、男孩、女孩"之间的共同点就是，它们都指称"人类"；"男人、女人"之间的共同点是什么？不妨将它们跟"男孩、女孩"比较一下。比较后，不难发现，前者都是"成年人"而后者不是。再看看"男人"和"男孩"之间有什么共同点：都是"男性"；而"女人"和"女孩"之间都是"女性"，或者说是"非男性"。经过这样不同角度的比较之后，我们就得出了"人类""是否成年人"和"是否男性"这三个要素——就是对这几个词进行分析后所得的"义素"。如上所述，义素用方括号"[  ]"括起来，把不具备某义素的情况用负号"—"标示出来。这样，"女人"的义素分析的结

---

[①] 可参阅：贾彦德 1999 《汉语语义学》，北京大学出版社。

果就是：[人类][成年][－男性]。

### 3. 义素分析的作用

既然知道了词的意义，我们为什么还要作义素分析呢？这就涉及了义素分析的作用。义素分析有哪些作用呢？主要有以下几点：

第一，用义素分析法来说明某些词的意义，有时可以收到简明确切的效果。例如：

男人：[人类]，[男性]，　[成年]
女人：[人类]，[－男性]，[成年]
男孩：[人类]，[男性]，　[－成年]
女孩：[人类]，[－男性]，[－成年]

通过这样的分析，我们就很容易把握"男人"和"女人"、"男人"和"男孩"等意义上的不同。

第二，义素分析法可以用来区别彼此意义相近的词。例如：

母亲：[人类]，[女性]，[生育]，[成年]，[长辈]，[抚养]，[授乳]
生母：[人类]，[女性]，[生育]，[成年]，[长辈]，[±]，[±]
养母：[人类]，[女性]，[－]，[成年]，[长辈]，[抚养]，[±]
乳母：[人类]，[女性]，[－]，[成年]，[长辈]，[±]，[授乳]

根据义素分析，我们对"母亲""生母""养母"和"乳母"之间的区别与联系就一清二楚了。

第三，义素分析可以帮助解释一些语法现象。例如：

（1）He is a bachelor.

（2）She is a bachelor.

例（1）有不同理解："他是个单身汉"或者"他是个学士"，而例（2）则只有一种理解："她是个学士"。为什么？这是因为 bachelor 作"单身汉"解时，其中的一个义素是[男性]，这一义素与 he 是相容的，而与 she 不相容。

再比如，汉语中可以说"那棵树死了"，而不能说"*那张桌子死了"。为什么？就是因为"死"包含[失去生命]这一义素，这就要求与"死"的这一意义搭配的名词必须是[有生命]的。

### 4. 义素分析的不足

义素分析虽然对语言分析有一定的作用，但这种分析方法也有其不足的地方。比如，"教父"一词符合"单身汉"的义素分析，但是"那个教父是单身汉"这句能说吗？如果不能，又如何处理这类现象？此外还涉及义素分析的几个理论问题：

第一，一种语言中是否全部的词，或者每个词的所有义项都可以通过这种方法来分析？

第二，义素是否语言中存在的普遍现象？全世界各种语言中是否有一套共同的义素？

第三，我们对一种语言中的词作义素分析时，到底需要哪些义素？

第四，义素分析由于只考虑词的理性意义而不考虑附加意义，使原本两个有区别的词无法从义素分析的结果看到它们之间的区别。如"黄毛丫头"和"女孩"。

从目前的研究状况来看，对上述问题很难作出明确的回答。

## 二、语义场

### 1. 语义场理论的基本观点

任何一种比较成熟的语言，其词语的数量都是很大的，一些大型的词典收词往往几十万。这些词汇集在一起，就是我们平常所说的"词汇"[①]。然而，语言中的词汇成员之间并不像词典中所呈现的那样，是一个个独立的词项，它们之间其实是以不同的方式相互联系的。**语义场**是指一些有共同语义域的词语在一起所形成的一种聚合。同一语义场内的各个词语拥有一个共同的概念域。比如，"红、蓝、白、黑"等表示颜色的词语就形成一个"颜色"语义场。

语义场理论（semantic field theory） 最先由德国学者特雷尔（J.Trier）提出，20 世纪 30 年代发展起来的。**语义场理论**的核心思想是，语言中词汇成员之间是相互规定的，它们共同构成一个完整的词

---

[①] 有些学者称之为"语汇"，认为叫"语汇"比叫"词汇"更贴切，更名正言顺。可参阅卢英顺《现代汉语语汇学》（第二版）（南开大学出版社，2024 年）中的相关说明。

汇系统。系统内部词汇成员的变化，无论是成员的增加或者减少，还是词义的变化，都会引起同一语义场内其他成员在语义方面的变化。

根据语义场理论，可以归纳出以下两点：

第一，语言中的某些词可以在一个共同概念的支配下组成一个语义场。如"猫、狗、猪、羊、牛……"等词在一起可以构成一个"动物"场；"爷爷、奶奶、爸爸、妈妈、哥哥、妹妹"等在一起可以构成一个"亲属"场。语义场与语义场之间存在着大小的不同，较小的语义场叫"子语义场"。比如，"苹果、橘子、梨、香蕉"等在一起可以构成一个"水果"场，"饼干、巧克力"等可以构成一个"食品"场，"水果"场与"食品"场等在一起又可以构成一个更大的场——"食物"场；等等。

第二，属于同一个语义场的词，它们在语义上是互相依存和互相限制的。这就是说，要确切地知道一个词的意义，必须首先比较这个词与同一个语义场的其他词在语义上的联系，以及这个词在语义场中所占的位置。如在 kinship 这个共同概念下，由 father、mother、grandfather、grandmother、brother、sister、cousin、nephew 等共同构成一个语义场。要知道某个词的意义，就必须把它放到整个语义场中去考察。

不同语言中，相关的语义场所包含的词可以不同。如表示父辈旁系亲属，英语中只有两个：uncle 和 aunt，而汉语中则有"伯父、叔父、伯母、婶母、姑父、姑母、舅父、舅母、姨父、姨母"等。

## 2. 语义场理论的启示

语义场理论能给我们带来什么样的启示呢？

第一，语言词汇中的词在语义上是互相联系的，它们共同构成一个完整的词汇系统。这个词汇系统又是不很稳定的，它处于不断变化之中。既然这样，无论是旧词的消亡，还是新词的出现，都会使这个系统中词与词之间的语义关系产生调整、变化。在词汇学研究中要充分注意这一点。

比如，一个词的词义扩大了，跟它邻近的词的词义就会缩小。比如"叔叔"一词的非亲属称谓用法现在正呈扩大的趋势，相应地，"伯伯"一词的非亲属用法就渐渐缩小。与此相反的是，如果一个词从词汇中消失了，与它相关的词词义就会扩大。由于古代汉语中的"牖"到现代汉语中已经消失，"窗"的意义就因此而扩大。

引进一个新词，对与其相关的词的意义也有影响。比如 18 世纪的德语词 braun 兼指"棕色"和"紫色"，后从法语中引进了 violet 来指紫色，braun 的词义随之缩小，仅指棕色。

第二，既然语言词汇中的词在语义上是互相联系的，那么，我们就不应该孤立地研究单个词的语义变化，而必须把语言词汇看作是一个完整的系统来加以研究，考察这种变化对同一语义场中其他成员的意义有没有发生影响，发生了什么样的影响。

第三，既然词与词之间在语义上有密切的联系，那么，我们只能通过分析、比较词与词之间的语义关系，才能确定一个词的真正涵义。词，只有把它作为"整体中的一个部分"，才能比较好地理解其意义。

词义之间的这种相互联系与相互规定，我们可以从不同语言词汇之间的对比中窥见一斑。前面提及的汉语中的"穿"和"戴"与英语中的 put on 就是一例。在汉语中，"帽子""手套""领带"与"衣服""鞋""袜子"等在"穿戴"上有明确的分工：前者用"戴"，后者用"穿"；英语则不然，由于没有另一个词在"穿戴"上与 put on 分工，所以，英语中的 cap、glove、tie、clothes、shoe、sock 都可以与 put on 搭配。英语中的 grandma，在汉语中当然可以理解为"奶奶"，但在内涵上它们是不同的，grandma 除了指称"奶奶"外，还可以指称"外婆"。

词义之间的这种性质，在一种语言词汇的意义发展过程中也会出现类似的情况。

### 3. 语义场理论的不足

语义场理论虽然在一定程度上正确揭示了词汇系统内部各成员之间在意义上的相互规定和相互制约关系，但它也存在着一些问题。比如，在很多情况下，我们理解一个词的词义时并不需要以知道同一语义场的其他词为前提。要了解"牙刷"这一词的意义，并不需要我们首先掌握或同时掌握"鞋刷"或"牙膏"这样的词。此外还有一些理论上的问题①：

第一，"概念场"如何确定？依据是什么？

第二，抽象的事物是否都有概念场和词汇场，比如"知识"，如有，如何确定其外延？

第三，语义场理论无法把词的意义和短语的意义、句子的意义联系起来，不能用它来全面处理语义现象。

## 第三节　短语与句子的意义

### 一、短语与句子的意义组成

在日常的言语交际过程中，我们并不是通过单个的词来进行的，而是通过句子来进行的，而句子又是通过短语组成的。这是从形式方面说的。从意义方面看，一个短语或者句子的意义并不是所由组成的词的意义的简单相加，虽然它的意义与这些词的意义有直接关系。否则，任何由相同的词组成的句子，其意义就完全一样了。实际情况并非如此。试比较：

（1）老师学习　～　学习老师　　他打　～　打他

　　窗户玻璃　～　玻璃窗户　　爸爸的妈妈　～　妈妈的爸爸

　　抚顺队打败了申花队　～　申花队打败了抚顺队　～　抚顺队申花队打败了

上述短语或句子，所由组成的词语都是一样的，为什么意义却不相同？这是因为，短语或句子，除了所由组成的词外，还存在着一定的结构关系；结构关系不同，即使构成要素（词）相同，其意义也未必相同；即使结构关系相同，构成的要素也相同，如果语序不同，其意义也未必相同。比如上述例子中的"老师学习"和"学习老师"，它们的构成要素都是"老师"和"学习"，但前者是主谓关系，后者是动宾关系，

---

① 参阅：徐烈炯 1990《语义学》，第107-108页，语文出版社。

所以它们的意义各不相同;"爸爸的妈妈"和"妈妈的爸爸",其构成要素都是"爸爸""的""妈妈",也都是定中结构,但由于"爸爸"和"妈妈"的语序不同,它们的意义也因而有别。看一个英语例子:

(2) <u>Getting married and having a child</u> is better than <u>having a child and getting married</u>.(先结婚后有孩子比先有孩子后结婚好)

例(2)中,两个画线部分构成成分完全一样,但这两个并列短语的意义有别,原因在于,其中的两个构成成分 getting married(结婚)和 having a child(有孩子)的语序不同。

有个网络段子是这样的:

(3) A:你自己啥样你自己现在不知道吗?

B:我知道。

A:你说说呗。

**B:好喝酒。**

A:分析一下原因。

**B:酒好喝。**

A:总结一下经验。

**B:喝酒好。**

A:你下一步打算怎么做啊?

**B:酒喝好。**

A:什么酒都喝啊?(阴影部分是笔者补进去的)

**B:好酒喝。**

A:你接下来努力的方向是啥?

**B:喝好酒。**

例(3)中,"喝、酒、好(读音有不同之处)"这几个词,语序不同,意义也有别。

两个短语或句子的结构关系相同,语序相同,所由组成的实词也相同,如果所用的虚词不同,它们的意义也会不同。例如:

(4) 我**的**弟弟 ~ 我**和**弟弟

(5) 他吃**了**面条。 ~ 他吃**着**面条。

(6) 小王**把**小李打了。 ~ 小王**被**小李打了。

可见，短语或句子的意义，不仅取决于所由组成的词，还取决于词与词之间的结构关系和语序、虚词。

作为句子，它除了具有和短语相同的地方外，还有个独特的地方，那就是，句子还有特定的语调，表现在书面上就是所用的标点符号的不同。因此，两个句子，即使其构成要素相同，如果语调不同，它们的意义也就不同。试比较：

（7）他来了。～ 他来了？

（8）他知道这件事。～ 他知道这件事？

## 二、成语和惯用语的意义

前面所说的短语的意义指的是一般短语的意义。一般短语的意义可以从构成要素的意义以及它们之间的结构关系、语序、所用虚词等方面推导出来。所以，学习任何一种语言，都不需要花大力气去记它们的意义。实际上，这样的短语是无穷无尽的，我们也不可能一个一个地去记。

成语和惯用语则不然。它们的意义具有整体性，就是说，它们的意义往往难以从构成要素及要素间的结构关系等方面去推导，特别是来源于典故的成语。例如：

（9）【杯弓蛇影】：比喻疑神疑鬼，妄自惊慌。

　　　【圆凿方枘】：比喻两者不相投合。

　　　【琴瑟和谐】：比喻夫妇情笃和好。

　　　【鸡鸣狗盗】：比喻卑微的技能。

　　　【一龙一蛇】：比喻或隐或显，随情况的不同而变化。

（10）【开夜车】：为了赶时间，在夜间继续学习或工作。

　　　【碰钉子】：比喻遭到拒绝或受到斥责。

　　　【吃大锅饭】：比喻不论工作好坏，贡献大小，待遇、报酬都一样。

　　　【磨洋工】：工作时拖延时间，也泛指工作懒散拖沓。

以上这些成语或惯用语的意义都无法直接推导出来。不过，一些后起的成语的意义是可以推导的，如：

（11）【扪心自问】：摸着胸口向自己发问。
　　　【怒形于色】：内心的愤怒显露于脸色上。
　　　【家常便饭】：家庭日常的饭食。
　　　【见所未见】：见到从来没有看到过的。

### 三、歧义

#### 1. 歧义

我们知道，语言中的词可以有不同的义项，这样的词叫多义词。同样，在句法层次，一个句法结构体（包括短语和句子）也可能存在多义现象[①]，如，"三个工人的建议"，既可以理解为"工人的建议有三个"，这时的"建议"是三个，又可以理解为"三个工人提出的建议"，这时的"建议"就不一定是三个了，也可能是一个，也可能是多个；"出租汽车"既可以理解为"出租的汽车"，此时它是偏正结构，也可以理解为"将汽车出租"，此时它是动宾结构。再如，"那家商店已经关门了。"这句也有不同理解：A.那家商店的人已经下班了；B.那家商店已经倒闭了，不再营业了。一个句法结构体具有两种（或以上）意义的时候，我们说它具有"歧义"。一个歧义结构在特定的语境中不一定是多义。例如：

（12）呈现在大家面前的是三个工人的建议，大家讨论一下。

（13）叫的出租汽车在楼下等着，快点！

（14）都10点了，那家商店已经关门了。

例（12）依然有歧义，而例（13）和（14）则没有歧义。

#### 2. 歧义的形成原因

由于语言的表达可以通过口头和书面两种形式进行，这两种形式给人的感觉不同，前者是听觉上的，后者是视觉上的。所以歧义的形成原因在不同形式下（口头上和书面上）有所不同。

从书面上看，歧义的形成原因主要体现在下列几个方面：

---

[①] 胡裕树主编的《现代汉语》（增订本，上海教育出版社，1987年，第350-351页）把具有不同意义的短语看作多义而不是歧义，因为短语和词一样是静态单位，而句子是动态使用中的单位，句子的多义现象才叫歧义。这里对"歧义"的定义采用的是学界的一般看法。

第一，词的多功能现象会造成歧义。如"那门没锁。"这句有不同理解：A.那门没有锁上；B.那门没有安装锁或者锁不够用。这句的歧义形成，既跟"没"有关，又跟"锁"有关："没"既可以是动词，又可以是副词；"锁"既可以是动词，又可以是名词。所以当"锁"为动词的时候，"没"是副词，这时理解为 A；当"没"是动词的时候，"锁"则为名词，这时理解为 B。

第二，词的多义也可能会造成歧义，如"赶他，没那么容易。"这句中的"赶他"可以有不同理解："赶上他"和"驱逐他"，造成歧义的原因是"赶"是个多义词。再如"他给我买了一本《现代汉语词典》。"这句，既可以理解为"他买了一本《现代汉语词典》给我"，也可以理解为"他替我买了一本《现代汉语词典》"，其中的歧义是由"给"的多义造成的。

第三，多种语义关系造成的歧义。有时，某个词语在句子中可以充当不同的**语义角色**①，和动词可以构成不同的语义关系，因而产生歧义。比如"他我都骂"，既可以理解为"我骂他"，也可以理解为"他骂我"；"他谁都认识"，既可以理解为"他认识很多人"，也可以理解为"很多人认识他"；等等。

第四，短语内部的结构关系不同可能造成歧义。表面上看上去相同的短语，其实蕴藏着不同的结构关系，如"出租汽车"，既可以是定中关系，又可以是动宾关系。"学习材料"也是这类，其意义为"用作学习的材料"时，是定中关系；其意义为"学习关于某方面的材料"时，是动宾关系。

第五，层次构造的多种可能会造成歧义。由于语言符号的线条性，具有多种层次构造的短语无法在语言的线性序列中表现出来，因而这种具有不同层次构造的短语表面上看起来就是一样的，从而形成歧义，如"十五个少数民族的同学"，"安徽和江苏北部"等，英语中的 old men and women 也属此类。

---

① 关于"语义角色"，参看下节。

此外，歧义的形成还与语义指向等因素有关。如"他外语就考了 80 分。"这句，其中"80 分"既可以表示考的分数多，也可以表示分数少。

口头上歧义形成的原因，与书面上形成的原因，有相同的一面，也有不同的一面。其不同表现在：

第一，从口头上来看，同音词是造成歧义的重要原因，如"期 zhong 考试的时候……"，"××可以 zhi 癌"等。但在书面上，"期中"和"期终"的分别是一目了然的。日语中的同音词特别多，学日语的外国人稍不留神就会闹笑话。一个留日学生，朋友问他/她："上海にはしかがありますか"，这个留学生回答说："上海動物園にいます"。实际上是，朋友所说的"しか"是"市歌"，即"上海有市歌吗？"而他/她则理解成"鹿"，"上海有鹿吗？"于是回答成"上海动物园有鹿"①。

第二，书面上的一些歧义句，在口头上由于重音或停顿的不同而不会产生歧义。如"他想起来了"这句，"起来"重读，是"主－动－宾"结构，"起来"轻读，是"主－动－补"结构。再比如，"这里有三个工人的建议"这句，可以分别成"这里有三个——工人的建议"和"这里有三个工人的——建议"。

总之，歧义是语言中存在的一种普遍现象。不过，对语言中的歧义现象应该一分为二地看，虽然它会给我们的理解造成一定的麻烦，但有时我们也可以利用歧义造成双关。因此，我们在运用语言时，该清楚的时候，一定要表达清楚，一般应避免歧义现象的产生，特别是法律条文和合同文本的起草。

---

① 其实他/她不应该把"しか"理解成"鹿"的，"鹿"是动物，动词应该用いる而不是ある。

## 第四节　语义角色和语义指向

### 一、语义角色

语义角色，有的叫"语义格"，生成语法理论中称之为"题元角色"（theta role / θ-role）。它最早是由菲尔摩（C.J.Fillmore）于 1968 年在《"格"辨》（The case for case）①一文中提出的。他的这一理论被称为"格语法"，对语言学研究产生较大的影响。

**语义角色**，简单地说就是动词和名词之间的语义关系。常见的语义角色有②：

1. **施事**：指动作行为的发出者。如"他来了""我吃饭"中的"他"和"我"。

2. **受事**：指动作的承受者，动作发出之前受事客体已经存在，动作发出后客体在某方面会受到影响。如"我吃饭"中的"饭"，"张三打李四"中的"李四"。

3. **与事**：动作行为共同参与者的另一方。如"小赵昨天和老刘吵架了"中的"老刘"。

4. **工具**：实施某种行为时所需凭借的客体。如"我用钥匙开门"中的"钥匙"。

5. **材料**③：实施某种行为时所需要消耗的客体。如"他用水浇花"

---

① 该书由胡明扬翻译，商务印书馆，2002 年。书后附有杨成凯对其理论的综合介绍文章《菲尔墨的格语法理论》。

② 有关语义角色的详细情况可参阅：范晓、张豫峰等 2003 《语法理论纲要》，上海译文出版社；陈昌来 2003 《现代汉语语义平面问题研究》，学林出版社。

③ 学界很多人把"材料"看作"工具"，他们只看到其在形式上相同的一方面，即都可以用"用"引进相关成分，如"用喷壶浇花"和"用水浇花"，其实"喷壶"和"水"应该看作不同的语义角色，它们在浇花行为发生后的状态是不一样的：浇完花以后，喷壶仍然存在，而水被消耗掉了，不存在了。工具和材料的差异在变换形式上也有所体现，比较："*把喷壶浇花了"和"把水浇花了"，真正的工具是不能变换为"把"字结构的。

中的"水"。

6. **处所**：指动作行为发生的处所。如"他在北京工作"中的"在北京"。

7. **位事**：动作行为发生后某客体所处的位置。如"他把书放在桌上"中的"桌上"。

8. **时间**：动作行为发生的时间。如"他明天来"中的"明天"。

9. **源点**：位移事件位移客体的起始点。如"他从上海坐飞机去美国"中的"上海"。

10. **终点**：位移事件位移客体所到达的目的地。如"他去了韩国"中的"韩国"。

11. **结果**：动作行为发生后所产生的结果。如"她写了一篇论文"中的"论文"，"他在墙上挖了一个洞"中的"洞"。

12. **对象**：动作行为所针对的对象。如"他为客人买了车票"中的"客人"

语义角色研究在汉语语法学界受到不少人的重视。目前的研究状况是，一种语言到底有多少语义角色尚不清楚，不同的人所提出的语义角色的数量也不尽相同；对某一特定语义角色的理解也不太一致。

### 二、语义指向

**语义指向**是指句法结构中的某个句法成分与另一个成分在语义上相联系的情况。例如：

（1）他们圆圆地排了一个圈。
（2）老张笑眯眯地跟在我后面。

其中的"圆圆地""笑眯眯地"在句法上虽然都是状语，但在语义上分别与"圈"和"老张"相联系，这时我们就说"圆圆地"在语义上指向"圈"，"笑眯眯地"在语义上指向"老张"。

语义指向是从语义的角度来说的，因而某成分与其所指向的另一成分在句法上未必就存在修饰和被修饰的关系，如上述两例中的"圆圆地"和"笑眯眯地"，"圆圆地"修饰的是"排了一个圈"，而不是单个的"圈"，"笑眯眯地"修饰的是"跟在我后面"，而不是"老张"。

当然，有些情况下句法成分之间的关系与语义指向之间是一致的，如"他狠狠地捆了她一巴掌"中，"狠狠地"在句法上修饰"捆"，在语义上也和它相联系。

从句法成分来看，哪些成分存在语义指向问题呢？从目前的研究成果来看，除上述状语具有语义指向问题以外，补语和定语也都存在语义指向问题。例如：

（3）他喝醉了酒。

（4）他喝好了酒就睡觉去了。

（5）他喝光了酒就睡觉去了。

（6）这是新教师宿舍。

例（3）中补语"醉"在语义上指向主语"他"；例（4）中补语"好"在语义上指向喝酒的行为；例（5）中补语"光"在语义上指向宾语"酒"；例（6）中的定语"新"在语义上既可以指向"教师"也可以指向"宿舍"。

语义指向，根据所指方向的不同，有前指和后指的不同。顾名思义，某成分在语义上指向其前面的某个成分时叫"**前指**"，指向其后面的某成分时叫"**后指**"。如上文的"笑眯眯"是前指，"圆圆"是后指。

有时，某一句法成分在语义上可能有不同的语义指向，这样就产生了歧义。如上述例（6），"新"既可以指向"教师"又可以指向"宿舍"。指向前者时就是"新教师"，宿舍未必是新的；指向后者时，就是"新宿舍"，宿舍是新的，教师未必是新来的。再如：

（7）他们三个人就抬了500斤。

例（7）中，"就"既可指向"他们三个人"又可指向"500斤"。由于"就"自身语义特点（表示"量少"）的影响，所以，当它前指的时候，意味着"三个人"人数少，能抬500斤，说明他们力气大；当它后指时，意味着"500斤"的重量小，说明这三个人力气小。

运用语义指向除了可以解释部分歧义现象以外，还可以解释其他语法现象，如：

（8）他把衣服撕破了。

（9）三天馒头就把他吃腻了。

这两句的行为主体都是"他"（施事），"衣服"和"馒头"都是受事。为什么"把"的宾语一个是受事，一个是施事呢？这就跟补语的语义指向有关：补语所指向的成分总是"把"的宾语。

## 第五节 预设

### 一、什么是预设

当别人告诉你"我昨天晚上看的电影棒极了！"时，你会立即从他的话中推断出"'我'昨天晚上看了一部电影。"，而实际上他并没有直接告诉你说"我昨天晚上看了一部电影。"那么，"我昨天晚上看了一部电影"这一意义是怎么来的呢？这是"预设"（presupposition）的作用。

预设这一概念最早是由近代逻辑的奠基人之一、德国哲学家弗雷格（G. Frege）于1892年提出来的，但直到1950年才开始引起人们注意。预设起初是哲学上的概念，语言学界使用这一概念还是近几十年的事。语言学家对预设的关注是从他们对语义关系的研究开始的。从上例可以看出，预设显然与意义有关。但问题是，语义学固然研究意义，不过语用学①也研究意义，预设到底属于语义学研究范畴还是语用学研究范畴？这一问题学术界至今没有一致的意见。

**预设**，至今还没有一个比较明确的定义。简单地说就是，说话人在传递某种信息时，认为听话人对某些信息已经了解，以此为前提向听话人传递新的信息。这种被说话人作为已知的信息，就是说话人的预设。例如：

（1）A 他弟弟出国去了。
　　　B 他有一个弟弟。
（2）A 湖边的树长得郁郁葱葱的。

---

① 关于"语用学"的知识，下一章介绍。

B 湖边有树。

　　上述例子，B 句都是 A 句的预设。说话人在说 A 句时把 B 句当作已知信息，以此为前提向听话人传递新的信息"出国去了""长得郁郁葱葱的"。下面看两个英语的例子（其中，B 句是 A 句的预设）：

（3）A. Her husband is a fool.（她丈夫是个傻瓜。）

　　　B. She has a husband.（她有丈夫。）

（4）A. I don't regret leaving London.（我并不为离开伦敦而感到后悔。）

　　　B. I left London.（我离开了伦敦。）

上面所举的例子都是陈述句。疑问句有没有预设呢？请看例子：

（5）A. 你什么时候上大学的？

　　　B. 你上了大学。

（6）A. 这本书他在哪儿买的？

　　　B. 他买了这本书。

（7）A. 你为什么要打孩子？

　　　B. 你打了孩子。

　　例（5-7）A 句都是问句，它们也有预设（B 句）。这些问句都是特殊问句。再看看一般问句是否存在预设。例如：

（8）你打孩子了吗？

（9）你买了那种劣质鞋吗？

　　凭语感我们知道，例（8）并没有"你打孩子"的预设；例（9）则不然，它有预设："那种鞋是劣质的"。

　　正因为预设是以说话人对听话人已有信息的判断为前提，所以，如果说话人错误地估计了听话人对信息的了解，就有可能使听话人惊讶：

（10）A：你帮我顶一下班，好吗？

　　　B：干什么去呀？

　　　A：我妹妹来了，我得去车站接她。

　　　B：怎么，你妹妹来了？我怎么从来没听说你有妹妹啊。

　　例（10）中，A 在说"我妹妹来了"的时候，他把"我有妹妹"

作了预设。B 之所以吃惊，是因为 B 不知道 A 有妹妹。

再看看下面的例子：

（11）A：昨天我买了一本词典。

　　　B：昨天我买了东西。

（12）A：他和妻子在跳舞。

　　　B：他和一个女人在跳舞。

从例（11、12）的 A 句，我们可以推出 B 句的意义；那么，B 句是不是 A 句的预设呢？不是的。A 句和 B 句之间这样的语义关系叫 **"蕴含"**（entailment）。我们能从 A 句推出 B 句的意义，就说 A 句蕴含 B 句。蕴含和预设有什么不同呢？或者说，怎样判断两个句子之间是蕴含关系还是预设关系呢？我们不妨加否定词"不/没有"看看。分别以例（1）和例（11）为例：

（1'）他弟弟没有出国。

（11'）昨天我没买词典。

从（1'），我们仍然可以推断出"他有弟弟"；但从（11'），我们不能必然地推出"昨天我买了东西"。反过来看，如果"他没有弟弟"，说"他弟弟出国了"，必定是假的；但如果"昨天我没买东西"，说"昨天我没买词典"，必定是真的。可见，否定不影响预设。

**二、预设的种类**

上面所说的预设都涉及一个句子与另一个句子之间的意义联系，这样看来，预设似乎属于语义学的范畴。但实际上，问题并没有如此简单。一个句子是否有预设跟我们对世界的了解有很大的关系。试比较：

（13）她在完成毕业论文之前哭过。

（14）她在完成毕业论文之前死了。

（15）她完成了毕业论文。

例（13）和例（14）从结构上看完全相同，从用词上看也基本相同；所不同的主要是，前者用的是"哭"，而后者是"死"。但前者有（15）这样的预设，而后者没有。原因何在？单纯从语义上难以解释，这涉及我们对世界的了解：人死了之后不可能再做任何事情。如此等等。所以语言学家据此把预设分为"**语义预设**"和"**语用预设**"①。

前一部分介绍的是语义预设。从语义上看，一个句子是否有预设，跟这个句子使用了什么样的词有很大的关系。例如，"他来了"和"他又来了"这两句，前者没有"他曾经来过"这种预设，而后者有；后者这样的预设是通过"又""触发"出来的。因而，研究预设的人把具有"又"这种能触发预设功能的词语叫"**预设触发语**"（presupposition-triggers）。预设触发语当然不只是"又"这一个词，跟"又"相近的还有"再""还"等，其他如"后悔""批评""继续"等也都是预设触发语。例如：

（16）A：他后悔辞掉了那份工作。

B：他辞掉了那份工作。

（17）A：老师批评他做作业不认真。

B：他做作业不认真。

（18）A：林丽丽准备继续在那个餐馆打工吗？

B：林丽丽在那个餐馆打工。

除了这些触发语之外，一些句法结构也具有触发预设的功能。例如：

（19）A：这件衣服比那件更漂亮。

B：那件（衣服）漂亮。

（20）A：他最喜欢读的古典小说是《红楼梦》。

B：他喜欢读古典小说。

英语中也存在种种类似的情况。例如：

（21）A：John *managed* to finish the paper in time.（约翰及时地完成了论文。）

B：John tried to finish the paper in time.（约翰试图及时完成论文。）

---

① 学界对语义预设和语用预设讨论得比较多，也比较繁琐，这里作了简化处理。详情可参阅相关的文献。

（22）A：Have you *stopped* beating your wife? （你停止打你的妻子了吗？）

B：You bate your wife. （你打过你妻子。）

（23）A：*It was* Mary *who* stole my computer.（是玛丽偷了我的电脑。）

B：Someone stole my computer.（有人偷了我的电脑。）

语言学家尽管对预设作了语义和语用上的区分，但对什么是语用预设，理解并不一致。有的认为，语用预设指的是说话人对言语的语境所作的设想。当我说"你还打你的孩子吗？"时，我已认定"你曾经打过你的孩子"；否则我只会问"你打你的孩子吗？"也有人把语用预设看作是成功实施某一言语行为所需要的合适性条件。当我说"他弟弟出国去了"的时候，必须以"他有弟弟"为前提，否则，我说这句话是不合适的。

另有一部分人则觉得，应该把语用预设看作是交际双方共有的知识（mutual knowledge）或者说是共同背景（common ground）。当我告诉你说"他弟弟出国去了"的时候，不仅我知道"他"指的是谁，"他"有弟弟；而且你也知道"他"指的是谁；否则我跟你说这句话就没有任何意义，谁愿意关心与自己毫不相干的人或事呢？根据这种看法，交际双方的共有知识会随着话语的不断推进而不断变化，因而在一连串的话语中，前面的话语可以作为后面话语的预设。例如：

（24）Sheila's engaged to be married, and her fiancé's an airline pilot.

（希拉已经订婚，她的未婚夫是某航空公司的驾驶员。）

例（24）中的"未婚夫"是以"订婚"为前提的，后一句的预设内容在前一句中作了交代。如果把这句换个语序，听起来就有点怪，试比较：

（24'）* Sheila's fiancé's an airline pilot , and she's engaged to be married.

（希拉的未婚夫是某航空公司的驾驶员，她已经订婚。）

（24'）之所以不妥，是因为后一句的内容是前一句中 Sheila's fiancé 的预设内容，这样，后一句就成了废话，而正常的话语交际总是不断地给对方提供新信息。

可见，语用预设跟语境之间的关系非常密切。这种语境有时还包括言语社团的社会文化观念，不了解这一点就难以真正理解话语。例如：

（25）小张怎么那么瘦？好像是后娘养的。

人瘦与后娘有什么关系？不了解汉民族这种文化背景就不能理解。其实，这里有个语用预设问题：后娘养的孩子都是瘦的。小张瘦，所以小张是后娘养的。从逻辑上看，这种推论不是必然正确的。由此可以看出，语言和逻辑毕竟不是一回事。

由于预设与人的观念有关，所以有时同样的句子因出自不同人之口，其预设可能不同。试比较：

（26）他是干部，也没多干点儿活。（预设：干部应该多干点活）

（27）他是干部，也没少干点儿活。（预设：干部可以少干点活）

在日常交际中，如果预设不当，说出的话语就可能不得体，甚至不能接受。例如：

（28）A：售货员要热情服务，对不买东西的顾客与买东西的顾客一样。

B：？售货员要热情服务，对买东西的顾客与不买东西的顾客一样。

（29）A：他都80岁了，但食量仍很大。

B：*他都80岁了，但食量不很大。

一般看来，素质比较差的售货员对买东西的顾客比较热情，对不买东西的顾客往往白眼相送，所以（28）中，A句合适而B句不合适。就例（29）来看，人到了高龄，往往食量减小，这是常规预设。所以A句的后半句用了转折词"但"表示与常规预设相反，整个句子是可接受的；B句则不然，B句的后半句与常规预设一致，用上"但"就不妥，因而整个句子不能接受。

上海某电视频道在播天气预报时经常说："明天紫外线较弱，请注意适当防护。"这句话听起来总觉得别扭。原因就是与预设不一致：只有在紫外线较强的情况下才需要防护，既然紫外线较弱，就没有必要防护。

我们再看看另一个预设不当的例子：某报纸曾经报道说某歌星"又遭劫难"，这句的预设是这个歌星"曾经遭过劫难"。这句话的背景是这样的：她曾因偷税被发现而补缴了税款，当然数目不会小；后来她被男朋友骗了，据说她的钱被洗劫一空。后一种情况可以说是劫难，但前一种情况能说是劫难吗？可见这例中的"又"应该删掉。

### 三、预设的运用

#### 1. 预设和信息获取

如前所述，预设是说话人认为听话人对某些信息已经了解而所作的前提假设。说话人对听话人已有知识的判断可能出现错误，从而出现预设失误。尽管如此，我们可以从这错误的预设中获取我们不知道的信息。例如：

（30）张华的女朋友挺漂亮的。

说话人认为听话人认识"张华"，并且知道"他有女朋友"，以此为前提，向听话人传递"他的女朋友挺漂亮"这一信息。而实际上，听话人根本不知道张华有了女朋友，但从说话人的预设中获得了"张华有女朋友"这样的信息。如果你不了解汉民族对"后娘"的看法，通过上述例（25）就能获得这方面的知识。

某网络上有这样的一个标题：

（31）雷锋精神有何必要申报世界文化遗产？

我们从中能获取什么信息吗？

正因为听话人能够从说话人的预设中获取信息，所以审判员在审讯犯人时往往利用这一手段迫使犯人认罪。比如：

（32）你是通过什么手段入室盗窃的？

这句的预设是：你入室盗窃了。犯人听到这句话后，以为审判员掌握了他的犯罪事实，只好老实坦白。

在美国，一个犯人在受到审讯时为了给自己"辩护"，向受害人提出了这样一个问题：

（33）Did you get a good look at my face when I took your purse?

（我拿你钱包的时候，你看清我的脸了吗？）

真是不打自招！无论受害人回答"看清了"还是"没看清"，这句问话的预设总是不变的："我拿了你的钱包。"这个犯人最后被判10年。

再看一个电视剧中的例子：

（34）（警察为一宗人命案向董正平的情人了解情况）

　　警察：昨天晚上你去过董正平的家吗？

　　情人：没有。我从来不去他那个狗窝。（电视剧《案发现场》）

如果你是警察，会如何反应呢？

警察马上反驳道："你没去过，怎么知道他家是狗窝？"这里就涉及预设的问题：只有去过他家，才能知道他家里的状况。既然你现在知道他家里的状况，你当然去过他的家。

一些商家在做生意时或在广告词中，有意识无意识地利用预设来为他们服务。例如：

（35）A. 你要鸡蛋吗？

　　　B. 你要几只鸡蛋？

（36）准现房激情酬宾，多重优惠任您选。

例（35）是服务员在顾客用早点时问他/她要不要吃鸡蛋。照说，A、B两句都得体。服务员用的是A句，经理听到后让她改用B句。事实证明，改用B句后，生意比原来的要好得多。原因何在？关键就在问话的预设上。A句没有预设，而B句则有预设：你要鸡蛋。听话人听到这样的话后，一般也以为要吃鸡蛋，只是多少问题，所以就要了鸡蛋。例（36）是一则售房广告，其预设就是：买房有优惠。准备买房子的人看到这则广告难免不动心。

### 2. 预设和反驳

在日常生活和学术生活中，我们有时会需要反驳某种不当言论或不当观点。运用预设的"前提"性这一特点，或许有助于我们反驳对方。我们先看看王小波作品《黄金时代》中的一个例子：

（37）春天里，队长说我打瞎了他家母狗的左眼，使它老是偏过头来看人，好像在跳芭蕾舞，从此后他总给我小鞋穿。我想证明我自己的清白无辜，只有以下三个途径：

1. 队长家不存在一只母狗；

2. 该母狗天生没有左眼；

3. 我是无手之人，不能持枪射击。

类似现象当然不只是在文学作品中出现，现实生活中也会发生。请看一则新闻报道：

（38）菲律宾媒体近期热炒两架"疑似中国米格战机侵犯了菲律宾南海领空"的消息，但此消息已被上周访问菲律宾的中国国防部长梁光烈否认。梁光烈指出，中国空军并没有俄制米格战机。（环球网 2011-06-01）

梁光烈的一句"中国空军并没有俄制米格战机"从根本上予以有力的驳斥，因为他否定了前提条件，即语用预设——中国有米格战机。既然中国没有俄制米格战机，那媒体上所说的"疑似中国米格战机侵犯了菲律宾南海领空"一说自然就不能成立。

再看一个跟语用预设有关的例子，是关于鲁迅和他的表妹琴姑之间有没有发生过爱情的事[①]。鲁迅的原配夫人是朱安，在朱安之前，鲁迅母亲给鲁迅提亲的，是鲁迅小舅父鲁寄湘的大女儿琴姑。周建人的《鲁迅故家的败落》一书出版后，有些人就主观臆测、添油加醋，甚至伪造，不断编出鲁迅与琴姑的爱情故事。

有个编造的故事是这样写的：1898 年，鲁迅去南京读书，琴姑一直把鲁迅送入火车车厢。分别时，琴姑拿出一支钢笔送给鲁迅作纪念，鲁迅高兴得眉飞色舞，连声地说："琴表妹，你真好！"纪维周曾写过一篇质疑的文章，认为它是伪造的，主要的证据是：第一，从中国交通史看，当时还没有火车；第二，纪还查了钢笔发明史，当时还没有钢笔；第三，鲁迅从绍兴到南京读书，是从水路走的。

另一位作者吴作桥也撰文说：

"1898 年时，无论南京、上海、杭州、绍兴都没有火车……在 1898 年鲁迅上南京求学时，沪、宁、杭根本没有一根铁轨，琴姑怎能上火车车厢与鲁迅话别呢？再就是琴姑所送鲁迅之物竟为'钢笔'。谁都知

---

[①] 参阅纪维周《鲁迅与琴姑轶闻为误传》，《世纪》2011 年第 6 期。

道，清末时人们常用的是毛笔，而不是钢笔；而鲁迅一生差不多全是用毛笔写字。琴姑怎么能送给鲁迅一支钢笔呢？"[①]

预设竟然有如此玄关！我们在日常交际过程中是不是要多加注意呢？

---

[①] 转引自：纪维周 2011 《鲁迅与琴姑轶闻为误传》，《世纪》第 6 期。

## 思考题

1. 关于词义，语言学界有哪些不同说法？你是怎样理解词义的？
2. 词义有哪些特点？
3. 举例说明词的上下义关系。
4. 举例说明词义的扩大、缩小和转移。
5. 举例说明歧义的形成原因。
6. "策划百万富姐"有没有歧义？为什么？
7. "他写字写得很大"可以变换成"他字写得很大"，而"他写字写得很累"却不能变换成"*他字写得很累"，为什么？
8. 一个句子是否只有一个预设？请举例说明。
9. 下列句子是否都有括号中的预设？你能从中发现什么规律吗？

（1）相辉堂今晚放什么电影？（预设：相辉堂今晚有电影）

（2）相辉堂今晚放电影吗？（预设：相辉堂今晚有电影）

（3）小王比小张高。（预设：小张高）

（4）小王比小张还高。（预设：小张高）

10. 请留意日常语言生活中对预设的运用。
11. 有人说，剩女之所以成为剩女，原因有二：一是谁都看不上，二是谁都看不上。这两个原因一样吗？为什么？
12. 请看下列对话："学生：老师你教的都是没用的东西。//老师：我不许你这样说自己。"老师为什么要这样说？
13. 某教授以诗歌形式给其后妻留下遗嘱，结果带来一场财产继承官司（《诗歌遗嘱引发的官司》）。其中的几句是：

房屋自当归妻住，谁想占用都无权；

一生清贫少积蓄，省俭攒点过河钱；

此款归妻去支配，留给贤妻度余年。①

试说明引发官司的关键因素是什么。

14. 有则幽默叫《跑题》，是这样的：

厨师把鸡鸭鱼牛羊猪召集起来，很热情地说："今天我们充分发扬民主，你们说说喜欢怎样被人吃掉？"众皆不语。只有牛欲言又止的样子。厨师说："说吧，不要拘束，发扬民主就是要畅所欲言！"于是牛说："其实我们不想被人吃掉！"厨师笑着说："你看你，一开口就跑题了。"

为什么说牛跑题了？

15. "历来都竭力表彰'五世同堂'，便足见实际上同居的为难；拼命的劝孝，也足见事实上孝子的缺少。"（鲁迅《我们现在怎样做父亲》）

从预设的角度来看，鲁迅的这几句话说明了什么？

**本章关键词**

词义；词义的特点；同义；反义；
上下义；义素；语义场；词义的变化；
歧义；语义角色；语义指向；预设

---

① 参见：胡习之 2014 《核心修辞学》，第121页，中国社会科学出版社。

# 第七章

# 语用学

我们知道，语言是一种符号系统。莫里斯（Charles Morris）认为，符号学要研究三种关系：1 符号与符号之间的关系；2 符号与客观事物之间的关系；3 符号与使用者之间的关系。反映在语言学上，1 表现为句法学（syntax），2 表现为语义学（semantics），3 表现为语用学（pragmatics）。句法学和语义学的一部分内容，前面已经作了介绍。这一章我们介绍语用学的有关内容。

语用学是一门新兴的学科，对语用学的界定，学术界的观点并不一致。尽管如此，**语用学**可以简单表述为研究具体语境中人们如何使用语言以及如何理解语言的一门学问。下面这句话你能真正理解吗？

（1）他刚才还在这里。

（2）A：你看，我这衣服怎么样？

　　　B：这衣服的颜色挺不错的。

例（1）中，"他"指的是"谁"？"刚才"是什么时候？"这里"又是什么地方？如果不清楚这几点，你就不能算真正理解这句话。而要真正理解这句话，就必须结合说这句话时的语境。语用学，较早的时候就是以这种称之为"**指示语**"的东西为研究对象的。例（2）中，针对 A 的问话，仅仅理解 B 的答话"这衣服的颜色挺不错的"本身的意义就够了吗？B 说这句话的真正意义是什么？

到目前为止，语用学除了研究指示语外，涉及的主要领域还有言语行为、会话含义、礼貌原则、关联理论等内容。

# 第一节　言语行为

一提及"行为",我们会很自然地想到"吃饭"啊、"打球"啊、"修理自行车"啊,等等。这些当然是一种行为。可你知道吗,人类使用语言进行交际,这本身也是一种行为。假如我得到过你的帮助,我买点礼物登门拜访,这自然是一种"道谢"的行为;但我也可以不采用这种方式,而是向你说一声:"谢谢!"这其实也是一种"道谢"行为,只不过这是通过一定的言语形式来实施的。除此之外,我们还可以通过一定的言语形式向别人提出"警告",下达"命令",或向别人"陈述"一件事,"询问"一个问题,等等。有人称这种通过言语形式实施的行为为"**言语行为**"(speech act)。

## 一、言语行为的分类

言语行为,不同的人对它的分类不尽相同。比较常见的分类有两种:三分和二分。言语行为的创始人——英国哲学家奥斯汀(J. Austin)把言语行为分为三类:"说话行为"(locutionary act)、"意向行为"(illocutionary act)和"取效行为"(perlocutionary act)①。所谓**说话行为**,指的是说话人说出话语的一种行为,比如,要说出"今天天气很热"这句话,必须发出一连串的声音,这种连续的发音行为就是说话行为。**意向行为**指的是,说话人通过说出话语去达到一定的交际目的的一种行为,当我说出"请把窗户打开"的时候,我是在"请求"别人做一件事,而不是无目的地说这句话的。其他的意向行为有"陈述""询问""责备""保证""劝告"等等。所谓**取效行为**,指的是说话人

---

① locutionary act、illocutionary act 和 perlocutionary act 这三个术语多译为"言内行为、言外行为、言后行为"。有的学者有不同译法,比如沈家煊把它们分别译为"发话行为、示意行为、取效行为"(见戴维·克里斯特尔编《现代语言学词典》,商务印书馆,2000 年);姜望琪分别译为"说话行为、行事行为、取效行为"(《当代语用学》,北京大学出版社,2007 年);王孝军和刘凤枝在《话语语言学浅说》一文中把它们分别译为"文本行为、意向行为、收效行为"(《河南师范大学学报》1991 年第 4 期)。我们从中选取了既符合原意又易于理解的译法。

说出的话在听话人身上可能引起反应的一种行为。比如上例，说话人的目的是让你把窗户打开，你如果领会了这一意图，去打开窗，这就是取效行为。当然，你也可以听而不闻，无动于衷。可见，取效行为不是必然的。在这三种言语行为中，语用研究最感兴趣的是意向行为，因为它同说话人的意图一致。说话人如何使用语言表达自己的意图，听话人又如何正确地理解说话人的意图，这是研究语言交际的中心问题。这三种言语行为，实际上是整个言语过程的三个不同阶段。

另有些人把言语行为分为"直接言语行为"（direct speech act）和"间接言语行为"（indirect speech act）两类①，如列文森（S.C. Levinson）②、萨伊德（John I.Saeed）③等。下面就介绍这两种言语行为。

## 二、直接言语行为和间接言语行为

### 1. 直接言语行为

很多论著都把"直接言语行为"跟不同句类的典型功能挂起钩来。比如疑问句是用来表示询问的，当我问你"你叫什么名字？"的时候，实施的就是一种直接言语行为。考虑到句类只有四种，而言语行为有好多种，把这两者对应起来不便于说清问题，我们作如下的表述：

所谓**直接言语行为**，指的是说话人的意图直接由话语的字面用意来表达的言语行为。"请把窗户关上"这句，就直接表达了说话人"请求"的意图。用"那宗案子已经破了"表示一种"陈述"，用"他准备考研究生吗？"表示"询问"，等等，这些句子中，说话人的交际意图就是直接通过话语的字面意义来表达的。再看这句："我命令你立刻出发。"这句是个陈述句，按照一般的看法，这不属于直接言语行为，因为这个"命令"不是直接通过祈使句表达出来的。但这句的交际意图很明显，表达很直接，把这样的言语行为看作直接言语行为更符合

---

① 很多著作都没有直接提"直接言语行为"而是直接论述"间接言语行为"。既然有间接言语行为，就应该有与之相对的直接言语行为。

② Levinson, Stephen C. 1983 *Pragmatics*. Cambridge: Cambridge University Press.

③ 可参阅 John I.Saeed 的 *Semantics*（《语义学》），外语教学与研究出版社，2000。言语行为涉及对话语的语义理解问题，语用学和语义学研究者对此都予以关注。

实际。

## 2. 间接言语行为

只要留心一下就不难发现，在日常交际中，我们说话并不总是那么直截了当，特别是在请求别人帮忙的时候。这是受种种社会因素制约的缘故，比如地位的高低、性别的差异、年龄的大小、交际双方的熟悉程度，等等。因此，在交际过程中，我们有时不得不采用迂回的方式。所谓**间接言语行为**，指的是说话人的意图不是由话语的字面用意直接表示出来的言语行为。① 当说话人出于某种原因不想直接表示出其说话意图时，他就会采取间接的言语手段来实现这一言语行为。请看下面的例子：

（1）你说："春天的杭州肯定很漂亮。"他说："想象不出。"你说："听说大连的海鲜很不错。"他说："是不错。"

然后就没了下文！

……

如果你对他说，刚才看到的那个红色手袋很漂亮，他也会点头称是，却想不到你在提醒他把这个手袋作为礼物送给你。（杂志《都市丽人》）

例（1）中，说话人并不是简单地告诉听话人"春天的杭州很漂亮""大连的海鲜很不错"这样的信息，其真正的意图是让听话人带她去杭州玩玩，去大连尝尝海鲜；只是怕听话人拒绝或者怕他为难而不愿意明说而已。例（1）中说话人所实施的是一种间接言语行为。

英语中，当人们说出 Could you please open the door?（你可以把门打开吗？）时，人们并不怀疑你"开门"的能力，而是在"请求"你把门打开。这种"请求"意图也没有直接表达出来，因此这也是一种间接言语行为。

---

① 不同学者对"直接言语行为"和"间接言语行为"的表述不完全一致，如 Jean Stilwell Pecceiz 在《语用学》这本小册子里是这样表述的：In DIRECT SPEECH ACTS there is a direct relationship between their linguistic structure and the work they are doing. In INDIRECT SPEECH ACTS the speech act is performed indirectly through the performance of another speech act. （外语教学与研究出版社，2000 年，第 55 页）读者自己可以结合语言实际体会一下我们之所以这样表述的原因。

通过间接言语行为表达的交际意图,有的比较容易被听话人领会,有的则不容易被领会。所以,间接言语行为,根据对其交际意图推断的性质,可分为"规约性"的和"非规约性"的两类。所谓**规约性间接言语行为**是指,对字面用意作一般性推断就可得出说话意图的一种间接言语行为。就是说,根据句子的句法形式,按习惯可立即推断出说话人的意图。比如,你把电视机的音量开得很大,在自我享受,而同房间的另一个在看书或者想休息,不想看电视,他可能会说:"能把音量开小一点吗?"显然,说话人并不是对听话人开电视机的能力表示怀疑而加以询问的,而是在间接地表示出他的"请求"。这种请求的意图,听话人不用花时间推测就能知道,带有一种"约定俗成"的味道。这样的间接言语行为就是规约性间接言语行为。下列两个英语例子均属此类:

(2) Could you pass me the salt?(可以把盐递给我吗?)

(3) Would you mind opening the window?(你把窗户打开好吗?)。

**非规约性间接言语行为**,主要依靠说话双方共知的语言信息和所处的环境推断说话意图的一种间接言语行为。与规约性间接言语行为相比,非规约性间接言语行为对具体语境的依赖性较强。如果交际双方没有一定的共知信息,交际往往会失败。例如:

(4)甲:小李,看电影去怎么样?据说这部电影不错。

乙:明天上午一、二节课我有课,还没准备。

(5)"请问,你的腿有毛病?"

辛甘莫名其妙地摇着头。

"那么,眼睛近视?"

辛甘是聪明的,她明白匡筐问话的意思了。她带着挑战的口吻,毫不在意地说:"我一不跛脚,二不近视。这床是我妈妈给铺的,我就睡它。"(俞杉《女大学生宿舍》)

例(4)可以根据"看电影"和"备课"的时间冲突来推出"婉言谢绝"的意图。了解教师工作的人都知道,教师上课前需要备课,而备课往往需要花费相当多的时间。如果晚上看电影的话,整个晚上就无法备课了,而明天的课又是第一、第二节,所以明天上课前是来不及备课的。这样，课就只能在当天晚上备好；晚上既然要备课，当然就没有时间去看电影了。可见，乙的答话在婉言谢绝之外，同时说明了不能接受邀请的理由，比直接说"我不看。"显得更有礼貌。

例（5），如果不了解其背景，根本无法知道匡筐问话的用意。这段话的背景是，新生入学时，匡筐已经先于辛甘占了一个较好的床位——下铺靠窗。辛甘的妈妈把匡筐床上的东西挪开，让她女儿辛甘睡这床铺。辛甘此时出去了，不知道此事。但对知道内情的人来说，匡筐的问话显然不是简单的"询问"，而是在"责备"——你为什么睡别人已经占好的床铺？辛甘刚刚从外面回来，当然对匡筐的问话感到莫名其妙，当匡筐进而问她眼睛是否近视时，她才领会了匡筐问话的真正意图。

像上面这两例，需要知道背景才能推测说话人真正意图的间接言语行为，就是非规约性间接言语行为。

非规约性间接言语行为有时能造成幽默的效果：

（6）老师：昨天又是你爸爸写的作业吧？
　　学生：有啥办法，我的妈妈实在太忙，没有时间。（《理直气壮》）

例（6）中，老师用了一个问句，他/她实施的不是直接言语行为，而是一种间接言语行为——责备：你不该让爸爸帮写作业。但这个学生没有领会老师的说话意图（或者领会老师的意图而装糊涂）而作了上述回答，使整个对话具有了幽默的效果。

### 三、言语行为与句类的关系

言语行为，与句类[①]的关系是怎样的呢？表面上看，直接言语行为与句类之间似乎是一一对应的，陈述句表示陈述，疑问句表示询问，祈使句表示请求等。这只是一个方面。实际上，祈使句除了可以表示请求以外，还可以表示"命令"，如"立即出发！"。陈述句除了表示"陈

---

[①] 胡裕树主编的《现代汉语》（增订本）把陈述句、疑问句、祈使句和感叹句称为"句类"，以区别于从句子的格局特点归纳出来的"句型"。

述事实"以外，还可以表示"保证""责备"，甚至还可以用来表示询问等。例如：

（7）我保证一个星期内把围墙修好。

（8）你不回来吃饭应该打电话告诉我一声。

（9）我还不知道你叫什么名字。

上述例（7-9）都是陈述句，但它们所表示的言语行为并不相同。特别是例（9）这句就是询问"你的名字"，而不是简单地陈述"我不知道你的名字"这件事。如果听话人听到这句后回应说："不知道没关系。"那就没有领会说话人的意图。

言语行为与句类之间的关系要是仔细推究起来就更加复杂。至少有下面几种情况：

第一，相同的言语行为，可以用不同的句类形式来表达。例如，同样是"请求关窗"，可以用下列多种形式：

（10）请把窗户关上。（祈使句）

（11）能把窗户关上吗？（疑问句）

（12）这屋子里挺冷的。（陈述句）

（13）这屋子里好冷啊！（感叹句）

可见，要表示"请求"这个意图，除了用祈使句以外，还可以用其他的方式。

第二，同一个句子在不同的语境中可以表示不同的言语行为。例如：

（14）外面的风好大啊！

（15）你能帮他吗？

例（14）这句话，如果是在炎热的夏天说的，说话人很有可能就是"建议"你出去；如果是在寒冷的冬天说的，并且你的窗户是开着的，那么，他一定在"请求"你把窗户关上；如果这句话同样在寒冷的冬天说的，但是你的窗户和门都是关上的，那么，他很可能只是"陈述""外面风大"这一事实。例（15），随着语境的不同，它所表示的言语行为可以是"询问"，也可以是一种"请求"，或者在"断定"一种事实——"你不能帮他"。

第三，有时，同样的句子，在同样的语言环境中，表示的言语行为可能不止一种。例如：

（16）那地上的衣服是你的吗？

假如一位妈妈看到地上有件衣服时对孩子说了这样一句话，她有可能在"询问"这衣服的主人；也可能在提出"请求"——请求孩子把衣服捡起来；还可能对孩子提出"责备"——怎么把衣服到处乱扔？

第四，有时，同样一句话对不同的听话人有着不同的言语行为。假如你在接电话时，旁边有许多人在大声说话，你就不容易听清对方讲的是什么，你可能会说下面这样的句子：

（17）对不起，没听清楚，这边很吵。

例（17）这句话，在听电话的人听来，这是一个"道歉"，同时有"请求"——请求对方把声音说大一点；在旁边的人听来，这是一个"请求"——请求你们说话声小一点，不要这样大吵大叫的。

可见，句类和言语行为之间不能划等号。这是因为句类不过是言语行为的表述形式而已。此其一；其二，说话人的意图跟语境有很大的关系，但我们不能因此过分夸大语境的作用而轻视话语本身字面意义的作用，进而贸然下这样的结论：言语行为只与说话的语境有关，因而，要表示同样的意图，可以有无限多的形式。这样势必就夸大了语境的作用。试想一想，如果你说："昨天晚上我做了一个奇怪的梦，梦见自己变成了一只小蜜蜂。"能让别人帮你关窗子吗？所以，归根到底，要判断说话人的真正意图，最根本的还是要取决于句子本身的意义，当然要考虑说话时的语言环境。

掌握一些言语行为知识，特别是间接言语行为知识，对我们的交际大有裨益。我们一般不会因误解了说话人的真正意图而被说成"不上路"，也不会因为自己的一句话太"直截了当"而没办成本可以办成的事。

## 第二节 会话含义和会话合作原则

### 一、会话含义

**会话含义**（Conversational Implicature），就是平常所说的"弦外之音""言外之意"。上面所说的间接言语行为的许多例子就属这一类。会话含义虽属"意义"范畴，但它和语义学中所讲的意义应该区别开来。语义学所研究的是各语法单位脱离语境情况下的意义，包括词义及相关内容、短语意义、句子意义；而语用学则研究处于具体语境中的词、短语和句子的意义，主要是在句子（或以上）这个层次上研究意义。比如"潜规则"这个词，现在时有耳闻。独立地看，它相对"明规则"而言，是指看不见的、没有明文规定的、约定俗成的、但是却又是实际起作用的、人们必须"遵循"的一种规则。但是，"潜规则"这个词在不同语境中却有非常不同的内涵，例如，有些地方，学生家长给老师送礼物，这是一种"潜规则"；孩子考上大学了，请老师吃一顿以示感谢之意，这也是一种"潜规则"；推销商品，给对方以一定的回扣，这是商业行为的一种"潜规则"；在不同的场合，让领导先行，是我们整个社会的"潜规则"；在一个电视谈话节目中，某女演员特意强调说"我和导演没有潜规则过"，因此可意会出影视圈内的"潜规则"。如此等等，不一而足。可见，仅仅知道词、短语等脱离语境的意义是远远不够的，必须结合特定语境来理解它们的意义。汉语中的"那个"，随语境的不同而丰富多变，让学汉语的外族人很感困惑，这不也挺"那个"的嘛！还有一个"意思"也挺有意思的，请看下例[①]：

（1）（小明送给领导两个红包）
  领导：你这是什么意思？
  小明：没什么意思，意思意思。

---

[①] 根据网络例子改编的。

领导：你这就不够意思了。
小明：小意思，小意思。
领导：你这人真有意思。
小明：其实也没有别的意思。
领导：那我就不好意思了。
小明：是我不好意思。

这些"意思"是什么意思？

（2）张焰铎的小小说《握手》中写道：在那个"谈性色变""谈爱色变""谈情色变"的时代里，一个乡村电影放映员，不删去外国电影《蓝色的多瑙河》中的镜头，"他只在接吻时用话筒向场子解释说：'乡亲们，外国人的接吻相当于我们中国人的握手。'"……"有一对男女知青走进月光照不着的林径。他们早相爱了。只是用目光相爱觉得偷吃了禁果。今晚月色真好。他们在林子的阴影里终于克制不住尝试着'<u>握手</u>'了。"（王希杰《修辞学通论》）

例（2）中画线的"握手"显然不是常规的理解，这就是语境的作用。

在句子这一层次上更是如此。"她的朋友比我的朋友先发生了车祸。"这句脱离语境时的意义很容易理解，但在电影《杨德财征婚》中一个语境里则有完全不同的理解：

（3）杨德财通过婚姻介绍所征婚，介绍所的工作人员安排了一个女子和他约会，介绍人事先分别向男女双方分别打招呼说，如果没有看中对方，不要直说，以免伤害对方。过一会儿我给你打电话，然后就此找个借口离开，这借口是"对不起，我的一个朋友发生车祸了"。他们谈了一会儿以后，女方以此为借口就离开了。接着，男方给介绍人打电话，介绍人问他谈得怎么样，男方回答说：<u>"她的朋友比我的朋友先发生了车祸。"</u>

在句子层面，语义学研究的是一句话的字面意义，如"外面的风好大啊！"这句的意义就是"外面的风很大"，而语用学中所研究的意义则是具体语境中的意义，上面这句在一定的语境中可以有"请把窗户关上"的意义，语义学一般是不研究这种意义的（广义的语义学包括语用学中所研究的意义）。为区别起见，可以称前者为**"句子意义"**（Sentence Meaning），称后者为**"话语意义"**（Utterance Meaning）。句子意义和话语意义可以一致，也可以不一致。不一致时就产生了**"会话含义"**。

**二、语境**

既然会话含义是语句在具体语境中的一种意义，那么什么是语境呢？

平常我们说话总是跟一定的现实联系在一起的，比如特定的时间、地点、参加者等等，这就是**语境**。到底怎样理解语境？

对语境的最狭义的理解是把它看作语言的上下文，即一个句子在更大的语言段落中所处的位置。比如

（4）夏菲菲告诉马小扬，她跟她妈妈很快要离开大山子了。（陆天明《省委书记》）

例（4）这句，其中的"她"指"夏菲菲"，这是根据上文提供的语境而得知的。显然，对语境的这种理解远不足以解释语言使用中的种种现象。

使用语言进行交际离不开一定的客观条件和背景。言语活动总是在特定的时间、特定的空间、特定的情景，在特定的人之间进行的，因此，对语境的确切理解必须考虑这些语言外的因素。虽然人们都本能地意识到语境的存在，但"语境究竟由哪些因素构成"，不同的人会作出不尽一致的回答。这里介绍一种供参考。

语境包括：语言因素和非语言因素。

语言因素：指的是言语交际的上下文。

非语言因素包括：说话的背景、情景。

背景包括：百科全书式的知识（常识）、特定文化的社会规范、特定文化的会话规则以及交谈双方之间的关系、熟悉程度等。

情景包括：交谈的主题、交际的正式程度、交际的时间、地点。

需要提醒的是，我们往往认为语境是静态的，其实它是动态的；在和对方交际时，我们对语境的知识是在不断地调整的。

### 三、会话合作原则

在日常生活中,针对别人提出的问题,我们一般是你问我什么方面的问题,我就回答什么方面的问题。例如:

(5) A:你中午吃的什么?

　　B:馄饨。

B 这样的回答,就很正常,B 是合作的;如果 B 回答说:"明天可能要下雨。",就答非所问,不正常,这样的回答是不合作的。

**合作原则**(Cooperative Principle, CP)是美国语言哲学家格赖斯(H. P. Grice)提出的。他认为,人们的言语交际总是互相合作的,谈话双方都怀着一个共同的愿望:双方话语都能互相理解,共同配合。因此,他们都遵守着某些合作原则,以求实现这个愿望。简单地说,**合作原则**指的是交际双方为了使言语交际能顺利进行下去以便能达到某种交际目的而采取的共同配合、互相合作的态度。当然,有时说话人为了说谎或因为其他缘故而故意违反合作原则。

合作原则包括以下四个范畴:

第一,数量准则(Quantity Maxim)

　　A.所说的话应包含交谈目的所需要的信息;

　　B.所说的话不应包含超出需要的信息。

数量准则,简单地说就是,为了成功地交际,需要向听话人提供适量的信息,不多也不要少。

第二,质量准则(Quality Maxim)

　　A.不要说自知是虚假的话;

　　B.不要说缺乏足够证据的话。

质量准则要求说话人向听话人提供可靠的信息。

第三,关联准则(Relation Maxim)

　　说话要贴切,要有关联,不答非所问。

关联准则要求说话人所说的话要与当前的话题相关。

第四,方式准则(Manner Maxim)

　　A.避免晦涩;

B.避免歧义；

C.避免啰唆；

D.要有条理。

方式准则要求说话人说话要简洁、明了。

这四条准则中的前三条与人们在交谈时"说什么"这一问题有关，第四条则与"怎么说"这个问题有关。其中，"关联准则"是最基本、最重要的一条。

**四、合作原则的违反与会话含义的推导**

会话含义的产生与对合作原则的违反有关。合作原则的违反有几种情况：一是"说谎"类，这是有意违反"质量准则"。诈骗者在骗人时说的话就是谎话。二是"无可奉告"类，交谈对方不愿合作，这在记者采访、审讯犯人时经常碰到的一种现象；三是"冲突"类，说话人主观上愿意合作，但他面临着一种冲突：为了维护一条准则，他不得不违反另一条准则。这种冲突往往发生在数量准则和质量准则之间。例如：

（6）A：Where does Professor Zhu live?

（朱教授住在什么地方？）

B：Somewhere in the suburbs of the city.（答话人确实不知确切地址）

（住在市郊的某个地方。）

（7）A：老张明天什么时候动身？

B：明天上午。（确实不知道具体的时间）

例（6）中，根据合作原则，B应该详细地告诉A朱教授的住址，这样才符合数量准则的要求；但B又确实不知道朱教授的确切住址，不能想当然地说，否则就违反了质量准则。例（7）类似。

四是，说话人有意不去遵守某一准则，听话人也知道，而且知道对方是合作的，只有在这种情况下才会产生会话含义。

可见，会话含义是在遵守合作原则的前提下有意"违反"合作原则的情况下产生的，这是对合作原则的表面违反，与前三种情况不一样。对合作原则的任一准则的违反,都会产生会话含义。

**1. 数量准则的违反**

在一个电视节目中,我看到这样的情景:夫妻俩都是著名演员,有记者对男方进行采访,问他们的夫妻关系怎样。做丈夫的回答说:她是一个很优秀的演员,她对孩子也照料得很好,是个好母亲。完了。丈夫的回答,从数量准则来看,他没有向记者提供足够的信息,违反了数量准则。如果你是这位记者,你能从中获取什么信息吗?

格赖斯(Grice)曾经提供这样一个例子:某学生请他以前的哲学教授给他写一封证明信,证明他在哲学方面的学历,因为他正在申请一份要求一定的哲学学历的工作。这位教授这样写道:

(8) Mr. X's command of English is excellent and his attendance at tutorials has been regular. (X 先生对英语掌握得很好,上课也很正常。)

你觉得这封证明信写得怎么样呢?如果是给你写的,你满意吗?这位教授无疑违反了数量准则,因为他只字不提该生哲学学习方面的情况,因而没有向收信人提供他所期待得到的信息。通过推导,可以得出"该生的哲学学得不怎么样,甚至很差"这一信息,因为,如果学得很好,教授一定在信中提及,没提的往往是不好的。

再比如:

(9) A:你觉得我这篇文章写得怎么样?

B:你的字写得真不错。

(10)(鸿渐)随口问道:"为什么你们的系主任薪水特别高呢?"(子潇答道:)"因为他是博士,Ph.D.。我没有到过美国,所以没听见过他毕业的那个大学,据说很有名,在纽约,叫什么克莱登大学。"(钱锺书《围城》)

例(9)中,答话人所提供的信息量不足,因为,文章的好坏不在于字写得如何,而在于内容、布局和语言表达等方面,恰恰在这些方面,答话人没有提供信息,可见这篇文章写得不好。例(10)则相反,答话人本来说句"因为他是博士,Ph.D"就够了,后面的"我没有到过美国,所以没听见过他毕业的那个大学,据说很有名,在纽约,叫什么克莱登大学。"完全是多余的信息。但通过这,我们可以推导出"答话人对这个博士学位表示怀疑"这一含义。

**2. 质量准则的违反**

这种情况违反了质量准则中的"不要说自知是虚假的话"这一条。我们看看文学作品中的一个例子：

（11）（马千里让胡江龙帮他找个人，他在一个酒店包间等他要找的人）

马千里双手抱胸，对着门坐着，嘴抿得很有力量。桌上放了几样小菜。

（胡带着找来的人见马）

<u>一起坐</u>。马千里对胡江龙说。

不不不，胡江龙识相地说，你们用，<u>我还有事</u>。（祁智《亮相》）

马千里和胡江龙都违反了**质**的准则，因为马要与来人谈极其秘密的事，当然不希望有第三者在场。胡知道马的"邀请"是不真诚的，如果直接拒绝则是不礼貌的，因此假托有事。正因为如此，才说胡江龙"识相"。

（12）鸿渐道："我们那天没讲你的坏话罢？"

柔嘉瞥她一眼道："……<u>我以为你是好人，谁知道你是最坏的坏人</u>。"（钱锺书《围城》）

这是他们婚后不久在返乡途中所说的话。如果柔嘉真的认为方鸿渐是"最坏的坏人"，她会嫁给他吗？可见这是假话，是违反了质量准则的。但这种假话不是为了欺骗对方，这是两口子之间的撒娇语而已。

反语、夸张等属于这一类。例如：

（13）您多了不起呀！大英雄，大美人，空前绝后，万世之楷模，伟大，伟大，伟大到不能再伟大了！

（14）妻子站在秤上高兴地对丈夫说："亲爱的，快来看，我体重少了两公斤。"

"亲爱的，那是因为你还没化妆。"

有时违反质量准则能取得幽默的效果：

（15）Aunt: Won't you have another piece of cake, Tommy?

（阿姨：汤米，你不再吃一块蛋糕吗？）

Tommy: No, I thank you.
（汤米：不吃了，谢谢。）
Aunt: You seem to be suffering from loss of appetite.
（阿姨：你好像食欲不太好。）
Tommy: That ain't loss of appetite. What I'm suffering from is politeness.
（汤米：不是食欲不好，我是出于礼貌。）

出于礼貌，Tommy 起初违心地说不需要"蛋糕"了。Aunt 以为，孩子是不会说假话的，而且正常情况下应该吃得更多一点。既然不再吃了，大概是"食欲"有问题。所以，听到 Aunt 的第二句话，Tommy 就着急了，道出了真言。

再看下面的例子：

（16）陈毅同志当外长时曾主持过一次谈国际形势的记者招待会。谈及美制 U-2 型侦察机骚扰我领空的事情。有个外国记者趁机问道："外长先生，听说中国打下了这架侦察机，请问是用什么武器打下的？是导弹吗？"只见陈毅用手作了一个用力往上捅的动作，说："我们是用竹竿子捅下来的。"惹得与会者捧腹大笑。（张健鹏、胡足青主编《故事时代 小故事中的大智慧·用竹竿捅飞机》）

陈毅有意违反质量准则，不仅达到了保密的目的，还取得了幽默的效果。

### 3. 关联准则的违反

前面在讲到间接言语行为时，举过这样的例子：

（17）甲：小李，看电影去怎么样？据说这部电影不错。
　　　乙：明天上午一、二节课我有课，还没准备。

从会话合作原则来看，乙的回答似乎与甲的问话不相干，不符合关联准则的要求。但听话人甲知道乙的回答是合作的，乙的答话是另有意义的。实际上，乙的答话的含义是婉言谢绝甲的邀请。再如：

（18）（背景：余纯顺独自冒险去考察，想徒步穿越罗布泊）
　　　记者：您怕死吗？
　　　余：我离开家的时候，没有带钥匙。

根据会话合作原则，余纯顺的回答要么是"有点儿怕"之类，要么是"不怕"，这样才符合相关准则。而余的回答似乎与问话不相干。实际上，余的答话的含义是"我不怕死"，这一含义可以这样推导：人要回家，必须要用钥匙开门；一次正常的旅行，无论时间有多长，总归要回来的；既然有意不带钥匙，他就是没准备要回家；况且他深知这次旅行是很危险的。

再看张弦《银杏树》中的一个例子：

（19）（常雁）"这张照片照得挺好，哪年照的？"

"您……您累了，早点休息吧！"莲莲放下木盆，背过身，去铺床。

"你爱人，姚敏生……在哪儿工作？"

"哦，……山里夜间凉，再加上一床毯子吧！……"她打开柜门，取出毯子，转来转去忙个不停。

莲莲一直违反关联准则，就是不愿意告诉常雁的有关问题。

### 4. 方式准则的违反

赵元任在《科学名词跟科学概念》一文[①]中有这样一段话：

（20）要挂科学家的科学招牌，最要紧的是会用满口的科学名词。假如你说"我要一杯热开水"，你的说话就太"不科学的"了，你非得要说"我要二百五十西西的氢二氧，它的温度须要达到过沸点，并且要维持着比较的高温度"。

例（20）反映的是说话方式的问题。放弃明明白白的话不说，偏要选择晦涩的表达。说话者之所以要这样，当然有他的考虑。比如说，故弄玄虚，显示自己有学问。

违反方式准则，会产生某种会话含义。前面讲间接言语行为时举的例（1），从会话合作原则的角度来看，违反了方式准则。为便于阅读，重述如下：

（21）你说："春天的杭州肯定很漂亮。"他说："想象不出。"你说："听说大连的海鲜很不错。"他说："是不错。"

然后就没了下文！

---

[①] 参阅：叶圣陶《文章例话》，第47页，上海文艺出版社，1999年版。

……

如果你对他说,刚才看到的那个红色手袋很漂亮,他也会点头称是,却想不到你在提醒他把这个手袋作为礼物送给你。(杂志《都市丽人》)

例(21)中,"你"所说的这些话当然不是对相关东西的评价,而是通过违反方式准则传达她的真正意图:我想去杭州玩儿;我想吃大连的海鲜;我想要那个红色的手袋。听者如果不是有意装糊涂,那他就没能理解说话者的意图。多让"你"失望啊!

前面谈到对数量准则的违反时所举的提供多余的信息的例子,从方式准则的角度看,违反了"避免啰唆"这一条。再看看几个英语方面的例子:

(22) A: Let's get the kids something.

(我们给孩子买点吃的吧。)

B: Okay, but I veto C-H-O-C-O-L-A-T-E.

(好的,不过我反对买 C-H-O-C-O-L-A-T-E)

(23) Miss X produced a series of sounds that correspond closely with the score of " Home, Sweet Home"

(X小姐发出了一串声音,跟《家乡,可爱的家乡》那首曲子接近。)

(24) A: Name and title, please?

(请问姓名?怎么称呼?)

B: John Smith, Associate Editor and Professor.

(约翰·使密斯,副主编、教授)

例(22、23)跟"晦涩"有关。例(22)之所以不直接说出 chocolate(巧克力),是因为直接说的话,孩子听了反而要 chocolate;例(23)中,最直截了当的表述应该是 sang(唱),但说话人没有用这个词,其含义是"X唱得很糟"。例(24)跟"歧义"有关,因为 editor 是副的,professor 不一定是副的,这样面子上或许好看些。

违反方式准则有时也能取得幽默的效果,例如:

(25) 警察:你偷过东西吗?

小偷:时而。

警察：在哪里偷过？

小偷：各处。

警察：好吧，先把你关起来。

小偷：几时放我出去？

警察：**迟早**。

例（25）中，警察回答的"迟早"，语义模糊，违反了方式准则，以造成幽默的效果。

上面我们为了讲述和理解的方便，把对会话合作原则的违反分开来说的。下面我们来看看一个综合的例子：

（26）（背景：姚玉卿，女，著名电影演员，因角色需要，她拜方之秋为师学戏，一段时间以后，他们在喝咖啡时的对话）

方：姚小姐，是不是学戏比拍电影还要累？（1）

姚：跟你学戏就不是，不过，要总是这样坐着喝咖啡会更好。方先生，如果我们总能这样，不好吗？（2）

方：我很抱歉。（3）

姚：是不是你已经结婚了？（4）

方：不，不，不。我已经订婚了，是我师傅的外孙女……（5）

姚：你爱她，是吗？（6）

方：我师傅对我很好。（7）

（电视剧《情陷上海滩》第3集）

上例中，第2句对第1句的回答，其实说句"学戏不累"就够了，但姚还说了其他的话，违反了数量准则，其会话含义显而易见：姚对方有好感，已经爱上他了；第3句与第2句之间似乎不搭界，违反了关联准则，但方的含义是"我不能爱你"；第4句与第3句之间似乎也违反了关联准则，实际上，姚的问话表明她已领会了第3句的含义；第5句违反了数量准则，方的答话的含义是：我虽然只是订婚，但她是我师傅的外孙女,所以不能退婚,因此,我不能和你结婚;从方的答话(第5句)中,姚读出了这样的信息:方并不爱他师傅的外孙女,否则会说"我很爱她"之类的话,或夸她几句,于是就问了第6句;第7句没有正面回答"爱"或"不爱",违反了关联准则,但含义是:我并不爱师傅的外孙女,我和她订婚,只是出于师傅的情面。可见,看起来不相关的句子,实际上是非常相关的,他们在"谈情说爱"。

再看下面的例子:

(27)(一个妻子偶然看见她丈夫和一个花枝招展的女人在喝咖啡,丈夫回家后两个人的对话)

妻子:你去哪儿了?

丈夫:约了一个作家啊,见一个作者啊。

妻子:在哪儿?

丈夫:一个咖啡厅。

妻子:男的女的?

丈夫:老太太。

(电视剧《浪漫向左,婚姻往右》第1集)

如果不考虑实际情况,仅仅从对话本身来看,这段对话有没有违反会话合作原则呢?要是违反了,违反了什么准则?说话人为什么要违反这样的准则?请试着自己分析一下。

合作原则的提出解释了话语的字面意义和它的实际意义之间的关系,解释了会话含义是怎样产生和理解的,但它却没有解释:在言语交际过程中,人们既然要遵守合作原则,为什么又要故意违反这一原则,采取拐弯抹角的方式而不是采取直截了当的方式进行?

## 第三节 会话中的礼貌原则

针对上述问题,利奇(G. Leech)等人提出了"礼貌原则"

(Politeness Principle)①。

我们来看一个例子：

（1）A：How do you like my painting?

（你觉得我的绘画怎么样？）

B：I don't have an eye for beauty, I'm afraid.

（我想我没有这种鉴赏能力。）

B 或许对绘画很有鉴赏能力，在这种情况下，B 就是在说谎，就是在违反质量准则。说谎的目的当然不是骗取对方什么财物，而是为了恪守礼貌原则。如果 A 的画画得很好，B 也就用不着说谎；B 之所以说谎，显然是由于 B 的画画得不好，这种情况下如果直言，肯定会损害 A 的面子，这就与礼貌原则背道而驰了。可见，**礼貌原则**是指在交际中对交际对方采取的一种比较得体的礼貌表达方式。

一、礼貌原则及其准则

利奇效法格赖斯的会话合作原则，把礼貌原则分成六大准则，每一准则下有两条次准则。

第一，**得体准则**（Tact Maxim）：减少表达有损于他人的观点。

A. 尽量少让别人吃亏；

B. 尽量多使别人得益。

例如（带*号的句子为不够礼貌的句子，下同）：

（2）A. Could you lend me your car?（你可以把车子借给我吗？）

B. * You must lend me your car.（你必须把车子借给我。）

（3）A. 毕业这些年你有空写点文章吗？

B. *毕业这些年你发表过文章吗？

就例（2）来看，向别人借车是有求于人，B 句的语气非常强硬，好像别人该把车借给你似的，所以是不得体的；A 句则不然，它是个问句的形式，借车者在征求你的意见，你有回旋的余地，因而是得体的。例（3）中，假如听话人因水平问题没发表什么文章，B 句的问话就非

---

① Leech, Geoffrey 1983 *Principles of Pragmatics*, London: Longman.

常让人尴尬；A 句则不然，问话者问的是你有没有空写文章，即使你因水平问题写不出文章，你也可以用"没空"来遮羞而不至于丢面子；可见，A 句得体，而 B 句不得体。

第二，**慷慨准则**（Generosity Maxim）：减少表达利己的观点。

  A. 尽量少使自己得益；

  B. 尽量多让自己吃亏。

例如：

（4）A. You must come and have dinner with us.（你们一定来和我们一起吃饭。）

  B. * We must come and have dinner with you.（我们一定来和你们一起吃饭。）

（5）A. 我们一起吃饭去吧，我请客。

  B. *我们一起吃饭去吧，你请客。

例（4、5）中的 B 句，都是让别人请自己吃饭，这显然是让自己得益，而让别人吃亏，违反了慷慨准则，因而是不礼貌的；A 句相反，它们都符合慷慨准则，所以是礼貌的。

第三，**赞誉准则**（Approbation Maxim）：减少表达对他人的贬损。

  A. 尽量少贬低别人；

  B. 尽量多赞誉别人。

例如：

（6）A. 你的歌唱得不错。

  B. *你的歌唱得真难听。

例（6）中，A 句是赞誉别人，B 句则是贬损别人，可见，前者符合礼貌原则，而后者不符合。如果有日本人夸你说："日本語が上手ですねぇ"（你日语很棒啊）你千万不要当真，即使你真的觉得自己的日语还可以。

第四，**谦逊准则**（Modesty Maxim）：减少对自己的表扬。

  A. 尽量少赞誉自己；

  B. 尽量多贬低自己。

例如：

（7）甲：What a bright boy you are! You always get full marks.
（你真是一个聪明的孩子！考试总是得满分。）

乙：A. Thank you. I have good teachers.（谢谢，因为我有好老师。）

B. * Yes, I am, ain't I? （是的，不是吗？）

对例（7）的问话，A 句的回答，把自己取得的成绩归功于老师，符合谦逊准则，因而是礼貌的。B 句则不然，它渗透着说话人的洋洋自得之意，显得很不谦虚，因而不符合礼貌准则。

第五，**一致准则**（Agreement Maxim）：减少自己与别人在观点上的不一致。

A. 尽量减少双方的分歧；
B. 尽量增加双方的一致。

例如：

（8）甲：The dress she is wearing is beautiful, don't you think?
（你不认为她穿的衣服很漂亮吗？）

乙：A. Well, I like the color. （嗯——，我喜欢这种颜色。）

B. * I don't think it's beautiful at all.
（我觉得这衣服一点也不好看。）

（9）甲：她挺美的。

乙：A. 她身材挺不错的。

B. *我没看出她美在什么地方。

例（8、9）中的 A 句，答话人虽然不同意发话人的观点，但为了求得一致准则，答话人采取部分同意的办法，尽量减少双方的不一致。相比之下，B 句中，答话人的观点与发话人的完全对立，违反了一致准则，所以是不礼貌的。

第六，**同情准则**（Sympathy Maxim）：减少自己与他人在感情上的对立。

A. 尽量减少对他人的反感；
B. 尽量增加对他人的同情。

(10) 甲：I lost my kitten last week and I still can't get over it.
（我上周把小猫给丢了，到现在还很难过。）

乙：A. I'm sorry to hear that.（真遗憾）

B. *So we won't be annoyed by that nasty animal any more.
（这么说，我们不再会为那讨厌的猫而烦恼了。）

例（10）中，发话人为丢了一只心爱的猫而难过了好几天，对此，A 句的答话表示了同情，符合礼貌原则；B 句的答话则不然，它表现出幸灾乐祸的样子，丝毫没有表示出对对方的同情，因而是不礼貌的。

需要一提的是：

第一，礼貌原则中所说的"吃亏""得益"并不一定就是指物质上的，其所指非常广泛。如果我请你把报纸递给我，对你来说不过是举手之劳，物质上并没有任何损失，因而也谈不上吃亏。但是从礼貌原则来看，你仍然付出了劳动，是受损一方，而我则从中受了益。一般说来，一方受益，另一方就要受损。不过这不是绝对的，一方受益而另一方并不受损的情况也是存在的，比如别人生病了，你建议他去看医生。

第二，合作原则的违反，有时确实与礼貌问题有关，但我们也必须看到，礼貌原则的遵守并不总是要通过对合作原则的违反，违反合作原则也并不总是出于礼貌的需要。

那么，在日常交际（包括言语交际）中，为什么需要恪守礼貌原则呢？

### 二、面子问题

对上述问题的回答是：给对方留面子！国人对面子问题感受之深恐怕是其他民族的人难以比拟的。不过，很多国人要保全的、要争的是自己的面子，而不是他人的面子；而且也往往不是体现在语言方面。从语言的角度看，给对方留面子的目的是能使交际顺利地进行，从而达到自己的交际目的。

有人把面子分为两类：一类是**消极的面子**，即希望不要被对方反驳；另一类是**积极的面子**，即希望得到对方的同意、认可或者赞许①。

既然如此，我们在进行日常言语交际过程中，在非原则性方面，尽可能避免与对方发生观点上的冲突，尽量避免给对方造成思想上的压力或减轻对方思想上的压力；尽可能寻找与对方观点一致的地方，尽可能"发掘"对方的优点并加以赞扬。

我们来比较一下下面几个句子：

（11）老金同志，您看把这个文件抄它两份好不好？咱们下午三点用！（邓友梅《双猫图》）

（12）老金，把这个文件抄两份，下午三点用。

（13）把这个文件抄两份，快点！

例（11）是康孝纯，一个科长，给他下属布置任务时说的话。就他们两人之间的关系来说，康孝纯完全可以说成例（12），甚至像例（13）那样也不为过。但是，将这三句比较一下不难看出，例（11）透露出的是对别人的尊重：在"老金"后加上"同志"；称呼上用"您"；语气上用商量的口气"……好不好？"；"咱们下午三点用"委婉地表达了完成任务的时间节点。对别人的尊重就是给对方留有面子，对方对你自然也就有好感。相比之下，例（13）就缺少对别人的这份尊重，虽然没有达到颐指气使的程度。

我们看看钱锺书《围城》中的一个例子：

（14）（孙太太）叹气道："他爸爸在下面赌钱，还用说么！我不懂为什么男人全爱赌，你看咱们同船的几位，没一个不赌得昏天黑地。赢几个钱回来，还说得过。像我们孙先生输了不少钱，还要赌，恨死我了！"

苏小姐听了最后几句小家子气的话，不由心里又对孙太太鄙夷，冷冷说道："方先生倒不赌。"

孙太太鼻孔朝天，出冷气道："方先生！他下船的时候也打过牌。现在他忙着追求鲍小姐，当然分不出功夫来。人家终身大事，比赌钱

---

① 可参阅陈融《面子·留面子·丢面子》，原载《外国语》1986 年第 4 期；又束定芳主编《中国语用学研究论文精选》，上海外语教育出版社，2001 年。

要紧得多呢。我就看不出鲍小姐又黑又粗，有什么美，会引得方先生好好二等客人不做，换到三等舱来受罪。我看他们俩要好得很，也许船到香港，就会订婚。这真是'有缘千里来相会'了。"

苏小姐听了，心里直刺得痛，回答孙太太同时安慰自己道："那绝不可能！鲍小姐有未婚夫，她自己跟我讲过。她留学的钱还是她未婚夫出的。"（钱锺书《围城》）

上述这段话，从礼貌原则角度讲，孙太太和苏小姐都违反了"一致准则"：孙太太说男人都好赌，苏小姐反驳说方先生不赌，孙太太又反驳苏小姐说方先生赌过，现在不赌是另有原因；孙太太说鲍小姐要与方先生订婚，苏小姐又提出不同看法——"那绝不可能！"。另外，孙太太还违反了赞誉准则，说鲍小姐"又黑又粗"，同时又贬损了方先生——没有眼力，否则怎么会喜欢鲍小姐呢。如此争来争去，双方都失去了面子。好在她们只是临时在一起（在船上），要是邻里之间、朋友之间这样争来争去，那就"话不投机半句多"了，势必会有伤和气的。

再看《围城》中的另一个例子。苏文纨仿照别的诗自己写过一首诗，有个叫"王尔恺"的官员想讨好苏小姐，就把她的那首诗抄在一把折扇上送给苏小姐。苏文纨的表妹唐小姐知道此事。方鸿渐不知道实情，看到扇子上的这首诗，以为是王尔恺写的，就直言不讳地评说道："不得了！这首诗是偷来的。""至少是借的，借的外债。""咱们在欧洲文学史班上就听见先生讲起这首诗。"如此评论，又当着他人的面，特别是苏的表妹唐小姐的面，让苏小姐多失面子啊！苏小姐又羞又气，那是在所难免的。于是，当方鸿渐"告辞先走"时，"苏小姐也没留他"。方鸿渐觉得不对劲。事后，他从唐小姐之口获知真相。不得了！赶紧想个补救办法。于是写了这样一封信："昨天承示扇头一诗，适意有所激，见名章隽句，竟出诸伧夫俗吏之手，惊极而恨，遂厚诬以必有蓝本，一时取快，心实未安。叨在知爱，或勿深责。"在这封短信中，他说这首诗是"名章隽句"，自然是"赞誉"；况且他是"惊极而恨"，是羡慕嫉妒恨的结果，所出之言并非本意。苏文纨读了这信之后，给鸿渐打电话。接下来的对话是：

(15)(鸿渐)"这儿是周家,你是什么地方呀?"只听见女人声答道:"你猜猜看,我是谁?"鸿渐道:"苏小姐,对不对?"

"对了。"清脆的笑声。

"苏小姐,你收到我的信没有?"

"收到了。你这人真孩子气,我并不怪你呀!你的脾气,我哪会不知道?"

"你肯原谅我,我不能饶恕我自己。"

"吓,为了那种小事犯得着这么严重么?我问你,你真觉得那首诗好么?"

方鸿渐竭力不让脸上的笑漏进说话的声音里道:"我只恨这样好诗偏是王尔恺做的,太不公平了!"

"我告诉你,这首诗并不是王尔恺做的。"

"那么,谁做的?"

"是我做着玩儿的。"

"呀!是你做的?我真该死!"……

"你说这首诗有蓝本也不冤枉。……据你讲,德文里也有这个意思。可见这是很平常的话。"

"你做得比德文那首诗灵活。"

"你别当面奉承我,我不相信你的话!"

"这不是奉承的话。"

"你明天下午来不来呀?"

方鸿渐忙说"来",听那面电话还没挂断,自己也不敢就挂断。(钱锺书《围城》)[①]

在上述对话中,方鸿渐不惜违反质量准则,同时又责备自己、贬损自己,竭力让苏文纨相信那首诗写得好,说得苏文纨心花怒放。可见,在日常言语交际中,恪守礼貌原则多么重要啊!

---

[①] 钱锺书《围城》,第72-78页,人民文学出版社,1997年版。

## 三、礼貌原则的其他问题

既然礼貌原则是会话中的一种基本原则，我们在日常言语交际过程中就应该注意遵守礼貌原则。那么，礼貌原则体现在哪些方面呢？运用礼貌原则需要注意哪些问题呢？

### 1. 礼貌原则的体现

我们可以从不同的方面看礼貌原则的表现形式。一是态度方面，有两种不同的方式，或抬高别人以示尊敬，或贬低自己以自谦。这两种不同方式最终还是要落实到语言形式方面。这就涉及第二个方面，即语言表达形式方面。这有两种表达方式：通过词语形式或者语法形式来表示。

词语方面。就现代汉语而言，这方面不是很丰富，但有一些。比如人称代词"您"就是对对方的尊称。称对方的住处为"华居"，而称自己的住处为"寒舍"；称对方的论著为"大著""大作"，而称自己的论著为"拙著""拙稿"。比较而言，日语在这方面就丰富得多，需要尊重他人时就必须使用敬语，表示他人的行为用尊敬形式，表示自己的行为用自谦形式。试比较：

|  | 普通表达 | 敬语表达（尊敬） | 敬语表达（自谦） |
| --- | --- | --- | --- |
| 吃： | 食べる | 召し上がる/上がる | いただく |
| 喝： | 飲む | 召し上がる/上がる | いただく |
| 来： | 来る | いらっしゃる | 参る |
| 去： | 行く | お出（い）でる | 参る |
| 在： | いる | いらっしゃる | おる |
| 说： | いう | おっしゃる | 申す/申し上げる |

例如：

（16）先生は毎日お酒を**上がり**ますか。（老师每天喝酒吗？）（尊敬）

（17）おいしくお食事を**いただき**ました。（我美美地吃了一顿。）（自谦）

（18）あしたはきょうしつに**いらっしゃい**ますか。（您明天在教室吗？）（尊敬）

（19）半年前からずっと上海に**おり**ます。（从半年前开始我就一直在上海。）（自谦）

语法形式方面。日语中，为了表示对对方或者句子中主语的尊重，还可以通过一定的语法形式来表示。最常见的是です（简体：だ）、ます（简体：动词终止形）、お（ご）……になる、お（ご）……なさる。例如：

（20）彼は日本人**だ**。（他是日本人）

（21）彼は日本人**です**。

（22）彼は明日大阪に**帰る**。（他明天回大阪。）

（23）彼は明日大阪に**帰り**ます。

（24）先生はまだ**お帰りになって**いません。（老师还没回来/回去。）

（25）何を研究**なさって**いるのですか。（您在研究什么？）

**2. 运用礼貌原则需要注意的问题**

2.1 礼貌原则的级别性

交际中的语言，不仅有礼貌与非礼貌之分，而且在礼貌语言内部也存在礼貌的等级问题。这种级别性体现在语言的形式和话语的内容两个方面。

从语言形式看礼貌的级别，最好的比较方式就是看在表达同样的意图时，语言形式上有什么不同。这点在英语中表现极为明显。例如：

（26）Lend me your bike.

（27）I want you to lend me your bike.

（28）Will you lend me your bike?

（29）Can you lend me your bike?

（30）Would you mind lending me your bike?

（31）Could you possibly lend me your bike?

上述例子同样是"向别人借自行车"，但在礼貌的级别上有所不同。例（26、27）是不礼貌的，例（28—31）虽然都是礼貌的表达，但在礼貌的程度上呈现出越来越强的趋势。

日语中的祈使句也有礼貌级别的差异。例如：

（32）もっと早く帰ってくれ。（再回来早一点。）

（33）ゆっくり休みなさい。（请好好休息。）

（34）ちょっと見せてください。（请让我看一下。）

从话语内容看礼貌的级别，我们可以看看不同的内容用相同的语言形式表示时情况如何。试比较：

（35）Peel these potatoes.（把这些土豆皮削掉。）

（36）Hand me the newspaper.（把报纸递给我。）

（37）Sit down!（坐下！）

（38）Have another piece of cake.（再吃一块蛋糕。）

上述例子都是祈使句，祈使句一般是用来请求别人办事的，这就得让对方吃亏。而礼貌原则中的慷慨准则是要求多让别人得益，多让自己吃亏。因此，对方越得益，自己越吃亏，话语的礼貌程度就越高。得益与否，吃亏的大小如何，都随着话语内容的不同而不同，礼貌的程度也就因此而有所变化。例（35、36）都是让对方吃亏，但比较起来，前者吃亏的程度要大些，显得不礼貌；后者虽然谈不上礼貌，但也并没有感到不礼貌。例（37、38）都是对方得益，因而都是礼貌的；不过后者得益更多，礼貌程度也就高些。

### 2.2 礼貌原则的合适性

礼貌原则的合适性表现在运用礼貌原则时要根据具体语境的要求，确定礼貌级别。在日常交际过程中，从语言形式来看，并不是形式上越礼貌的语言就越好。具体地说：

A. 根据谈话内容确定合适的礼貌方式。请人做一件小事就不宜用过于正式的礼貌程度高的语言。比如，请别人给你递一份报纸，为了表示礼貌，说声"Hand me the newspaper, please！"即可。如果要说成"Could you possibly hand me the newspaper?"反而不合适。

B. 根据谈话对象确定合适的礼貌方式。谈话双方有年龄上的长幼、文化程度的高低、熟悉的程度等方面的不同，因而在选择礼貌语言形式时要考虑这些差异。比如夫妻之间或好朋友之间一般不会听到下面的句子，除非为了开玩笑：

（39）I wonder if I might ask you about your promise to go out and have dinner with me.

（我不知道我是否可以问问你是否答应和我一起出去吃饭。）

有个中国导游，接待日本的旅游团，跟游客打招呼说："おはようございます。"（您好！）这些游客也回应道："おはようございます。"但第二天，不知这个导游是出于"套近乎"还是其他缘故，跟这批游客说："昨夜は、よく眠れた？"（昨天晚上睡得好吗？）这些游客面面相觑，无人作答。① 原因在于，"よく眠れた？"是个很随便的表达方式，对陌生人或者对顾客用这样的形式非常不得体。无独有偶，据报道，在德国，一个卖水果的妇女为了与警察"套近乎"用了个表示亲切的称呼"du（你）"而没有用表示礼貌的称呼"sie"而被罚了款。② 可谓事与愿违，适得其反。

正因为语言形式礼貌级别的差异会因对象的不同而有所变化，所以我们可以利用这点来反观谈话双方之间的关系。试比较：

（40）Mind if I smoke?（上对下，或，熟悉、平等关系）

（41）Excuse me, sir, would it be all right if I smoke?（下对上，或，不平等关系）

此外，有时我们还要根据谈话场合的不同确定合适的礼貌方式。

2.3 礼貌原则的民族性

礼貌原则的民族性是指不同民族对"什么是礼貌的"这一问题的看法可能存在差异。例如，谦逊被普遍看作是礼貌的表现，但在中西文化中，这种礼貌原则的差异有时是很大的。有人用英语赞美你的时候，你会怎么回话？按照汉语的习惯，说"我的歌唱得一点儿也不好""不，不，我的衣服一点儿也不好看"之类，这符合谦逊准则。但是，如果用英语回答的话，这并不礼貌，因为这违反了一致准则（从另一

---

① 参见：沈国威 2011《请离我远一点：日语的敬体与简体》，载于彭飞等《88人畅谈 学地道的日语》，大连理工大学出版社。

② 参阅：简·爱切生 1997《语言的变化：进步还是退化？》，徐家祯译，第157页，语文出版社。

个角度看,它违反了合作原则中的质量准则,让人觉得虚伪)。在美国,一位年轻的中国女士穿了一件漂亮的衣服,别人夸这衣服。对话如下①:

(42) A: It's exquisite. The colors are so beautiful!(这衣服真雅致,颜色美极了!)

B: Oh, it's just an ordinary dress that I bought in China.(哦,这只是一件很普通的衣服,是我在中国国内买的。)

在这种情况下,说声"Thank you!"才是得体的,用不着谦虚。据说,有个外国人参加中国人的婚礼,新娘子长得很漂亮,这位老外用英语对新郎说他的妻子很漂亮。新郎用英语回答道:"Where, where."老外很纳闷:中国人真怪,夸他妻子漂亮还不行,还要问我她哪里漂亮。于是回答说,她的眼睛、她的鼻子、她的嘴巴,都很漂亮。

2.4 准确领会说话者的意图

如前所述,违反合作原则很多情况下是为了遵守礼貌原则,合作原则中有个质量准则,如果是通过违反质量准则来遵守礼貌原则的话,就需要当心说话者的真正意图了。

有个中国教授在日本访学时就遭遇了这方面的尴尬②。她的一个日本朋友曾经向她发出"邀请"说:"週末には家へ遊びに来てくださいね。"(周末请到我家来玩。)一次周末,这个教授寂寞无奈,就想起前几天这个日本朋友对她的"邀请",于是给那个朋友打电话。以下是他们俩的对话:

(43) 中国人:明日お邪魔してもよろしいでしょうか。(明天我来府上打扰一下方便吗?)

日本人:ああ、そうですか。明日はちょっと〜、ごめんなさい、息子一家が帰ってくるので…(啊,这样啊。明天有点……,很抱歉。因为孩子一家要回来……)

这个日本人的"邀请"显然没有诚意,于是违反了质量准则。我们也不能说这个日本人虚情假意。在日本社会,很多人通过这种方式

---

① 参见:邓炎昌、刘润清 1994 《语言与文化》,第37-38页,外语教学与研究出版社。
② 参阅:范苓《"社交辞令"——难以把握的客套话》,载于彭飞等主编 2011 《88人畅谈学地道的日语》,大连理工大学出版社。

表示礼貌，以维持和谐的人际关系。

不要以为这种现象为日本独有。现代中国社会也有这类现象，我们来看看一个海归博客中的一段话：

（44）那日，刘立带我赴一饭局。席间有一袁姓者，此君虽说身价数亿，言谈举止却儒雅有加，颇似学者。他说他曾在纽约的森林小丘住过，就在奥斯汀街那家著名的匹萨店对面。这让我顿生他乡遇故之感。分手时袁君又说，<u>九兄，过两天请你吃饭，咱再聚</u>。我喜出望外，连声称诺。两天后没动静，再两天仍无消息。我问刘立何故？刘笑翻，哈哈哈，你太傻了。说过两天请你吃饭，只要没定时间地点就是人走茶凉，跟您拜拜呐，您还真等呀？我面红耳赤，恨不得找个地缝儿钻进去。（新浪博客，2010-03-06）

碰到类似上述情况，我们一定要根据语境，准确判断说话者的真正意图，否则，或使自己尴尬，或使自己失望。

总之,到底什么样的表达才是礼貌的？这个问题很难一言以蔽之。礼貌与否，要考虑谈话双方之间的关系，有时要看特定的语境，还要考虑不同民族对礼貌的理解。

### 3. 礼貌原则的冲突

礼貌原则的冲突是指礼貌原则中各准则或次准则在同一话语中可能发生冲突。例如：

（45）甲：你这手字写得真漂亮。

乙：不，不，你过奖了。

如果答话人的字的确写得很漂亮，答话人为了遵守谦逊准则，他只好违反一致准则。反过来，答话人如果要遵守一致准则，他只得说"是的，我的字的确还可以"之类的话，这时他就会违反谦逊准则。例（45）反映了谦逊准则与一致准则之间的冲突。

再比如：

（46）甲：日语比较难学。

乙：是的，不过词汇比较容易记。

答话人前半句说"是的"，这遵守了一致准则，不过后半句又表达了与说话人不一致的看法，于是违反了一致准则。这是一致准则内部的冲突。

### 4. 日常交际过程中不是处处都讲礼貌

礼貌原则和合作原则有时会发生冲突，遇到这种情况，一般情况下应该优先考虑礼貌原则；但是，如果交际双方都把信息交流看作高于一切的话，礼貌原则就可能退居次要地位。如果A家失火了，他不知道，B告诉他，这时就应该直截了当对A说："你家失火了！"；如果这时还要考虑礼貌原则担心直说会引起A精神上的损害，说成"你家气温正在升高"，那真正是愚不可及！看下面一则笑话：

（47）一个严寒的日子，一个急性子人和一个慢性子人围着火炉饮酒畅谈。急性子人的衣服被火烧着了，慢性子从容地说："适有一事见之良久，欲言恐君性急，不言又恐不利于君，然则言之是耶？不言是耶？"性急的人问是什么事。慢性子人慢吞吞地说："火——烧——君——裳。"性急的人随即拉衣起来，恼怒地说："既然如此，何不早说？"慢性子人笑道："外人道君性急，不料果然。"（许明甲编著《文言虚词故事》）

除紧急情况之外，有些情况下也不讲礼貌。汉语中的反问句能很好地体现这一点。

### 5. 如何看待礼貌原则内部不同准则之间的关系

在礼貌原则的六个准则中，"得体准则"容易望文生义，另外五个准则的遵守似乎也与得体有关。所以得体准则宜作一般的理解（在特定的场合说合适的话），看作礼貌原则的总准则，另外五个准则似可看作对这一总准则的具体化。图示如下（图7-1）：

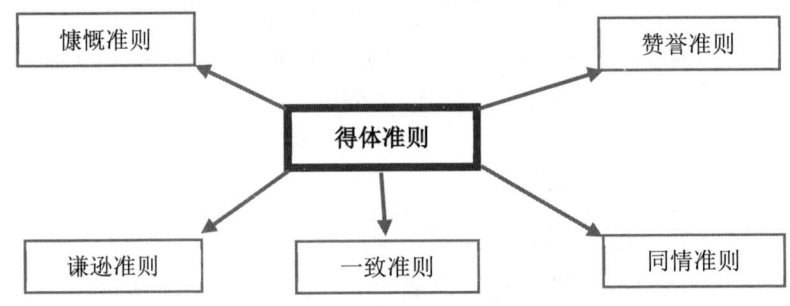

图7-1 不同礼貌准则之间关系图

## 第四节 指示语

### 一、指示和指示语

"明天你到我这里来玩"这句,如果离开具体的语境,我们照样能理解这句话的字面意义;但是我们无法理解这句话的话语意义,因为我们不知道这句中的"明天"指的是哪一天,不知道"你"和"我"指的是谁,也不知道"这里"指的是哪里。但同样是这句话,如果放在特定的语境中,我们就很容易理解这句话的话语意义;这是因为,在特定的语境中,"明天""你""我"和"这里"都有明确的所指,即**指示**。这样看来,仅仅知道句子的意义是无法达到交际目的的,要达到交际目的,必须理解话语的意义,而话语又是与特定的语境联系在一起的。可见,**指示语**(deixis)是直接涉及语言结构和语境之间的关系的。deixis 这个术语来源于希腊语,原意就是"指点或指明"。因此可以说,**指示语**就是表示指示信息的词语。

仔细想想,我们在日常交际过程中是无法离开指示语的。正因为指示语具有这样的性质,所以它最容易被语言学家发现而成为语用学最早的研究对象。语言哲学家巴尔-希勒尔(Bar–Hillel)早在 1954 年就发表论文《指示语》(Indexical Expressions),认定指示语是语用学的研究对象,并把指示语界定为:在不知其使用语境时就无法确定其所指语义的指示词或指示句。

指示语之所以最早成为语用学的研究对象,是因为指示语所涉及的问题是真值语义学难以解决的。话语中指示语的意义只有依赖具体的语境才能得到准确的理解,离开具体的语境,它们的意义就无法确定。"我一小时后到你那儿"这句,离开特定语境,"我""你"和"那儿"的所指固然难以确定,就是"一小时后"是什么时候也无法确定,因为它是以说话的时间为参照点的。只有明确说话的具体时间,才能知道"一小时后"是什么时候。就汉语而言,人称代词"我""你""他"

等，指示代词"这""那"等，时间名词"现在""今天""昨天""明天"等，地点名词"这儿""那儿"等，都是指示语。英语中，除了和汉语中相应的词外，定冠词 the 也有指示功能，但它本身不是指示语。这众多的指示语有个共同的地方，就是都是以"自我"为中心：说话人自己是"我"，说话人的说话时间是"现在""今天"，说话人的说话地点是"这儿""这里"等，其他的指示语都以此为参照，比如偏离了"这里"就成了"那里"。

**二、指示语的用法**

指示语的用法有两种：手势用法（gestural usage）和象征用法（symbolic usage）。**手势用法的指示语**只有在交际的现实场景中借助听觉、视觉、触觉等才能理解，因为在现实场景中，说话人往往通过一定的手势或视线的方向这些副语言特征来指示。不妨看看下面的例子：

（1）这位是赵局长，这位是王总经理，这位是徐秘书。

（2）你擦桌子，你擦窗子，你扫地。

例（1）中的三个"这位"和例（2）中的三个"你"，显然不是指同一个人。如果把现实场景中的这两句话录下来让人去听，听的人将会不知所云，因为他无法知道"这位""你"到底指的是谁。但在现实场景中，它们所指的不同是一清二楚的。

与手势用法不同的是，**象征用法的指示语**在使用时一般没有副语言特征的伴随，对它们进行理解时也无需借助交际时的现实场景，需要知道的往往只是包括交际活动发生的时间、地点在内的更大范围的时间和地点等即可。例如：

（3）傍晚起，本市雨渐止，转多云。

（4）今年5月份，我校将举行田径运动会。

例（3）中的"本市"，只要我们在上海听到这句话，无论在什么地方听到，都能理解这里的"本市"是指"上海市"。例（4）这句话，如果是在2023年听到的，其中的"今年"就一定指2023年；这句话如果是在复旦大学学生之间说的，哪怕说话的地点不在复旦，听话人也能理解其中的"我校"指的是"复旦大学"。可见，作象征用法的指示语只要有个基本的时间和地点作参照即可。

地点指示语，如"这里/这儿"，其所指范围可大可小，如果不清楚这点，可能给理解造成障碍。某电视剧中有个情节，要派医生到建筑工地现场为建筑工人服务，一个女医生去了建筑工地之后，爬到工人所在的很高的塔架上。施工人员问她，这里太危险，你到这里干什么？她回答说，领导让我们到现场为工人同志服务。领导所说的"现场"当然不是这样的现场。再看下面一例：

（5）（颜璞与寒雪关系很好，寒很爱他。颜妻为植物人，住在学校一筒子楼宿舍里，寒帮忙料理。一天晚上，在颜的宿舍里两人的对话）

寒：今晚我不走了。

颜：住哪儿？

寒：就在这儿。

颜：啊？

寒：想哪儿了。我在隔壁有一宿舍，我妈妈调回来了。（电视剧《书香门第》第11集）

这例就涉及指示词"这儿"的理解问题。颜璞问寒雪住哪儿，寒雪回答说"就在这儿"。颜璞为什么吃惊？因为他把"这儿"理解为他的宿舍，只是一个单间的宿舍，植物人妻子还躺在床上，孤男寡女住在这样的宿舍，自然不妥。而寒雪所说的"这儿"是指这个宿舍楼，她妈妈一间宿舍就在隔壁。这例虽然有说话的特定的语境，但他们对"这儿"的指示范围却有不同的理解。

上面所说的指示语都有明确的所指对象，这是指示语的**指示用法**。指示语除了指示用法以外，还可以有**非指示用法**。有些指示语在话语中无需有特定的所指对象，它们所表示的是泛指，这就是指示语的非指示用法。例如：

（6）他整天无所事事，这儿看看，那里瞧瞧。

（7）大家你一言，我一语，叽叽喳喳，没完没了。

（8）今朝有酒今朝醉，管他分配东和西。

例（6）中的"这儿""那里"，例（7）中的"我"和"你"，例（8）中的"他"，都是泛泛而论，没有明确的所指，也无须有明确的所指。

英语中的指示语也有类似的用法：

（9）Keep *your* eyes open wide before marriage, and half shut after marriage.

（结婚前把眼睛睁大一点，结婚后要睁一眼闭一眼。）

（10）*He* who laughs last laughs best. （谁笑得最后，谁笑得最好。）

（11）Three may keep a secret, if two of *them* are dead.

（三个人死掉两个，就能守住秘密。）

上例中的 your, he, them 都不是明确有所指。

语言中还普遍存在着这样一种现象：

（12）10 岁那年，我随父母到了北京，在那儿生活了 6 年，又来到了上海。

（13）昨天我碰到了老王，他现在在一家外资企业工作。

（14）*John* got home very late last night and *he* was tired out.

（约翰昨晚回来得很晚，回来时他精疲力竭的。）

（15）I arrived in *Shanghai* on October 8, and stayed *there* for seven days.

（我 10 月 8 号到达上海，在那儿逗留了 7 天。）

不难看出，上述例子中，"那儿"指"北京"，"他"指"老王"，he 指 John，there 指 Shanghai，这也是一种指示；不过这种指示是语篇内的，一般不把这类现象作为语用学的研究对象。为了把它与语用学上所说的指示区别开来，人们称这种现象为"**照应**"（anaphora）。

### 三、指示语的分类

指示语，根据其所指的性质及其与语境结合情况的不同，大致可分为三种基本类型：人称指示（person deixis）、地点指示（place deixis）和时间指示（time deixis）。

#### 1. 人称指示

**人称指示**指交际双方用话语传达信息时的相互称呼。交际时，说话人一方为第一人称，听话人一方为第二人称，说话人和听话人之外的为第三人称。所以语言中一般都有第一人称、第二人称和第三人称的人称代词系统,而且一般都有表示单数和复数的区别。

正常的交际,说话人和听话人这两方是绝不可少的,但第三方则不然,他(们)可以在交际现场,也可以不在交际现场。人称代词和人称指示语之间虽然有一定的联系,但不能把两者完全等同起来。人称指示语是以说话人为基准的,正在说话的人是"我",听话的人是"你"。在交际过程中,说话人和听话人的角色其实是不断转换的:现在的"我"随着话语角色的转换会变成"你",与此同时,现在的"你"也会随之变成"我"。不了解或不注意人称代词和人称指示语的这种区别就可能出现语用不当的现象,甚至还可能闹出笑话。

学英语的人可能会有这样的体验:把陈述句改为一般疑问句。例如"He is a student."变为一般疑问句就是"Is he a student?"这当然没问题。假如是"I am a student."呢?是不是变成"Am I a student?"呢?从语法上看当然没有问题,不过从语用上看就不妥了。因为这是一个问句,"我"自己的身份自己当然清楚,怎么倒过来还去问别人呢?在这种情况下必须作相应的调整,变成"Are you a student?"。

有这么一个故事:一位希伯来语(Hebrew)教师发现自己把一双舒适的拖鞋忘在家里,于是派一个学生带着他写给妻子的便条去取拖鞋。便条是这样写的:Send your slippers with this boy。学生问老师为什么要写"your" slippers,他说:"哎呀!如果我写'my' slippers,她就会读成 my slippers,而把她的拖鞋送给我。我拿她的拖鞋有什么用呢?所以我写成'your' slippers,她读到 your slippers 时自然就会把我的拖鞋送来了。"这故事有点可笑,可笑就可笑在他的妻子不知道会话角色是会转换的。

人称代词的指示用法并不像上面所说的那么单纯。比较复杂的是复数第一人称。汉语中,"我们"和"咱们"都表示第一人称复数意义,但在用法上有区别:"我们"既可以包括说话人在内,也可以不包括说话人在内;而"咱们"一定包括说话人在内。英语中也有类似的情况:let us 的用法相当于"我们",而 let's 则相当于"咱们"。在学术论文中,人们往往用"我们"代替"我"以示谦虚。但是在谈到过失或缺点时就不宜这样用,否则就是推卸责任了。例如:

（16）？我们踢球时不小心把玻璃踢烂了。（如果是"我"一个人踢烂的话，这样说就不妥。）

有时可以用"我们"来指示第二人称，比使用"你们"要显得亲切。试比较：

（17）A. **我们**考上大学不容易，老师、父母花费了多少心血啊！所以，怎样度过大学的春秋，是值得**我们**深思的。

　　　B. **你们**考上大学不容易，老师、父母花费了多少心血啊！所以，怎样度过大学的春秋，是值得**你们**深思的。

（18）A. 小朋友，吃饭前**我们**先洗洗手。

　　　B. 小朋友，吃饭前**你们**先洗洗手。

比较后不难发现，同样是指示第二人称，如果用"你们"就有教训人的味道。

人称代词的使用有时还有"错位"的现象。例如：

（19）柳依依坐起来，挺直身子说："我就是这个样子，你有话今天全部说出来，明天我就不想听了。"宋旭升站在床前，双手叉腰说："没有一点思想准备，太没准备了。**她**忸怩那么久，我还以为**她**二十大几了，这么沉得住气，真的是个好女孩呢……"（阎真《因为女人》）

（20）讨论了半天，柳依依还是不同意他退职，只能是晚上或周末去做。她说："我不想嫁给一个个体户，哪天**他**$_1$犯错误了，找**他**$_2$的领导都找不到。"宋旭升右手食指按住自己的鼻尖说："**他**$_3$会犯错误吗？"柳依依说："政治错误没资格犯，经济错误没机会犯，别的错误，谁敢说？"（阎真《因为女人》）

例（19）中的"她"和例（20）中的前两个"他"本来应该用"你"的，但没用。因为说的是对方不好的方面，转换人称以达到委婉的效果。例（20）中的第三个"他"应该用"我"，但是顺着对方的说法，也用"他"。

人称指示，除了使用人称代词以外，有时可以用相关的名词来指示。例如：

（21）**宝宝**先睡，**妈妈**一会儿就来。

（22）**老师**的多年教诲，**学生**铭刻在心。

上例中的"宝宝"和"老师"可以分别换成"你"和"您","妈妈"和"学生"可以换成"我",但换过之后交际效果就不一样了：就例（21）而言,小孩在语言习得过程中,对人称代词的习得比较晚,换用人称代词的话,宝宝未必能理解。例（22）当然不存在理解上的困难,但用"老师""学生"而不用"您""我",更突出了师生之情。

### 2. 地点指示

**地点指示**,有的称之为"方位指示""空间指示",它指明话语中所涉及的人或事物的空间位置。人或物体空间位置的确定必须以其他的人或物体为参照点。地点指示是以说话人为中心来参照的：靠近说话人的地方用"这里""这儿",远离说话人的地方用"那儿""那里"；英语中分别用 here 和 there 来指示。例如：

（23）把钢琴放**这儿**,电脑台放**那儿**。

（24）A：你们**这里**这几年怎么样？

　　　　B：凑合吧。你们**那儿**呢？

（25）Put the piano **here**, and the desk **there**.

此外,汉语中的"这""那"和其他名词组合后也可以指示空间位置,英语中的 this 和 that 有相同的功能。例如：

（26）**这**幢楼比**那**幢楼高。

（27）**This** building is taller than **that** one.

汉语中动词"来"和"去"的用法与地点指示有关。其典型用法是：朝说话人方向位移时用"来",偏离说话人方向位移时用"去",因而"来这儿""去那儿"的说法是正常的,而"*来那儿"、"*去这儿"的说法就不正常。

汉语中,地点指示除了用地点名词外,还可以借助方位词"前""后""上""下"等等,例如：

（28）邯郸路的**南面**是文科图书馆,**北面**是复旦校园。

（29）中文系办公室在光华楼西主楼10楼**西侧**,资料室在**东侧**,**上面**是教师研究室。

由上可见,空间上的地点指示都必须有个参照点,不仅如此,如果参照点是物体的话,人和物体的位置关系（面向物体与否）有时会直接影响地点指示;因而人或物体的位置都是相对的,这种相对性有时给交际带来一些麻烦。曾经发生过这么一件事:甲乙两个人约好时间在某商店左边的一家餐馆里见面,结果甲等乙,乙等甲,左等右等,就是等不到对方。事后相互埋怨对方不守信用。原因何在?原来,这家商店恰巧左右各有一家餐馆,甲、乙分别在不同的餐馆等待对方。为什么会发生这种事?这与人跟参照点的位置关系有关:甲、乙两人虽然都以这家商店为参照点,但甲仅仅以参照点本身来参照,而乙则是以面向商店来参照的[①],结果一个到左边的餐馆,一个到了右边的餐馆。

　　从理论上说,要说明两个人或物体的位置关系,可以任意选择其中的一个为参照点。比如 A、B 两人是并排站着的,我们既可以以 A 为参照点说 B 在 A 的右边,也可以以 B 为参照点说 A 在 B 的左边。但语言事实并不总是如此。试比较:

　　(30)A. 猫在汽车的前面 / 书在桌子的上面
　　　　　B. *汽车在猫的后面 / *桌子在书的下面

　　按道理说,(30)中 A、B 是等值的,A 与 B 的差别只是参照点的选择不同。但 B 种说法很奇怪,不能接受。究其原因,这与认知心理有关。我们在认知物体之间的空间位置关系时,在参照点的选择上一般选择凸显度较高的物体。"猫""书"与"汽车""桌子"相比,当然后者的凸显度高,所以只能选择后者作参照点,A 句就是这样,因此能成立;B 句相反,故不能成立。

　　**3. 时间指示**

　　**时间指示**是指交际时话语中所涉及的时间。时间本身是一个非常抽象的概念,人们只是根据生物的生长、发育过程,行为活动处于不同的阶段状态,感觉到"时间"的存在。时间既没有起点,也没有终点;时间也不像空间上的物体那样具体、可感;所以我们无法以时间本身的某一点来作参照。人类语言对时间的种种表示法都是人为的。

---

[①] 当你向别人介绍照片中的几个人时,可能会说:"中间这位是……左边这位是……右边这位是……"你是以什么为参照点的呢?

时间指示常以说话人的说话时刻为依据。例如"现在"指说话的那一时刻,"今天"指说话的那一天,"今年"指说话的那一年。其他的则以说话的时间为参照点往前或往后推算,往前推算则有"过去""昨天""去年",往后推算则有"将来""明天""明年"等。

正因为时间指示要有一定的参照点,所以在日常交际中必须使这个参照点明确;否则会给交际带来不必要的尴尬。只要留心一下我们就会经常发现这样一种现象,如海报、通知类,上面写着"明天上午×点……",下面的落款时间是"即日";或者是"从即日起,在××地方举行为期一周的图书展销活动……",下面无落款。其中的"即日"是哪一日?这一点如果不清楚,我们就非常迷惑了。一些厂商就是利用这一点来欺骗顾客,特别是在食品包装盒或包装纸上,往往只看到"保质期一年"等字样,却怎么也找不到"生产日期"是哪一天。这样就没有确定的时间参照点,因而其产品怎么也不会"过期"。所以,我们在购物时,不仅要注意保质期,更要注意生产日期。

谈论时间指示,必须区分编码时间(Coding Time,简称 CT)和接收时间(Receiving Time,简称 RT)。所谓**编码时间**是指说话人传递信息时进行语言编码的时间;所谓**接收时间**是指听话人收到说话人所发出的信息的时间。在大多数情况下,交际是即时(包括面对面地、电话或者 QQ、微信即时联络)进行的,编码时间和接收时间之间的时间差可以忽略不计。不过有些情况下,编码时间和接收时间之间出现"错位"现象,比如书信交流、广播电视预先录制的节目、重播的节目等。后一种情况下,即编码时间和接收时间不一致的时候,交际时必须特别注意,否则有可能会误事的。笔者曾经犯过这样一个错误。某年 4 月在南京举行语法学研讨会,我的几位同学都参加这次会议。我在南京的师兄写信给我说下个月什么时候在南京开会,要我到时候去南京和同学们见见面。写信日期是 3 月底,我收到这封信的时间已是 4 月份。我读信时没注意写信日期,误把信中所说的"下个月"理解成 5 月份,结果就可想而知了。

言语交际过程中所涉及的时间,有指示性时间和非指示性时间之分。像上面这种以说话人的时间为参照点的就是**指示性时间**。语言中,指示性时间可以用时间名词、副词来表示，也可以通过时态来表示。**非指示性时间**是指以日、星期、月份、季节、年自然周期和钟点为基础来表示的时间，如"2024年""8月""26日""9点钟"等。可见，指示性时间所需要的参照点存在于特定的交际情景之中，离开了特定的交际情景,指示语所表示的时间由于缺乏明确的参照点而无法确定。例如"我明天去北京"这句，如果不知道参照时间，就无法知道"明天"的所指。非指示语所表示的时间则具有相对的独立性，如"我将于2024年11月20日去杭州参加一个学术会议"。

　　语言中虽然同时存在指示性和非指示性时间表达方式，但比较起来，指示性表达方式是基本的。也就是说，它们之间还存在一个优先选择的问题。一般说来，话语所要表示的时间离说话时间越近，就倾向于用指示性表达方式；反之，话语所要表示的时间离说话的时间越远，就倾向于用非指示性表达方式。比如，如果我们在星期一说星期二做什么，我们往往用"明天"，而不用"星期二"；如果要说星期三做什么，则两种表达方式都有可能使用：或说"后天"，或说"星期三"；如果要说星期四做什么，则往往用"星期四"，而不大说"大后天"；要是说星期五、星期六做什么，则只能用非指示性表达方式了。这种现象给我们提了一个问题：为什么语言中有"大前天""前天""昨天""今天""明天""后天"和"大后天"，再往前或往后就没有专门的表示法了？这跟语言理解的邻近性原则有关，应该是一种普遍的语言现象。从类型学的角度看，似乎可以建立这样的一种蕴含关系：

　　大前天/大后天 ＞ 前天/后天 ＞ 昨天/明天

这就是说，如果一种语言里有"大前天"这个词，它就会有"前天""昨天"这两个词；如果有"大后天"这个词，它就会同时有"后天""明天"这两个词，即位于左边的词能蕴含其右边的词。反之，则不一定。例如，一种语言里有"前天"这个词，就能推测它会有"昨天"这个词，但并不能肯定它有"大前天"这个词。

　　指示性时间表达和非指示性时间表达的选择与语体也有一定的关系，语体的正式程度越高，使用非指示性时间表达方式的可能性越大，反之，则越小。请看下列有关新闻报道的例子：

（31）**光明日报酒泉 4 月 23 日电（记者殷泽昊、靳昊）**23 日，神舟十八号载人飞船发射任务组织全区合练。在北京航天飞行控制中心的统一调度下，酒泉卫星发射中心、西安卫星测控中心以及任务各测控站点实施联调联控，全面模拟发射准备、发射以及飞行过程中的各种技术状态和工作过程。（光明网 2024-04-24）

（32）**新华社北京 4 月 27 日电（记者樊曦、张钟仁）**记者从中国铁建股份有限公司了解到，27 日，随着"泉兴二号"盾构机刀盘破土而出，由中铁十四局承建的济南地铁 4 号线一期工程泉城公园站至千佛山站区间双线贯通。该区间是国内首个穿越泉域岩溶区的地铁区间。（光明网 2024-04-28）

例（31）是有关神舟十八号载人飞船发射的报道，消息发布时间是 2024 年 4 月 24 日，电讯时间是 4 月 23 日，这种时间关系本可以用"昨天"指示；更值得注意的是电讯正文中时间表达用的是"23 日"而不是"今天"。例（32）类似。

相比之下，不太正式的消息报道就可能会用指示性时间表达。以下是《文汇报》2012 年 6 月 1 日一则报道的全文：

（33）**本报讯** 昨天，上海铁警将 2 名受骗出走的新疆籍少女交接给她们的父母。此前，2 人遭陌生男子欺骗来到北京，后又辗转逃到上海。2 人在上海火车站附近滞留多日，被上海站公安执勤二大队民警发现并救助。

时间指示语中有历法时间单位和非历法时间单位的区别。**历法时间单位**给每一段时间以一定的名称，一个大的时段由若干个小的时段组成，其起点和终点大都是固定的，而且都是呈周期性循环的。例如，1 年由 12 个月组成，每个月又由一定的日子组成；每年从 1 月 1 日起，到 12 月 31 日止。**非历法时间单位**是指以任意时间为参照点的时间跨度。如，从 2024 年 9 月 1 日到 2025 年 8 月 31 日就是"一年"；从本星期四到下星期三就是"一星期"，这种用法的"年"和"星期"就是非历法时间单位。

当然，表示时间的不限于时间指示语，汉语中"XX 时/前/后"等就是常见的时间表达方式，如：

（34）<u>在学校时</u>，亚萍是班长，他是学习干事，他们之间的交往是比较多的。(路遥《人生》)

（35）<u>高加林回村后</u>，起初每当听见黄亚萍清脆好听的普通话播音的时候，总有一种很惆怅的感觉，就好像丢了一件贵重的东西，而且没指望找回来了。<u>后来</u>，这一切都渐渐地淡漠了。(路遥《人生》)

语言中，除了人称指示、地点指示和时间指示外，还有语篇指示（Discourse or Text Deixis）和社交指示（Social Deixis）。**语篇指示**指的是一句话中某些词语被用于指包含这句话在内的整个篇章的某一部分，或用来表明这句话语和同一篇章中其他话语之间的关系。在语篇指示中，参照点是正在被产生的话语在整个篇章中所处的位置。英语中的 the last paragraph、the following sentence 就是这类指示语。**社交指示**是指语言结构中能反映语言使用者的身份和相对社会地位的那些词语和语法范畴。社交指示以说话人的社会地位为参照点。比如在现代汉语普通话中，在与比自己年长的人说话时，称呼对方时要用"您"，这个"您"就是一个社交指示语。语篇指示和社交指示用得都不够普遍，这里就不详细介绍了。

## 第五节　关联理论

在前面我们介绍了会话合作原则，它包括四个准则。这些不同准则之间的关系如何？我们不妨看一个例子：

（1）A：昨天的英语考得怎么样？

B：不是很好。这几天我感冒了，挺厉害的。

B 的回答其实只需要说出"不是很好"就足够了，后面的"这几天我感冒了，挺厉害的"已经超出了问题所要知道的信息，于是违反了数量准则中的第二个次准则；但是，从另一方面看，后面这句话也违反了关联准则，因为"这几天我感冒了，挺厉害的"对 A 的问话实际上是答非所问。

实际上，自格赖斯（Grice）提出会话合作原则之后，就有学者对这一原则进行进一步的思考，比如是不是需要这四个准则？能否简化？霍恩（Horn）就将格赖斯的四个准则进行简化、调整，最后提出两个原则[①]：

Q-原则（即数量原则）：能说多少就说多少；

R-原则（即关联原则）：不说超出需要的信息。

后来，斯波伯（Sperber）和威尔逊（Wilson）认为，只需要一个原则就足矣，那就是"关联原则"[②]，关联原则是作为一个独立的理论提出来的，它吸收了认知等方面的理论，在学术界影响较大。

一、关联理论的前提性观念

1. 交际过程的性质

谈到交际[③]，自然会想到这样两个问题：在交际过程中，我们需要交际的是什么？如何才能成功交际？

就交际内容来说，一般的看法是"交流信息"。信息的交流大体上分为"编码—发送—传递—接收—解码"五个阶段。其中，**编码和解码**是两个根本环节。**编码**是将所要表达的意义通过一定的形式表示出来，而**解码**则是通过对方传递过来的形式来探求其所要表达的意义。当我说"我昨天买了一本书"的时候，我在把昨天做的这件事用这句话"包装"起来，然后说出来，你听到这句话后，把这个"包裹"打开，进而知道这包裹里装的是什么东西，也就是我说的这句话的意义。可简单图示如下（图7-2）：

---

[①] 参阅：Mey, Jacob L. 2001 *Pragmatics: An Introduction* (2nd Edition), Malden: Blackwell. 徐盛桓的《会话含意理论的新发展》（载《现代外语》1993年第2期）对此有简单的介绍。

[②] "关联原则"是对Grice"关联准则"的继承和发展，但并不等同。前者已成了独立的理论，即关联理论。详参Sperber, Dan & Deirdre Wilson 1995 *Relevance: Communication and Cognition*, 2nd. Oxford: Blackwell Publishers Ltd.该书第一版出版于1986年。

[③] 我们这里只涉及用语言这种工具进行的交际。

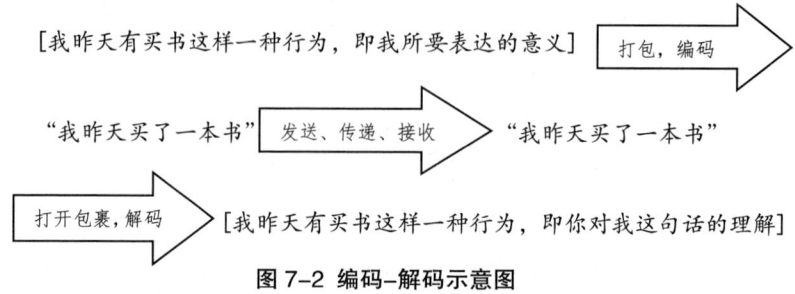

图 7-2 编码-解码示意图

由图 7-2 可以看出：有什么样的编码，就有什么样的解码；这就像给对方寄包裹一样，你给对方寄了什么东西，对方打开后也一定是这种东西。

像上述这样的信息交流过程，就是传统所说的"编码-解码模式"。语言交际过程都是这样的吗？例如：

（2）A：我们看电影去吧？
　　　B：我要看书。
（3）A：Would you like a cup of coffee?
　　　B：Coffee would keep me awake.

例（2）中，A 在理解 B 这句话的时候，仅仅是"我要看书"吗？自然不是。B 真正要表达的意思是"我不想去看电影"。例（3）中，B 是要咖啡还是不要咖啡？这必须根据具体的语境来判断。这两例中 B 的话语的意义，单纯靠解码是解不出来的，必须借助**推理**。所以，有学者主张，交际模式是一种"推理"模式。

这样，在交际过程中就存在两种模式：**编码-解码模式**和**推理模式**。那么，这两种模式是什么关系？有的认为，这两者以编码-解码模式为主；但也有人认为以推理模式为主。斯波伯和威尔逊则认为，这两者之间不存在主次问题，它们实际上是交织在一起的。交际过程中所交流的不仅仅是"信息"，更重要的是说话者的交际"意图"。

可见，在语言理解过程中，仅靠编码和解码是不够的，还必须有个推理环节；通过推理以达到了解说话者所说话语的意图。

## 2. 语境是动态的

前面我们在介绍语境的时候指出，语境包括语言因素和非语言因素两个方面。语言是操这种语言共同体所有成员的语言，而在语言之外，我们所生活的世界基本上是一样的，操同一种语言的人在文化信仰方面又多有相近甚至相同之处。由此可推断，生活在同一地域、操同一种语言的不同个体，其语境大体上是相同的。说话人和听话人的语境应该是相同的，所谓的"共有知识"(common knowledge / mutual knowledge)。这是不同个体之间能够成功交际的保证。这是绝大多数人对语境的看法。

但是，在斯波伯和威尔逊看来，在交际过程中，说话人和听话人的语境是不可能做到相同的，说话人并不清楚听话人的"语境"到底是什么，听话人也不知道说话人是否知道他的语境。而且，语境是不断调整的，是动态的：即在话语交流过程中，先前说出的话语在不断地改变听话人的语境知识，说话人要想正确地理解听话人的话语意图，就必须考虑这种"后加"的语境知识。以前面的例（3）为例，如果 A 在谈话中知道 B 晚上需要赶写一篇稿子，那么，B 所说的"Coffee would keep me awake"就是想要一杯咖啡；反之，如果 A 在谈话中知道 B 在忙了一天之后想美美地睡上一觉，那 B 的回答就是"不要咖啡"。

简单地说，**关联理论**认为，人们在交际过程中，正常情况下，为了让对方能够方便而准确地理解其意图，说话人会采取某种方式给听话人以明示，让听话人知道，这种明示与当前话语有关，以便调取相应的语境知识来理解其话语。明示手段可以多种多样，所说出的话语本身就是一种明示行为；此外，努努嘴、瞥瞥眼睛也都是一种明示行为。

## 二、关联理论的基本概念

### 1. 互显

在斯波伯和威尔逊看来，人们的认知能力是有差异的，这种认知能力表现在感知能力和推理能力等方面，不同人的记忆力、对周围世界观察的细致程度以及经历等等也不可能一样；因此，即便处于相同的物理环境的人们，由于认知能力上的差异，他们从这相同的物理环境中所获得的关于世界的知识是不一样的。我们不妨以视觉为例来说明这一点。说是姐妹俩一起到野外去玩，回家后妈妈问她们看到了什么，一个说没看到什么，另一个则说，看到了这个，看到了那个。由此似乎也不难理解，不同人关于世界的知识其实是不一样的。

如果真的像斯波伯和威尔逊所说的那样，在说话人和听话人之间根本就不可能有所谓的"共有知识"，那么，听话人是如何能理解说话人所说的话语的意图的呢？我们现在往往形容那些看后不知所云的话语为"火星人"说的，正好说明了这点，因为，我们地球上的人与"火星人"之间在生活环境和思维方式上都迥然有别，所使用的语言也不一样，我们自然不懂火星人在说什么。为了解决这个疑问，他们提出了"互显"（mutual manifestness）这一概念。

要了解什么是"互显"，有必要先了解一下"显现"（manifest）和"认知环境"（cognitive environment）。

所谓"显现"，斯波伯和威尔逊的表述是这样的：

> 一个事实在一个特定的时间里对一个个体来说是显现的，当且仅当他能够在那个时间在脑子里对它进行表述，并且把这些表述看作是真的或者很有可能是真的。[1]

这句话通俗地说就是，如果你在脑子里能够想出你认为是真的或可能是真的有关事实，那么这些事实对你来说就是**显现**的。"显现"存在着程度的不同。

一个个体的**"认知环境"**是指，对他来说是显现的事实的集合。一个个体总的认知环境是他的物理环境和其认知能力的函数[2]；也就是说，个体的认知环境是其所处的物理环境和其认知能力相互作用的

---

[1] Sperber & Wilson 1995 *Relevance: communication and cognition*.2nd, p.39, Oxford: Blackwell Publishers Ltd.笔者译。

[2] 参阅 Sperber & Wilson 1995 *Relevance: communication and cognition*. 2nd, p.39, Oxford: Blackwell Publishers Ltd.。

结果。不同的人不可能享有完全相同的认知环境，但不同的人之间必须有共享的认知环境才能保证交际的顺利进行。这种共享的认知环境就是不同个体各自认知环境的交集，这种交集可大可小。

所谓"**互显**"，是指这样一种情况：在一个共享的认知环境中，一个事实对甲来说是显现的，就是说甲知道这一事实，乙知道甲知道这一事实，并且甲也知道乙知道他知道这一事实，那么，我们就说这一事实对甲和乙来说是互显的。

我们举个例子来说明这一点。比如甲和乙在同一个屋子里，屋里的电话响了，甲听到了电话铃声，这时我们就说"来电话了"对甲来说是显现的；乙知道甲听到了电话铃声，甲也知道乙知道他听到了电话铃声，这时我们就说"来电话了"对甲和乙来说是互显的。值得一提的是，虽然甲乙两个人在同一个办公室，但甲、乙并不一定都听到了电话铃声，所以，如果在此认知环境下进行交际，甲或乙必须弄清楚对方是否也听到了电话铃声。假如甲对乙说："我在卫生间。"甲的意图很明显，就是甲想乙去接电话。如果乙没听到电话铃声，乙即使听到了甲这句话，也不知道甲的意图。

我们再设想另一个场景：甲和乙准备周六晚上去看电影，原先的放映广告上写的是放映《红日》，后来甲在报纸上看到了一则公告，说周六晚上不放映《红日》了，改放《南征北战》。但是甲并不清楚乙是否也看到了这则公告。这种情况下，如果乙说"看电影去喽"，甲会理解成看什么电影呢？《红日》还是《南征北战》？

人们存储在记忆中的信息有三种，即逻辑信息、百科信息和语言的词汇信息。不同的人，由于其认知环境存在的差异，对同一话语的理解就可能不一致。

**2. 语境效果**

在斯波伯和威尔逊看来，听话人在理解说话人的交际意图时，所运用的是演绎推理。通过演绎推理所获得的信息是逻辑含意。演绎推理有两种，一种是分析性的，另一种是综合性的。相应地，所得的逻辑含意分别称之为"分析性含意"（analytic implication）和"综合性含意"（synthetic implication）。试比较：

（4）Apples grow in orchards and grapes grow in vineyard.

（5）Apples grow in orchards. / Grapes grow in vineyard.

（6）a. 如果明天台风来了，学校就不上课了。

　　　b. 台风来了。

（7）学校不上课了。

　　例（5）是直接从例（4）推导出来的，不需要推理者动多少脑筋，这样的推理就是分析性的，所得的含意（例5）叫分析性含意；例（7）信息的获得则不然，它必须综合例（6）中 a 和 b 才能推导出来，因此这种推理是综合性的，这样，例（7）是例（6）的综合性含意。

　　这种不同的逻辑含意跟语境效果有什么关系？在日常交际过程中，在信息获得上，运用分析推理的方式获得信息几乎是不存在的。从推理的角度看，信息的获得是通过综合推理的方式达成的，就是说，听话人在理解说话人所提供的话语的时候，必须将这话语和听话人已有的关于世界的种种判断综合起来考虑。由此可见，人们从话语中获得的信息，既跟说话人所说的话有关，也跟说话时的语境（包括听话人以往有关世界的种种信念）有关，听话人对说话人所说的话语的理解，也就是听话人对说话人交际意图的推理所得不是单纯跟其中的某一个因素有关，而是这两种因素相互作用的结果。斯波伯和威尔逊称之为**"语境含意"**（contextual implication），这种语境含意就是一种**"语境效果"**（contextual effect）。

　　说"语境含意是一种语境效果"没问题，但不能说"语境效果是语境含意"或者"语境效果就等于语境含意"。语境效果还有另外两种情形：一则，新的信息或许为原有假设提供了进一步的论据，因而使原有假设得到强化；二则，它或许为原有假设提供了相反的证据，从而放弃原有的假设。如果某种信息对原有信息没有任何形式的改变，那它就没有语境效果。

　　至此，我们可以给语境效果简单定义如下：所谓**语境效果**，就是交际的一方所提供的信息（其实不限于话语）对另一方的认知环境（即原有的对世界的种种信念）产生一定程度的影响。

### 3. 关联和最佳关联

"关联"和"最佳关联"是关联理论的核心概念。

什么样的情况算是关联？某话语所提供的信息对听话人来说不外乎三种情况：一是，这一信息对听话人来说是已知的，比如对一个成年人来说，你告诉他说"猪有四条腿"，他从中没有获得任何新的信息。这类信息不值得听话人去加工。二是，这一信息是新信息，但和听话人已经掌握的信息没有任何关系，这类信息加工时所付出的精力较大而所获得的效益却微乎其微。三是，这一信息是新信息，而且与听话人已经掌握的信息是有联系的，在这种情况下，听话人就可以利用新、旧信息进行推理，获得一定的语境效果。这第三种情况就是"**关联**"。

关联涉及两个因素：一是说话人所提供的信息在一定语境中所产生的语境效果，二是听话人对说话人所提供的信息进行加工时所付出的精力（processing effort）。只要说话人所提供的信息在一定的语境中有某种程度的语境效果，就可以说这种信息在这种语境中是关联的。

我们来看几个例子：

（8）2024 年 9 月 16 日，强台风"贝碧嘉"登陆上海。

（9）你现在正在看书。（或者：你现在正在听课）

（10）你现在睡得很香。

例（8），如果是在 2024 年 9 月 16 日之前几天跟你说，那它就会产生一定的语境含意，比如，要做好防台风暴雨的准备；或者，到时候要尽量避免外出；或者，要把阳台上的花盆搬进室内，以免坠落伤人；或者，要多买几天的菜；或者，如果你要出行，要注意航班信息，等等。这时候说例（8），与当时的语境是关联的。但是，我现在跟你说这句话的时候，可以说不会产生任何语境含意，没有任何语境效果，因而是不关联的。

例（9），如果你现在正在看书，我跟你说"你现在正在看书"，或者，你现在正在听我讲课，我跟你说"你现在正在听课"；那么，它就没有语境效果，同样是不关联的。

例（10），如果你现在正在兴致勃勃地看书，或者正在聚精会神地听课，我跟你说这句话的时候，明显与事实不符，你大脑中原有的信息丝毫不会受到我这句话的影响,因而它不会产生语境效果,是不关联的。

语境效果往往不是绝对的有或者没有的问题,而是具有一定程度的问题。从理论上来说,某信息只需产生一点点语境效果,就应该说它是关联的;但实际上,人们习惯于把具有较大语境效果的信息才看作是关联的。这就像我们说某物体有没有弹性一样。**关联度**的强弱跟语境效果成正比例关系,而跟信息加工时所付出的精力成反比例关系。就是说,其他条件相同的情况下,语境效果越大,关联度就越强,语境效果越小,关联度就越弱;反之,加工信息所付出的精力越大,则关联度就越弱,加工信息所付出的精力越小,关联度就越强。

请看下面的例子:

(11) A:你"语言学概论"课考得怎么样?

　　　B:考得不太好。

(12) A:你"语言学概论"课考得怎么样?

　　　B:考得不太好。在 2012 年伦敦奥运会上,刘翔在跨栏时摔倒了。

针对"你'语言学概论'课考得怎么样?"这一问题,例(11)和例(12)中,B 的答话都让对方获得了新的信息,产生了一定的语境效果,而且其语境效果是一样的;但例(12)中,B 多说了"在 2012 年伦敦奥运会上,刘翔在跨栏时摔倒了"这句,它在那种语境下没有产生额外的语境效果,但听话人仍需要对这句话进行加工,多付出了精力。因此,尽管两例的语境效果一样,但例(11)中 B 的答话的关联度比例(12)强。

虽说关联有度的差别,但很多情况下,关联度是无法量化的,因而难以通过精确的数值来比较其强弱。关联度的强弱是通过交际者的心理感受出来的。

既然关联度的强弱跟语境效果有关,而语境效果是相对某一语境而言的,那么,决定某话语语境效果的语境是怎样的呢?是在理解这话语之前就已经确定的,还是在理解话语时临时选择的?在斯波伯和威尔逊看来,这种语境是临时选择的结果。针对不同的话语,选择相应的语境来理解。构成语境的信息来源是不同的，有的属于百科性质的，存在于长期记忆中，有的则处于短期记忆中，有的甚至只是先前交际或者交际过程中临时获得的。在语境选择过程中，往往是逐步完成的。试看下面的例子[①]：

（13）他上星期天买了辆旧车，轮胎都磨平了。

（14）他上星期天买了辆旧车，鞋底都磨平了。

（15）他上星期天买了辆旧车，锯齿都磨平了。

对例（13）的理解最容易，因为一谈及车，车的"轮胎"就很容易被激活。例（14）理解起来就得多调取一些语境，因为我们不能从"车"激活出"鞋底"这一认知要素；但仔细想一想，我们又不难想象，买车的时候，我们可能从这家店跑到那家店，跑了很多店才买到这辆旧车；因而例（14）也能理解。例（15）对一般人来说就很费解，我们无法想象"买旧车"和"锯齿磨平"之间有什么关系。这种关系在我们的认知环境中是不存在的。但是，如果你知道有一种修剪树枝的专用工程车，上面配备了两把长臂电锯，例（15）也就可理解了。

不难理解，所选择的语境自然与交际者个体有关，或者说，这种语境是交际者个体的语境，而不是笼统的什么语境。因而，所谓"关联"也是相对某个个体的关联。

如前所述，关联度与语境效果和为获得这种语境效果所付出的精力都有关系，由此可以推出：关联度最强的情况是，所获得的语境效果最大，同时为此所付出的精力最小。这种情况的关联，就是**"最佳关联"**。

斯波伯和威尔逊对最佳关联设想的描述是[②]：

A．交际者意欲向听话者显现的假设集合{I}足够关联，值得听话者花时间去加工这些明示的刺激[③]；

---

[①] 以下三个例子借用陈平《话语分析与语义研究》（《当代修辞学》2012 年第 4 期）。此处用来说明如何选择认知语境来理解话语。

[②] Sperber & Wilson 1995 *Relevance: communication and cognition.* 2nd, p. 158, Oxford: Blackwell Publishers Ltd.

[③] 我们在叙述关联理论相关概念的时候，一直用"话语"，这是为了便于理解。其实，可作明示的不限于"话语"，所以 Sperber 和 Wilson 用了更概括的说法 stimulus（刺激）。

B．这些明示刺激是交际者所能用来交际{I}的最关联的那种。

他们据此提出的关联原则是：

每个明示交际行为所交际的是最佳关联设想[①]。

他们后来对最佳关联设想作了修改[②]：

A．明示刺激足够关联，值得听话人花精力去加工；

B．这种明示刺激是与交际者的能力和偏好相容的最关联的那个。

我们不妨看一组例子：

（16）我下午2：00到4：00出去一下。

（17）我下午2：00到4：00出去一下，去系里。

（18）我下午2：00到4：00出去一下，去系里开个会。

假如丈夫出门前想告诉一下他妻子，这三句都是关联的。但是，选择不同的句子，取决于妻子对丈夫外出的在意程度。如果她什么都不在意，例（16）就行了；如果她还在意丈夫去哪儿，那就只需要说例（17）；如果她既在意丈夫去哪儿又在意他去那儿干什么，那就得说例（18）了。

跟"最佳关联"容易搞混的是"最大关联"。最佳关联是就关联的程度来说的，而**最大关联**是就关联的范围来说的。听话人对说话人所提供的信息进行加工的时候，需要借助听话人的认知环境。而在斯波伯和威尔逊看来，一个人的认知环境是有层次的，最容易得到激活的那部分是核心环境，是最小的认知环境；然后可以进一步对相关信息进行加工，因而会逐步逐步地激活一层又一层的认知环境，从而获得进一步的语境效果。通过这种方式，听话人可以使语境效果最大化。

我们不妨把认知环境的层次性简单图示如下（图7-3）：

---

[①] Sperber & Wilson 1995 *Relevance: communication and cognition*. 2nd, p.158, Oxford: Blackwell Publishers Ltd.

[②] Sperber & Wilson 1995 *Relevance: communication and cognition*. 2nd, p.270, Oxford: Blackwell Publishers Ltd.

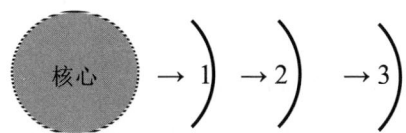

图 7-3 认知环境范围示意图

很显然,认知环境的层次越深(越处于外围),听话人提取时所付出的精力必然越大,语境效果就会越小。所以,在实际理解说话人的话语的时候,我们不是寻求最大关联,而是在特定认知环境中最直接而有效地领会说话人真实交际意图的那种关联,就是"最佳关联"。

### 三、关联理论的基本思想

在明确了上述几个基本概念以后,我们现在将关联理论的基本思想概述如下:

言语交际不像人们普遍认为的那样只是一个编码-解码过程,在交际过程中,还伴随着对说话人所提供的信息进行推理加工的行为。说话人说出话语其实是一种明示行为,就是向听话人传达这样的信息:我所说的话跟你相关,你值得花时间去理解我的话语。听话人根据彼此互显的信息以及自己的认知环境,对说话人所提供的信息进行加工,以最小的精力获得最大的认知效果,达到最佳关联,从而正确地把握说话人的真实交际意图。

下面我们通过几个具体的例子来说明一下听话人是如何理解说话人的真实意图的。

(19) Peter: Would you drive a Mercedes?
　　　Mary: I wouldn't drive ANY expensive car.

假如在 Peter 的认知环境中,Peter 知道 Mercedes 是一种豪车,这时 Peter 马上就能推断出 Mary 不会开 Mercedes。

当然,如果 Peter 还知道,Rolls Royce 和 Cadillac 也是豪车,他也可以推断出:Mary 不会开这些车。Peter 从 Mary 的答话中甚至可以推断出：Mary 不想炫富。但是，这些推论与 Peter 的问话并不相关，也就是说，它们在当前语境下并不能获得最好的语境效果。因此，只有前面的推论是合适的。

（20）The child left the straw in the glass.

例（20）单纯从语义上讲实际上有歧义，就是其中的 straw 既可以理解为喝饮料用的"吸管"，又可以理解为"稻草、麦秆"。而听话人在实际理解这句话的时候，除非有特别的语境，否则他一般只作前一种理解，这是我们最容易想到的意思，也就是最佳关联。之所以如此，还是跟我们对"喝饮料"的认知有关。

斯波伯和威尔逊后来对关联原则作了修改，分别从两个方面来说明[①]：

第一，人们的认知倾向于追求关联的最大化；

第二，每个明示交际行为都传递出最佳关联设想。

这两个原则，他们分别称之为"认知原则"和"交际原则"。而真正所谓的"关联原则"是就第二原则（交际原则）而言的。

---

[①] Sperber & Wilson 1995 *Relevance: communication and cognition*. 2nd, p.260, Oxford: Blackwell Publishers Ltd.

## 思考题

1. 什么是直接言语行为？什么是间接言语行为？它们与句类是对应的吗？

2. 会话合作原则是谁提出来的？其具体内容是什么？你是如何看待不同准则之间关系的？

3. 请从现实话语中找出若干个违反会话合作原则的例子，并作具体分析（违反了哪一准则？会话含义是什么？）。

4. 什么是礼貌原则？它的提出与会话合作原则有什么关系吗？如何看待礼貌原则内部不同准则之间的关系？

5. 下列这则《通知》有没有问题？试作分析：

下星期六，系工会将组织全体教职工去苏州观光。需要去苏州的同志请务必于6：30在学校大门口上车，过时不候。

即日

6. 关联理论的基本思想是什么？

---

**本章关键词**

言语行为；意向行为；
直接言语行为；间接言语行为；
会话合作原则；礼貌原则；指示语；
关联；最佳关联；明示-推理

# 第八章

# 语言的演变

## 第一节 语言的演变

**语言演变**是指语言在历时发展过程中在语音、语汇和语法方面发生的程度不同的变化。

**一、语言演变的事实**

语言的演变体现在语言的各个方面,这只要将一种语言的过去和现在比较一下就一清二楚。

1. **语音方面**

就汉语而言,语音方面的演变可以从古代诗歌的押韵方面窥见一斑。古代诗歌是非常讲究押韵的,但是请看杜牧《山行》这首小诗的押韵情况:

　　远上寒山石径斜,
　　白云生处有人家。
　　停车坐爱枫林晚,
　　霜叶红于二月花。

其中第一句中的"斜",用今天的普通话来读,与第二句的"家"和最后一句的"花"就不押韵了,因为前者的韵母是"ie",后两者的韵母是"ia/ua",韵腹都是"a"。实际上,"斜"的古代读音是"xia",今天的部分方言里仍然保留这一读音，与"家""花"是押韵的。也正因为如此，有的书把"斜"标读为"xiɑ"。这是韵母方面在读音上发生变化的一个例子。

在声母和声调方面，古今也发生了些变化。例如，在音韵学领域，钱大昕提出了著名的"古无轻唇音"一说，这"轻唇音"就是我们今天所说的唇齿音。在现代汉语中，"房""非""辅"等的声母都是唇齿音。在声调方面，古代有"平、上、去、入"四个声调，到了现代汉语普通话中，入声字已经消失，分化到另外三个声调里，而平声字又分化成阴平和阳平。这也是有些诗在今天看来不符合平仄规律的原因。

其他语言也不例外。比如英语，帕默尔是这样形容英语变化的："对外行讲，说盎格鲁-撒克逊语是今天讲的英语的直系祖先，或者说任何语言在父子相传的几代之间，性质变得这么厉害，那似乎是不可信的。"①不妨比较一下：

| | |
|---|---|
| Us is riht micel, | For us it is much right |
| That we rodera weard, | That we the Guardian of the skies， |
| Wereda wuldor-ciming, | The glory-king of hosts， |
| Wordum herigen, | With our words praise， |
| Modum lufien, | In our minds love |

这段话写成连贯的近代英语就是：It is much right for us that we praise the Guardian of skies, the glory-king of hosts with our words, [and] love [him] in our minds.（我们十分应当用言语赞颂诸天的保卫者，万民的光荣君主，并在我们心中热爱他）②

今天英语词 light、night 中的-gh-是不发音的，其实以前是发音的，发[x]音，这个音在乔叟至莎士比亚期间消失了。由于拼写形式没有作相应的变化③，所以才成今天这个样子。

---

① L.R.帕默尔 1983 《语言学概论》，第33页，商务印书馆。
② L.R.帕默尔 1983 《语言学概论》，李荣等译，译注（附注2），第43页，商务印书馆。
③ 试想一想：如果每次语音变化后在书写形式上作相应的变化，结果会如何？

### 2. 语汇方面

语汇方面的演变体现在两个大的方面：一是语汇成员的变化，另一个是词语意义的变化。

语汇成员的变化又有语汇成员的更替和语汇成员隐现的区别。古代汉语中的人称代词"吾、予、余、汝、尔、乃、之、彼"等在现代汉语中被"我、你、他、她、它"等取代了；一些语气词如"欤、乎、矣"等也代之以"吗、了"等。至于语汇成员的隐现，它包含两方面的意思，一是"隐"，指"隐退"，二是"现"，指"出现"。由于客观世界和社会制度等发生了巨大的变化，古代汉语中存在过的词语，在现代汉语中，除了一些特殊场合，基本上不再出现了，如古代的农具"耒、耜"、古代的刑法"劓、刖"，等等；相反，古代社会所没有的事物或者现象在现代出现了，因为交际的需要，必须用个词语来表达，于是出现了新的词语，这类词语比比皆是，如"电、电视机、电影、蛋糕、汽车、飞机、复印机、手表"等等，不一而足。

除上述几种情况外，语汇的变化还体现在自身形式上的变化。古代汉语中的词，绝大多数是单音节的，双音节的词所占比例很小，主要是联绵词或外来词；而在现代汉语中，虽然单音节的词也不少，但以双音节词为主，而且三音节的词也不少。

至于词语意义的变化，也是俯拾皆是。词语意义的演变结果可归纳为以下几个方面：词义所指范围的扩大、词义所指范围的缩小、词义范围的转移、词义的弱化和附加意义的变化。

例如，"脸"的本义是指"面颊"，现在则指整个的脸面，词义所指范围扩大了。"虫"古代是动物的总称，这是《水浒传》中把老虎称作"大虫"的原因，而现在只指昆虫之类的小动物；"金"的古义泛指一切金属，包括金、银、铜、铁、锡等，现在则专指金子。它们的词义所指范围缩小了。"兵"古代主要指兵器，现在则指士兵、军队，词义发生了转移；类似的如"荤"，古代指葱、蒜、韭菜之类具有强烈气味的蔬菜，现在则指各种肉类、鸡、鸭、鱼等。"了"在古代汉语中有非常实在的意义，表示"完结"，现代汉语中主要用作虚词，"着"也类似，它们的词义都发生了弱化。"爪牙"在古代是"武臣、重臣"的意思，是褒义词，现代汉语中则成了"坏人的党羽"，明显地具有贬义色彩；"勾当"在古代泛指一般的"事情"，呈中性色彩，《儒林外史》中还是这种用法："老师前日口气，甚是敬他，老师敬他十分，我就该敬他一百分。况且屈尊敬贤，将来志书上少不得称赞一篇，这是万古千年不朽的**勾当**，有甚么做不得！"①而现代汉语中的"勾当"一般用于"坏的事情"，明显获得贬义色彩。

英语中的语汇也经历了类似的变化。比如，butcher 原指"杀羊的人"（更早的意义是"杀公羊的人"），其现在所指则广泛得多，OALD②对它的解释是：a person whose job is cutting up and selling meat in a shop/store or killing animals for this purpose，还进一步引申为 a person who kills people in a cruel and violent way，这是词义扩大的例子；meat 在 17-18 世纪时的意义是"食物"（flesh 是"肉"），deer 曾经表示"兽"或"动物"，starve 在古英语中是"死"的意思，现在只指"饿死"，这些都是词义缩小的例子；lust（淫欲）原来的意义是"愉快"，lewd（淫荡）原来的意思是"无知"，silly 在古英语中意为"高兴的"，到了中古英语时期变为"幼稚的"，到近代英语才变为"愚笨的"意思，这些都是词义转移的例子。③

### 3. 语法方面

虽说现代汉语是从古代汉语发展而来，但从古代汉语到现代汉语，在语法方面的演变也是有目共睹的。姑且列举数种如下。

判断句的表达方式发生了变化。古代用"……者……也"或其变体，现代汉语则用"是"。如：

（1）陈胜者，阳城人也。(《史记·陈涉世家》)

（2）张骞，汉中人也。(《汉书·张骞传》)

疑问代词作宾语时需要放在动词的前面，代词宾语在否定句中一般也要放在动词的前面。例如：

---

① （清）吴敬梓《儒林外史》，第 5 页，人民文学出版社，2003 年。
② *Oxford Advanced Learner's Dictionary*, 7th, Oxford: Oxford University Press, 2005.
③ 参阅：维多利亚·弗罗姆金、罗伯特·罗德曼 1994 《语言导论》（第四版），沈家煊等译，第 334-335 页，北京语言学院出版社。

（3）吾谁欺？欺天乎？（《论语·子罕》）

（4）不患人之不己知，患不知人也。（《论语·学而》）

古今汉语都有表示被动的方法，现代汉语中常用"被"来标记，古代汉语则用不同的表示法。例如：

（5）爱人者必见爱也，而恶人者必见恶也。（《墨子·兼爱下》）

（6）吾尝三仕，三见逐于君。（《史记·管晏列传》）

（7）吾恐其为天下笑。（《庄子·徐无鬼》）

（8）卫太子为江充所败。（《汉书·霍光传》）

数量的表示。古代汉语中，量词很少，表示数量的时候，往往直接用数词来表示，这种情况下，数词一般位于名词之前，但也有在名词之后的；如果是数量短语修饰名词，则多位于名词之后。数词修饰动词时则放在动词的前面。例如：

（9）楚一言而定三国，我一言而亡之。（《左传·僖公二十八年》）

（10）我持白璧一双，欲献项羽；玉斗一双，欲与亚父。（《史记·项羽本纪》）

（11）公输盘九设攻城之机变，子墨子九距之。（《墨子·公输》）

以上列举的只是汉语语法演变的几个大的方面，具体的变化有很多，有的也很复杂，这里就不用多举例了。

英语语法也同样发生了很大的变化，最突出的一点是古英语中因为有主格、宾格标志，S、V、O 之间的顺序是自由的。比如"这个男人杀死了国王"有下列 6 种不同的表达形式[①]：

（12）Se man sloh þone kyning.

（13）þone kyning sloh se man.

（14）Se man þone kyning sloh.

（15）þone kyning se man sloh.

（16）Sloh se man þone kyning.

（17）Sloh þone kyning se man.

---

① 参阅：维多利亚·弗罗姆金、罗伯特·罗德曼 1994 《语言导论》（第四版），沈家煊等译，第 325 页，北京语言学院出版社。

其中，se 是只用于主格名词的定冠词，þone 是只用于宾语名词的定冠词。正是有了这样的标志，主语和宾语不论在句子中什么位置出现都不会引起误解。而在现代英语中，由于这些标志的消失，语序比较固定。与上述句子相对应的现代英语句子，只有前两句是合乎语法的，而且第二句的意思完全颠倒过来了，是"国王杀死了那个男人"的意思。

**二、语言演变的原因**

关于语言演变的原因，学术界曾有过不同的解释①。一种解释是，语言演变是小孩模仿成年人说话模仿得不到位的结果。小孩在模仿父母或者周围其他成年人说话的时候，往往模仿得不到位，因而与成人的话语有着细微的、觉察不到的差别，这种细微的差别经过几代人的累积，就会显现出明显的变化。

第二种解释是，语言演变是民族混合的结果。历史上，由于移民、战争和征服，使得操不同语言的人混居在一起，一个人可能就会说不止一种语言，所谓的"双语现象"或者"多语现象"，也许他们对母语之外的语言掌握得并不好，但在他们说话的时候，一种语言对另一种语言的影响是肯定的。据说，法语里 [u] 音前移变成 [y] 就是由于凯尔特语的影响。笔者在读博士期间，有个外籍老师，他的英语听起来非常吃力，我还以为是自己的听力不够好。后来听一个学过德语的同学说，他的英语发音中夹杂着很多德语的发音，因为他是德裔。不过这种解释会遇到一些难以解释的现象，一个典型的例子是，在芬兰，芬兰人跟瑞典人和俄国人不断地混合，然而芬兰语和立陶宛语却少有变化，而比较孤立的挪威语变化得比英语还要快②。

还有一种看法是，应该把音变的起源和它的传播分开来考虑。在一个言语社团中，每个人因为个体差异，在发音上是有差异的，我们感觉上的"同"，实际上是心理上的同；还由于不同的人在职业或其他

---

① 参阅：L.R.帕默尔 1983《语言学概论》，李荣等译，第 41-43 页，商务印书馆。
② 参阅：L.R.帕默尔 1983《语言学概论》，李荣等译，第 44 页注释⑫，商务印书馆。

方面的不同，在遣词造句上也容易产生差异。一些影响力较大的人（或因其社会地位，或因其经济地位等），特别是领导人的话，容易被人模仿而扩散开来。所以，语言的变化实际上是从一个中心渐渐传播出去，像波浪一样的。我们在汉语中可以找到一些例子。比如在语音方面，"朋友"的"友"的标准读音应该是轻声，但由于受香港人的不标准发音的影响，大陆越来越多的人把其中的"友"读成第三声；在语汇方面，"泰山"之所以有"岳父"的意义，是非常偶然的因素造成的。从秦始皇开始，中国历史上的封建帝王都要举行封禅大典，按惯例，大典之后，三公以下的官员皆晋升一级。有一次，唐明皇封禅泰山，任命中书令张说为封禅使。事后，张说将自己九品的女婿郑镒"骤迁五品"。后来在一次宴会上，唐明皇问郑，郑心中有鬼，支支吾吾，"无词以答"。在旁的同僚黄幡绰说："此乃泰山之力也。"一语双关，"泰山"由此而获得了"岳父"的意义。① 有的词义的变化甚至缘于人们对相关词语意义的误解。英语中的 premise 现在的意义是"前提"，但其本来的用法却是这样的：与财产转让或租借有关的法律文件开头往往详细描写所涉及的财产，接下来在文件的主要部分提到这财产时就说 the premises（前述物件）。② 现代汉语中，时常听到"万人空巷"错用的情况，比如形容大家都在家看奥运比赛节目，就说是"万人空巷"。这种错误的用法，被越来越多的人流传，就会改变这个成语的意义。"七月流火"也因误用而获得了新的用法，《现代汉语词典》（第7版）在该词条后作了附加解释："现在也用来形容天气炎热（因人们误把'七月'理解为公历7月、把'火'理解为火热）"。

语言是非常复杂的，任何单一的原因解释恐怕是不够的。语言的不同成分的变化，在这个时候或者那个时候，在这个地方或者那个地方，可能会涉及不同的原因，不能一概而论而简单化。

而且，语言内部不同要素的变化，其原因也不可能是一样的。语音演变，说话人图发音方便省事，可能是很重要的原因。语汇方面，

---

① 参阅：居心安 2009 《"泰山"与"岳父""丈人"》，载蒋逸征主编《词踪》，上海锦绣文章出版社。

② 参阅：L.R.帕默尔 1983 《语言学概论》，李荣等译，第78页，商务印书馆。

除了偶然因素引起词语意义的变化外，为了表达的需要（或缺少所要表达意义的词语，或为了新鲜感，或为了在特定语境中表达得更贴切），对既有词语通过隐喻、转喻等方式进行引申，至于语汇成员的增减则明显跟社会的发展变化相关。语法方面的变化，跟表达也有很大的关系。由于语言是个系统，系统内部某个要素的变化会影响其他要素的变化。此外，语言接触也是引起语言各个层面变化的一个不可忽视的原因。

**三、语言演变的特点**

语言演变从总的方面来看，具有**渐变性**和**不平衡性**两个特点。渐变性特点是由语言作为一种重要的交际工具这一性质决定的。突如其来的大范围、大幅度的变化势必影响交际的顺利进行。

简·爱切生把语音演变的特点描述如下：

"任何变化都倾向于在小范围内开始发生，只影响少数几个常用词。起初，在新与旧的形式之间，同一个说话人，有时也在同一种说话风格中，有一种摇摆不定的变动。渐渐地，新形式超过了旧形式。等到新的形式扩散到一定数量的词上去的时候，变化就开始进入急骤递增阶段，在相对来说较短的时期里，这种变化迅速扩散。经过一个时期的冲刺，进度就慢了下来。如果最后的残余确实都会清除干净的话，这种清理工作也是极慢的。这种开始慢，再加速、结尾又慢的过程，可以用'S'形曲线画出，这条曲线，代表了一种典型的变化的全过程。"[①]

从另一个角度看，语音演变具有三个特点：条件性、时间性和地域性。

**条件性**是指某个音的变化是有一定条件限制的，不具备这样的条

---

[①] 简·爱切生 1997《语言的变化：进步还是退化？》，徐家祯译，第110页，语文出版社。王士元提出过著名的"词汇扩散理论"，参见：王士元 2000《语言的探索》，石锋等译，北京语言文化大学出版社。

件，同样的音也不会发生变化。比如，在英语语音发展过程中[①]，盎格鲁-撒克逊语的[ā]到现代英语中变成了[əu]，试比较：

　　āc ~ oak（橡树）| sāpe ~ soap（肥皂）| hām ~ home（家）| rād ~ road（路）|

　　fā ~ foe（仇敌）| gāt ~ goat（山羊）| bāt ~ boat（船）|stān ~ stone（石头）

　　但在下列几个词中却变成了[u：]音：

　　hwā ~ who（谁）| twā ~ two（二）| swāpen ~ swoop（攫取）

　　由上不难看出[ā]发生演变的条件：即当[ā]前面有[w]音时变成[u：]，其他情况下则变成[əu]。

　　所谓**时间性**，是指语音演变的规律只在一定的时间节点范围内有效，超过这个时间节点出现的音，即使它出现的条件跟先前其他的词一样，也不受这一音变规律的影响。不了解这一点，就会觉得是音变规律的例外，其实不然。例如，英语中 father 这个词，其中的 a 并没有演变成[əu]。了解 father 这个词发展历史的人会知道，father 早期的形式和发音不是现在这样的，而是 fădar（其中的 ă 发[æ]音），后来发音变成 fādar 后，由 ā 到[əu]这一音变规律早已过去，所以其发音不受这一音变规律的影响。

　　所谓**地域性**，是指就语音演变的规律而言，即使某音出现的条件符合音变规律的要求，而且也在音变节点范围内，但由于它所处的地域与发生音变的地域不同，它不会受到这一音变规律的影响。上述由 ā 到[əu]的音变只限于英格兰南部，北方话不受影响。

　　语音演变的时间性和空间性可以台风来袭作比。一股强台风袭击某区域的时候，所有的小树都被吹断了，事后一段时间，有人发现，有的小树并没有断，这是因为这些没断的小树是台风过去之后才植的；而在另一区域栽的小树也没有断，是因为台风没有从这个区域经过。

　　汉语中也有类似的现象。比如，早期汉语中，声母为[k]、[ts]的字，

---

[①] 有关英语语音演变情况，参阅：L.R.帕默尔 1983《语言学概论》，李荣等译，第34-37页，商务印书馆。

在现代北京话和宁波话中，有一部分变成了[tɕ]，而另一部分则没变。变化的条件是，在[i]、[y]前的[k]、[ts]变成[tɕ]。但在现代宁波话中，仍有少数字声母发[k]音，如"干、敢、甘"都读成[ki]，原来，这些语音现象是在这一音变规律起作用之后才出现的。这与语音演变的时间性有关。在汉语语音演变过程中有过浊音清化现象，但在有些方言区（如吴语区）就没有发生，这与语音演变的地域性有关。①

**语言演变的不平衡性**是指语言的各个要素（语音、语汇和语法）以及各个要素的内部各成员之间的变化速度是不一致的。语言演变的不平衡性是方言形成的一个重要原因。

语言演变过程中，一种因素的变化可能会导致语言系统中其他因素的变化。

在毛利语（波利尼西亚语 Polynesian 的一种）中，表示被动的时候需要在动词的后面加上一个标记"-ia"，例如：

| 主动形式（原来） | 被动形式（原来） |
|---|---|
| awhit（拥抱） | awhit-**ia**（被拥抱） |
| hopuk（抓） | hopuk-**ia**（被抓） |
| maur（扛） | maur-**ia**（被扛） |
| weroh（刺） | weroh-**ia**（被刺） |

这些动词本来都是以辅音收尾的，在语言演变的过程中，其后的辅音脱落了，但在各自的被动形式中依然保留着原有的词尾辅音，致使后来的人们不知道原来的被动标记（-ia），以为表示被动的标记有好几个，即"-tia、-kia、-ria、-hia"②。

| 主动形式（现在） | 被动形式（现在） |
|---|---|
| awhi（　） | awhi-**tia** |
| hopu（　） | hopu-**kia** |
| mau（　） | mau-**ria** |
| wero（　） | wero-**hia** |

---

① 参阅：叶蜚声、徐通锵 1997 《语言学纲要》（第三版），第230页，北京大学出版社。
② 这种现象在语法化理论中叫"重新分析"（reanalysis）。

由于他们不知道诸如上述这些动词的历史，所以，在标记动词的被动形式时就有一种混乱感，于是在这几种标记中进行选择，最终选择了"-tia"作为标准形式。①

前述 fǎdar 到 fādar 再到 father 的变化，是因语音变化而引起的词语拼写形式的变化。在早期拉丁语中，"树"这个词有如下的变格形式：arbos、arbosem、arboses、arbosei，后来，随着元音间的-s-变为-r-，这个词的变格形式便成了 arbos、arborem、arboris 等，出现了主格词干和其他诸格词干不同的情况。到古典拉丁语时期，由于受其他诸格词干的影响，主格词干中的-s 尽管不在两个元音之间，却也变成了-r。②这是语音变化引起词形变化的另一个例子，其中有类推在起作用。

值得一提的是，语言演变不像自然界生物那样靠自身对自然界的适应而演化，而是通过人的言语活动来完成的。离开了说这种语言的人，它也就不可能有变化。帕默尔曾经说过："说什么我们也得承认语言不过是人类为了实现其特定目的而发出来的声音而已。这种声音不可能离开说话人而独立存在，而且，所有那些在语言中观察到的各种变化也都应当解释成是说话人方面的变化。"③世界上一些死的语言就能很好地说明这一点。

## 第二节 语言接触与语言演变

### 一、什么是语言接触

语言接触（language contact）是人类语言发展过程中常见的现象。语言的发展变化自然离不开人类社会的发展变化。不同民族语言之间，它们自身是不可能接触的，能够引起语言接触的是说不同语言的人的

---

① 参阅：简·爱切生 1997《语言的变化：进步还是退化？》，徐家祯译，第179-180页，语文出版社。
② 参阅：L.R.帕默尔 1983《语言学概论》，李荣等译，第46页，商务印书馆。
③ L.R.帕默尔 1983《语言学概论》，李荣等译，第45页，商务印书馆。

接触。在人类社会发展过程中，人与人之间会因为贸易的往来、文化的交流、居住地的迁徙，甚至战争的征服而相互交流，特别是后两种情况，由于操不同语言的人杂居，他们为了能达到彼此交流的目的，一般都会自觉地学习对方的语言，因战争而征服的情况，有时候会是占领一方强迫被征服的一方学习他们的语言。因此可以这样说：**语言接触**是指操不同语言的人之间的接触而引起的语言上的接触。

这样，当一个人会两种不同语言的时候，不管这两种语言的掌握程度如何，其中一种会或多或少地影响另一种语言的表达。最常见的结果是语汇的相互借用，当然，也可能会造成语音成分或者句法结构的改变。语言接触是语言演变的一个重要原因。

语言接触可以作狭义和广义的两种理解。狭义的理解是指不同语言之间的接触，如汉语和蒙古语的接触，或者汉语和英语、日语的接触；广义的理解可以包括同一语言内部不同方言之间的接触。从语言研究的角度来考虑，把语言接触作广义的理解更可取。

**二、语言接触对语言的影响**

如上所述，语言接触对语言的影响体现在语音、语汇和语法这些不同方面。下面我们分别看一些相关的例子。

**1. 对语音的影响**

在语言接触过程中，一种语言对另一种语言语音的影响，可以我国海南岛的回辉话为例。回辉话属于南岛语系印度尼西亚语族，跟占语支语言有发生学上的关系。它原来是一种无声调语言，韵母系统中有较多的塞音韵尾。由于受汉语的影响，固有的语音特点逐渐消失，同汉语相似的新质要素逐渐增多，大部分塞音韵尾消失，闭音节变为以元音结尾的开音节；产生出 7 个区别词义的独立调类，形成了一个完整的声调系统。[①]

语言接触对语音的影响还表现在一种语言对另一种语言音位的影

---

[①] 参阅：徐世璇 2004 《汉语对我国少数民族语言接触性影响的类型分析》，载《庆祝〈中国语文〉创刊 50 周年学术论文集》，263-271，商务印书馆。

响。英语中 leisure、bourgeoisie 等词中的[ʒ]音是受法语的影响才产生的。汉语中的"佛"在"佛教""佛经""佛寺""佛龛"等词中读"fó"，也是语言接触的结果。

### 2. 对语汇的影响

语言接触对语汇的影响，最典型的体现在外来词上。任何一个开放的民族，其语言必然会受与它接触的那个民族语言的影响，最容易受影响的恐怕就是语汇的相互借用。汉语在不同历史阶段，有着不同的外来词源。

较早的有来自匈奴、西域的词语，如"琵琶""酥""葡萄""苜蓿""石榴""胡桃""胡琴"，等等。有的来自佛教，如"禅""佛""塔""袈裟""菩萨""和尚""地狱"等，有的在今天我们甚至感觉不到它们是外来词，其实它们也是来自佛教，如"世界""现在""过去""未来""因果""法宝""魔鬼""忏悔""圆满"等。近代和现代，受西方语言（特别是英语）和日语的影响较大，从这些语言中吸收了不少外来词，如"鸦片""沙发""坦克""布丁""咖啡"，"哲学""意识""绝对""积极""消极"，等等。建国初期，由于众所周知的原因，汉语中的外来词主要来自俄语，如"拖拉机""布拉吉"（连衣裙）"杜马"等。改革开放以来，从英语中借用的外来词就更多了，如"托福""克隆""欧佩克""迪斯科""呼啦圈""比基尼"等。

这些外来词，借用方式不同，有的是采用音译的方式，所谓的"借音"，如"咖啡""比基尼"。有的采用音译加意译的方式，如"迷你裙""冰激凌"。有的是音译再加上相应的汉语语素，如"啤酒""卡车"。有的则是直接借形，主要是从日语中借来的，如"知识""法律""艺术"等。

汉语语汇在受其他语言中语汇影响的同时，对其他语言的语汇也有一定的影响，早期主要是对日语、朝鲜语和越南语的影响。随着中国经济的持续高速增长、中国综合实力的不断增强，世界越来越关注中国的方方面面，这就为汉语中的词"外借"到其他语言提供了外在条件。据报道①，汉语中的一些词已经被借到英语中，成为英语语汇家族中的正式成员，如 oolong tea（乌龙茶）、fengshui（风水）、Redology（红学）、tofu（豆腐）、kungfu（功夫）、jiaozhi（饺子）、qipao（旗袍）、mahjong（麻将）、dimsum（点心，粤语音译）等。the lianghui（两会）也曾见诸英语报端。有个"全球语言监督机构"长期使用一种仪器扫描网络，以发现突然冒出的英语新词语，并且跟踪它们的主要用途与使用频率。这家机构曾发布报告称，自 1994 年以来加入英语的新词汇中，"中文借用词"的数量独占鳌头，以 5%-20%的比例超过任何其他语言来源。据统计，《牛津英语词典》中收录的以中文为来源的英语词汇有 1000 多个，包括饮食、生物、宗教与哲学、政治等类别。

语汇受语言接触的影响在构词方面也有所体现。比如，汉语中由"反-""非-""超-""后-""-门"等构成的大量的词语，明显地是受到英语相关语素的影响。有的原本只是记录一个音节而根本没有独立意义的成分，现在已经成了一个独立的语素，可以构造新词，如"酒吧"中的"吧"，现在有"网吧""陶吧"等不同说法。

### 3. 对语法的影响

由于历史的原因，英语一直是香港的强势语言。一般知识阶层很少有不会英语的，不少人的英语水平明显高于汉语普通话水平。在这一态势下，香港地区的汉语受到英语的影响也就不足为怪了。这种影响既体现在语汇的用法方面，也体现在句法结构方面。我们来看下面的一些例子。②

在香港书面汉语中，"多"有一个特殊的用法，例如：

（18）在第一、二阶段，"捕猎者"成功试射了两枚飞弹，到第三阶段，"捕猎者"作出精确瞄准，发射**多**一枚飞弹击中地面上一架当目标的坦克。

这一特殊用法可能是受英语 One more, please 这类表达中 more 用法的影响而又进行了汉语语序改造的结果。

---

① 参阅陈颖《"中文借用词"源源不断注入英语》，《文汇报》2009 年 6 月 6 日，第 1 版。
② 这部分内容参阅：石定栩、朱志瑜、王灿龙 2003 《香港书面汉语中的英语句法迁移》，《外语教学与研究》第 1 期。该文的例子源自香港的报纸。

在标准汉语中，我们一般说"18 或 18 岁以上""35 或 35 岁以下"，即"X 或 X 以上"、"X 或 X 以下"，而很少直接说"X 或以上""X 或以下"；这一表达方式在香港报纸上却频频出现。例如：

（19）他可能面临十年或以上监禁。

（20）英国国家统计局周四公布的研究显示，四十五岁或以下单身男士的死亡机会，比已婚男士高出近二成五。

学过英语的人马上就会意识到，这种表达受到了英语 X or more 和 X or less 的影响。

英语对香港汉语的语序也产生一些影响。例如：

（21）在她挂线之后，几个主持更兴致大发，大谈黄色笑话数分钟。

（22）当了教师九年的彭珊瑚昨日共收廿个惊喜，令她十分高兴。

（23）熟悉拉登的塔利班指挥官表示，他鲜有逗留在同一个地方两天。

（24）他还称，当地游击队员忍耐力奇高，可以生活在环境恶劣的地道内两年。

除了上述表示时段成分和"在……"处所成分的位置发生变化以外，表示频率成分的位置也发生了变化：

（25）他称中共政治局常委每周都要开会一次，重大决策都是由政治局及其常委做出。

（26）马伯怀疑该护士不满被指斥，用脚连番踢向病床边的椅子多次。

汉语语序对毕苏语语序的影响，是语言接触过程中一种语言对另一种语言语法影响的另一个例子。

毕苏语原是 SOV 型语言，由于主语和宾语都处于谓语动词之前，为了明确相应的语法关系，该语言通过两个助词来标记主语和宾语，前者用 no[31]，后者用 na[33]。由于受汉语的影响，近年来，SVO 型句式急剧增加，主语和宾语分别位于谓语动词的两边，语法关系十分明确，于是这两个助词在句法结构中的作用就大大弱化了，因而可有可无，

经常被省略,用得越来越少。例如①:

（27）ŋgu³³　no³¹　jaŋ³³　na³³　sa⁵⁵ne⁵⁵　khoŋ³¹　kuan³¹fu³³
　　　我们　（助）　他　（助）　选　　村　　领导
（我们选他当村长）

（28）ŋgu³³　（**no³¹**）　sa⁵⁵ne⁵⁵　jaŋ³³　（**na³³**）　khoŋ³¹　kuan³¹fu³³
　　　我们　（助）　选　他　（助）　村　　领导
（我们选他当村长）

### 三、语言融合和皮钦语、克里奥尔语

语言接触对语言的影响,除了上述种种情况外,还有两种比较极端的情况:一种情况是造成语言融合,另一种情况是形成皮钦语（pidgin）,甚至克里奥尔语（creole）。

#### 1. 语言融合

**语言融合**是不同民族之间相互接触而形成的一种比较极端的语言接触现象。它是指一种语言排挤和替代其他语言而成为不同民族共用的交际用语。在历史上,汉族周边居住着很多其他民族,他们各有自己的语言。但这些民族经过长期与汉族接触、融合,有很多已放弃了自己的语言而改用汉语。不难想象,语言融合的前提是不同民族之间的杂居。不同民族在居住环境甚至社会环境相对独立的情况下,他们的语言是不可能被放弃的,因为他们用自己的语言完全可以很好地交际。

在语言融合的过程中,最终胜出的语言一般是操这种语言的民族在经济、文化等方面明显优于其他民族。相对落后的民族为了学习先进民族的文化往往会自觉地（有时可能是不得不）学习他们的语言。人口的数量可能也是一个很重要的因素。至于这个民族是不是处于政治上的强势地位,倒不是必要的因素,回想一下我国历史上的元朝和清朝,就不难理解。

---

① 参阅:徐世璇 2004《汉语对我国少数民族语言接触性影响的类型分析》,载《庆祝〈中国语文〉创刊 50 周年学术论文集》,263-271,商务印书馆。

语言融合对不同民族之间的交往有促进作用，也有利于各民族之间的相互团结，从而有利于国家的统一。但同时也应该知道，一种语言或方言的消失，随之而去的是这种语言或方言承载的文化的部分消失。目前，在世界范围内有很多语言已经灭绝，还有很多处于濒危状态。①我国国内也有一些少数民族语言正濒临灭绝。这对语言研究者来说是不幸的，因为每一种语言或方言就是一种宝藏。所以有语言研究者呼吁要抢救这些濒危的语言或方言，利用现代的科学技术建立各种语言或方言的音档以留存后世。

### 2. 皮钦语和克里奥尔语②

**皮钦语（pidgin）**可以说是当地人和外国人接触而产生的一种"临时"语言接触现象，多出现在通商口岸。因为在这些地方，常出现外国的商人、水手或传教士，这些人为了与当地的普通民众交流，就将自己的语言主动地进行简化，包括语音、语汇和语法不同方面，再加上当地的一些语言成分，从而形成一种"支离破碎"的语言，当地人因此就模仿这些说法，皮钦语就这样产生了。

"皮钦语"在中国一般称之为"洋泾浜"。洋泾浜原为上海外滩一河流（早已填没）的名字，在外滩与黄浦江会合。鸦片战争以后，上海辟为商埠，洋泾浜一带成为外国商人聚集的地方。因交际的需要而产生了一种特殊的外语表达。据说，"皮钦"名称的由来是基于中国人对英语 business 一词的不正确发音。

世界上有很多地方都有皮钦语出现。除上海洋泾浜外，还有新几内亚洋泾浜（New Guinea Pidgin）、美拉尼西亚洋泾浜（Melanesian Pidgin）等。由于各地方的语言不同，作为皮钦语的"母本"的语言也会有差异，比如有的以英语为母本，有的以法语为母本，因而在不同地方形成的皮钦语是不一样的。但它们有个共同的特点，就是母本语言的原来发音根据当地语言语音特点作些适当改造，如在上海洋泾浜

---

① 语言的灭绝或濒危，语言融合只是一方面；如今更重要的原因还是操这些语言的人口越来越少，老者渐渐逝去，年轻人因为各种原因不会说这些语言或方言。

② 有学者对此作了专门的研究，可参阅 Mühlhäusler, Peter 1997 *Pidgin and Creole Linguistics*. expanded and revised edition. London: University of Westminster Press.

中，all right 被说成 all light，last car 被说成"拉司卡"，one dollar 被说成"温淘箩"；语法规则尽量简化，比如在美拉尼西亚洋泾浜中，"我看见你"被说成 mi lukim yu，"我的父亲"被说成 papa bilong mi；所使用的词语的数量也尽量减少，很多东西可以通过迂回的方法来表达，如"头发"被说成 gras bilong het（直译是"头上的草"），"胡子"被说成 gras bilong fes（直译是"脸上的草"），"灰烬"被说成 sit bilong paia（直译是"火的粪便"）。有时候是母本语言的词语加上当地语言的语法。①

如今网络上流传的 good good study, day day up，也算是深得洋泾浜遗风吧。

在第二语言教学领域，有个常见的术语叫"**中介语**"，它是指一个人在学习第二语言的时候，由于学得不够地道而或多或少地受到母语或者其他语言的影响而说出的不符合目标语语法、语汇规范的句子。可见，中介语和皮钦语是有区别的。

可以说，皮钦语是个畸形儿。大多数皮钦语随着岁月的流逝而销声匿迹，但也有少数皮钦语会被一部分人当作正式的交际工具，并成为下一代的母语，这种皮钦语就成了一种新的语言，被称作"克里奥尔语"或者"混合语"。简单地说，**克里奥尔语**是已经母语化了的皮钦语。

出现在巴布亚-新几内亚的 Tok Pisin 是世界上现存的最有活力的皮钦语。它有自己的文字、文学、报纸、广播，并且曾经在联合国的大会上用它发言②。由于它刚脱胎于皮钦语，所以在语音、语汇和语法方面还都比较简单。

当克里奥尔语成为一种新的语言的时候，它就会像其他自然语言一样，不断地丰富、发展。

---

① 有关美拉尼西亚洋泾浜的说法，参阅：简·爱切生 1997《语言的变化：进步还是退化？》，徐家祯译，第238-239页，语文出版社。

② 参阅：叶蜚声、徐通锵 1997《语言学纲要》（第三版），第215页，北京大学出版社。

## 思考题

1. 语言演变的特点是什么？
2. 谈谈你对语言演变原因的看法？
3. 语音演变具有哪三个特点？
4. 举例说明语言接触对语言的影响。
5. 皮钦语和克里奥尔语是什么样的关系？
6. 在上海洋泾浜中，all right 被说成 all light，last car 被说成"拉司卡"。为什么？请作具体解释。
7. 你是如何看待语言灭绝的？

---

**本章关键词**

语言演变；语言演变原因；
语言演变特点；语音演变特点；
语言接触；语言融合；
皮钦语；克里奥尔语；中介语

# 附录 1

# 世界语言的分类

世界上的语言到底有多少种,谁也说不清。有的说有 4000 多种,也有的说有 6000 多种。这些语言,有的已经随着会说这种语言的人的死亡而死亡,还有不少正濒临死亡。这些不同的语言,现存也罢,死亡也罢,有着不同的来源,或者说有着不同的"祖先",在表现形式上和结构上也各具特点。我们可以从不同的角度对这些不同语言进行分类。

## 一、语言的谱系分类

历史比较语言学家奥古斯特·施莱歇尔(August·Schleicher)受达尔文学说的影响,提出了自然主义语言观,把语言看作一种有机体。他在描述印欧语系时,把整个印欧语系比作一棵树,树干就是他构拟的印欧"母语"(即原始印欧语),支干是各种印欧语,细支就是各种印欧语的现代方言。① 这是**语言谱系**树理论的由来。施莱歇尔的自然主义语言观虽然遭到批评,但他的语言谱系说影响较大。语言的谱系分类由此产生。

语言的谱系分类是以语言的共同祖先为基础的,所以又叫**发生学分类**。那些由同一语言分化而成的不同语言被称为"**亲属语言**",它们之间的关系是一种亲属关系。亲属关系越近,其间的共同点就越多,这类似于人的基因遗传。这种分类把具有共同来源的亲属语言归为同

---

① 参阅:徐志民 2005 《欧美语言学简史》(修订本),第 108 页,学林出版社。

一个语系,并根据亲疏的程度进而分为语族、语支。这样,语系是分出来的最大的类,同一语系之下可以分成若干语族,同一语族之下又可以分出若干语支,有时甚至在语支之下再分出若干语群。可简单图示如下(图9-1):

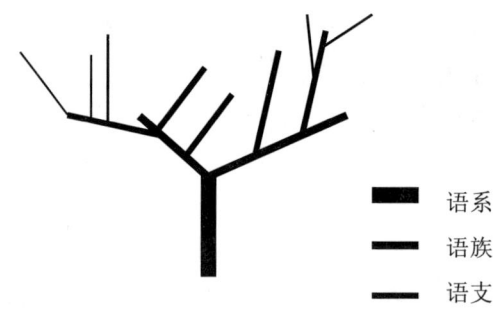

图9-1 语言谱系示意图

世界上的语言谱系到底如何,并不是十分清楚,学者之间的意见也不尽一致。主要的语系及语族有[①]:

1. **汉藏语系**。包括汉语族、藏缅语族、壮侗语族和苗瑶语族。汉藏语系的语言除汉语、藏语外,还有老挝语、缅甸语、阿昌语、景颇语、土家语、苗语、瑶语等。

2. **印欧语系**。包括日耳曼语族、罗曼语族、凯尔特语族、希腊语族、斯拉夫语族等。英语、德语、意大利语、法语、俄语等都属于印欧语系。

3. **闪-含语系**。包括闪米特语族、柏柏尔语族、库施特语族和乍得语族。阿拉伯语、希伯来语、索马里语等都属于这个语系。

4. **阿尔泰语系**。包括突厥语族、蒙古语族、通古斯语族。属于这一语系的语言有土耳其语、哈萨克语、维吾尔语、蒙古语、满语等。

5. **乌拉尔语系**。包括芬兰-乌戈尔语族和萨莫耶德语族。芬兰语、马里语、匈牙利语等都属于这一语系。

6. **马来-玻利尼西亚语系(南岛语系)**。包括印度尼西亚语族、密克罗尼西亚语族、美拉尼西亚语族和玻利尼西亚语族。印度尼西亚语、

---

① 参阅:戚雨村 1985 《语言学引论》,第310-327页,上海外语教育出版社。

爪哇语、菲律宾语、马来语、高山语、夏威夷语等都是这一语系。

除上述几种语系外，还有其他数种语系。在这些不同语系中，汉藏语系和印欧语系是使用人数最多的两个语系。汉藏语系普遍运用声调来区别意义，可见"运用声调来区别意义是汉语的特点"这类说法是不妥的。在我们熟悉的语言中，日语、韩语和越南语属于哪个语系尚不清楚。

我国境内大部分民族语言分属汉藏语系和阿尔泰语系。

具有共同来源的不同语言之间，由于亲疏程度的差异，具有或多或少的相似之处，无论在语汇方面还是在语法形式方面。由于语言的发展分化，在语音方面可能有很大的不同，不过这种不同呈现出成规律的对应性。基于语言亲疏关系这一理念，历史比较语言学家试图通过对具有亲属关系的语言进行比较构拟出它们的共同"母语"。

谱系树理论把语言的发展变化看得过于单纯，实际上，语言的发展变化还受到语言接触的影响，而语言接触并不限于具有亲属关系语言之间的接触，这就自然影响到母语构拟的可靠性。根据语言接触的这一特点，施莱歇尔的学生施密特（J. Schmidt）提出了著名的"波浪说"以弥补谱系说的不足。**波浪说**，顾名思义，这是一种比喻的说法，就是把不同的语言看作处于同一个湖面，两种或以上的语言的非边缘地带像被投了石子，激起的波浪不断地向外扩散，结果波浪之间就相互接触，从而对各自的语言产生程度不同的影响。

### 二、语言的类型分类

语言的谱系分类依据的是语言之间的亲属关系。类型分类则不然，它不受亲属关系的约束，它依据的是语言结构的特征，把在结构方面具有共同性的语言归为一类。语言结构具有多方面的特征，因而语言的类型分类也可以从不同角度进行。

#### 1. 形态分类

语言的形态分类是根据语言语法中的形态的特点给各种语言所进行的分类。较早对语言作这种分类的是德国语言学家威镰·洪堡特（Wilhelm von Humboldt），他把语言分为 3 种：孤立语、粘着语和屈折语。后人在此基础上又增加一类：多式综合语（又称编插语）。

孤立语（isolating language），又称词根语，其主要特点是，在表示语法意义和语法关系时所使用的手段不是通过构形变化这样的屈折形态标志，而是借助语序和虚词。汉语、越南语、苗语等都属于这一类。

粘着语和屈折语有个共同点，就是它们都有构形形态标志；但两者也有区别：

粘着语（agglutinating language）的主要特点是没有内部屈折，它的词根几乎在任何情况下都不发生变化。每一个构形形态标志只表示一种语法意义，每种语法意义也总是由同一个构形形态标志表示，构形形态标志和语法意义之间是一一对应关系。因此，一个词如果要表示三种语法意义就需要三个构形形态标志。来看土耳其语的一个例子，在 sev-erek-dir-ler（他们将要爱）中，sev- 是动词词根，是"爱"的意思，形态标志-dir 表示第三人称，-ler 表示复数，-erek-表示将来时。斯瓦希里语 wa-ta-si-po-ku-ja（假如他们不来）中，ja 是词根，"来"的意思，wa-表示第三人称复数（只用于施事是人物的场合），-ta-表示将来时，-si-表示否定，-po-表示假定，-ku-表示这个词是动词。

屈折语（inflecting language）的主要特点是词根有内部屈折，即通过变化词根中的辅音或元音表示一定的语法意义。例如英语中的 lend（借给），其过去式是 lent；know（知道）的过去式是 knew；tooth（牙齿，单数）的复数形式 teeth。此其一。其二，一个形态标志可以同时表示几种语法意义，如英语中 runs 的-s 同时表示第三人称、单数、一般现在时，俄语名词 работа（工作）中的-a，同时表示阴性、单数、第一格等语法意义；另一方面，同一语法意义也可以用不同的形态标志来表示，如英语中的 books 和 oxen 都是名词的复数形式，复数这一语法意义分别由-s 和-en 来表示的。

多式综合语（polysynthetic language）的主要特点是动词谓语包含各种复杂的成分，它们在一起，相当于其他语言的一个句子。例如北美契努克语的 i-n-i-á-l-u-d-am 中，第一个 i-表示过去时，-n-表示第一人称单数，第二个-i-相当于代词宾语（这个），-á-相当于另一个代词宾语（她），-l-表示前面的代词宾语 á 是间接宾语，-u-表示动作离开说话的人（即他交给某人什么东西，而不是向某人索取什么东西），-d-是动词词根（给），-am 表示动作（来）是有目的的。这样，它们在一起的意思是"我来是为了把这个东西交给她"。再看美洲阿尔贡金语的一个例子。在 akuo-pi-n-am 中，akuo-是词根，"拿"的意思，-（e）pi-是"水"的意思，-（e）n-是"用手"的意思，-am 是"它"的意思，因而它们合在一起的意思就是"他从水中拿起它"。

关于多式综合语，也有人认为它跟粘着语和屈折语之间的差别，仅仅在于它是一个极端的例子，把多数语言中属于几个词的范畴结合在一个语法词内。这种类型并没有采用词的结构方面的实质性的新特征，它仅仅在词中增加了粘着语素的数目。①

上面介绍了形态分类的大致情况。其实，就某一种语言而言，并不一定那么单纯。

除上述分类外，也有人把语言分为综合语和分析语。**综合语**的特点是主要用屈折形态标志表示各种句法、语义关系；**分析语**则主要用语序和虚词来表示各种句法、语义关系。俄语、德语等属于综合语，汉语、英语等属于分析语。

### 2. 语序分类

语序分类是根据语言中主语（S）、谓语动词（V）和宾语（O）的相互位置关系给语言所作的分类。从理论上来说，这三者之间的排列可能性有 6 种：SVO、SOV、VSO、OSV、VOS、OVS。一种语言往往采用其中一种作为主要语序。从语言的实际情况来看，不同语言对这 6 种语序的选择结果非常不平衡。其中，SVO 和 SOV 两种语序在所调查的语言中占绝对优势，占 90%。再加上 VSO 这种语序，它们在语言中所占的比例达到 96%。VOS 和 OVS 这两种语序的语言几乎不见，尤其是后者，在现有的调查中尚未发现。② 正是这个缘故，语言学家非常重视 SVO 和 SOV 这两种语言。

---

① 参阅：罗·亨·罗宾斯 1986《普通语言学概论》，李振麟、胡伟民译，第 412 页，上海译文出版社。

② 参阅：石毓智 2004《汉语研究的类型学视野》，第 19 页，江西教育出版社；刘丹青 2003《语序类型学与介词理论》，第 38 页，商务印书馆。

汉语、英语主要是 SVO 类语言，日语、韩语是 SOV 类语言。我们来看看日语的例子：

（1）わたしは日本語を勉強します。（我学习日语）

（2）田中さんは手紙を書いています。（田中先生在写信）

例（1）中的"日本語"和例（2）中的"手紙"都是宾语，"を"是宾语标志。

语序分类与形态分类不仅仅是分类角度的不同，语序分类的一个极其重要的转变是，语言类型学家并不是停留在对语言的分类上，而是在此基础上进一步探讨与语序有关的语言的其他特征，发掘语言之间的共性特征和特征之间的蕴含关系，比如在以 SVO 为主的语言中介词前置（汉语、英语），而在以 SOV 为主的语言中，介词后置（韩语、日语）。这是类型学研究的一个很大的跨越。实现这种跨越的第一人是格林伯格（Greenberg）。他在对数十种语言进行观察的基础上提出了几十条共性，当然后人对此作了不同程度的修正。

SVO 类语言的典型句法特征是介词短语位于动宾短语之后，看看英语的例子：

（3）He was criticized by his teacher.（他被老师批评了）

（4）Mary is prettier than her sister.（玛丽比她妹妹漂亮）

（5）He works in Shanghai.（他在上海工作）

（6）Jack opened the door with this key.（杰克用这把钥匙开的门）

古代汉语在这方面跟英语非常相似，但现代汉语则发生了变化。有人认为，现代汉语正处于从 SVO 类语言向 SOV 类语言过渡的阶段。对此学术界有不同看法。

### 3. 主题/主语分类

在对句子进行分析时，涉及两个重要的概念：主题和主语。不同语言在主题、主语的表现上有所不同，有的侧重主题，有的侧重主语，有的语言中主题和主语并重，有的语言则都不侧重。据此，有人把语言分为 4 类：

第一类是主题明显（topic-prominent）的语言，如汉语、拉祜语等；

第二类是主语明显（subject-prominent）的语言，如英语；

第三类是主题和主语都明显（both topic-prominent and subject-prominent）的语言，如日语；

第四类是主题和主语都不明显（neither topic-prominent nor subject-prominent）的语言，如菲律宾语。

在主题明显的语言中，一个句子并不一定要求有主语出现，但一般都需要出现主题，主题往往是有定的，充当主题的除了施事、受事以外，还有其他多种语义成分，有时主题跟句子中的谓语动词的关系十分松散。例如：

（7）今天不去了。

（8）这儿讲话不方便。

（9）婚姻的事，你自己做主。

（10）这棵树，花小，叶子大。

（11）那场火，幸亏消防队来得早。

（12）他们，你看着我，我看着你，一点办法也没有。

（13）我每天吃过晚饭后，散散步，回来后看一会儿电视，然后再看书。

赵元任还举过这样的例子[①]：

（14）他是个日本女人。（所要表达的意思是：他的用人是个日本女人）

（15）我比你尖。（我的铅笔比你的尖）

在主语明显的语言中，主语不能省略，有时实在找不到主语，也来个形式主语，如英语中：

（16）It is raining hard.（雨下得很大）

（17）It is going to snow.（要下雪了）

在主题和主语都明显的语言中，在对句子的结构进行描写时，主题和主语都很重要。在日语中，主题和主语都有标记词，前者是は，后者是が。就具体的句子而言，有的句子有主题，没有主语；有的句子有主语，没有主题；有的句子既有主题，又有主语。例如：

---

[①] 赵元任 1979 《汉语口语语法》，吕叔湘译，第 45 页，商务印书馆。

(18)わたしは 中国人です。(我是中国人)

(19)明日だれが来ますか。(明天谁要来？)

(20)日本は新聞の種類が多いですね。(日本报纸的种类真多啊!)

语言类型学的研究弥补了单一语言研究的不足，为观察人类语言的本质提供了单一语言研究所不能提供的视角，也为单一语言的研究提供了在语言内部所达不到的视角。[①] 因而越来越受到语言研究者的重视。

---

[①] 刘丹青 2003 《语序类型学与介词理论》，第5页，商务印书馆。

# 附录 2
# 术语索引及简要解释

　　* 正文中出现的重要术语，音序排列，括号里标注的页码为对相关术语做解释的地方，以方便查阅。对术语的全面理解还需要参阅正文中的相关论述。

【变换分析法（116）】将具有某种相同格式意义的句法结构体（一般是句子）变换为另一种句法结构体的方法。变换前后的句子必须由同一组实词构成并且意义相当。

【层次分析法（111）】又叫"**直接成分分析法**"，简称 IC 分析法。是对一个复杂结构体进行层层二分（并列结构除外）的一种分析方法。在句法层次上进行层次分析时，一般分析到词为止。层次分析法不考虑两个直接成分之间的句法关系。

【成分-层次分析法（114）】是指在分析一个句子或句法结构时，同时兼顾到语言组合的层次性和直接成分之间结构关系的一种分析方法。

【词（83）】能够独立运用的最小的语言单位，是比语素高一级的语法单位。所谓"独立运用"是指能够自由地用来造各种不同的句子。

【词类（104）】指的是为了说明语法结构规律而分出的类，如名词、动词、形容词、介词等。

【词义（121）】是人们对客观世界中的事物、现象、行为和状态等的概括认识。词义具有主观性、概括性、模糊性、多面性和民族性特点。词义有理性意义和附加意义之分。附加意义包括情感意义、语体意义和形象意义等。

【**词义变化**（131）】是指词的早期意义与后来的意义在指称范围或指称对象方面发生的变化。共时方面的临时变化不是词义变化，但它可能是词义变化的前奏。词义变化有词义的扩大、词义的缩小和词义的转移等。

【**词义关系**（127）】是指在特定的语言系统中词的义位（义项）与义位（义项）之间的关系。有同义关系、反义关系、上下义关系和整体-部分关系等。

【**短语**（84）】是由词组成的比词高一级的语法单位。

【**对比语言学**（9）】是对两种（或以上）的语言（不管是否具有亲属关系）进行不同方面的比较，找出其异同。可以是具体词语用法的对比，也可以是某一范畴的对比，甚至是整个体系的对比。

【**反义关系**（129）】指的是在特定的语言语汇系统中两个（或以上）的词在意义上相反或相对立。有绝对反义词和相对反义词之分。

【**非音质音位**（66）】相对音质音位而言，它不是通过音质来区别意义。包括调位、重位和时位。

【**格式塔原则**（47）】简单地说，物体相对稳定的形状在我们的头脑中形成以后，我们就会按照这个形状来理解这个物体，即便缺少某一部分，也按照该形状的整体来理解。格式塔原则在语言上的体现就是把我们熟悉的、不完整的表达形式补充完整之后来理解。

【**共时语言学**（8）】研究某种语言在一定的发展阶段的状况，研究语言在共时平面的结构和规律，对语言的语音、语汇和语法等方面进行详细的描写，所以，共时语言学又称**描写语言学**。

【**关联**（211）】是指听话人将说话人提供的新信息与自己已经掌握的信息联系起来、进行推理之后获得的一定的语境效果。

【**广义形态**（95）】是指通过任何语法手段（包括屈折手段和非屈折手段）所表现的形态。

【**合作原则**（170）】是美国语言哲学家格赖斯（H. P. Grice）提出的，指的是交际双方为了使言语交际能顺利进行下去以便能达到某种交际目的而采取的共同配合、互相合作的态度。它包括数量准则、质量准则、关联准则和方式准则。对合作原则不同准则的表面违反会产生会话含义。

【互显（209）】在一个共享的认知环境中，一个事实对甲来说是显现的，就是说甲知道这一事实，乙知道甲知道这一事实，并且甲也知道乙知道他知道这一事实。

【话语意义（169）】是指特定语境中句子的意义。话语意义和句子意义可以一致，也可以不一致。不一致时就产生了"会话含义"。

【会话含义（167）】就是平常所说的超出句子字面意义的"弦外之音""言外之意"。

【间接言语行为（162）】指的是说话人的意图不是由话语的字面用意直接表示出来的言语行为。间接言语行为，根据对其交际意图推断的性质，可分为"规约性"的和"非规约性"的两类。

【经济原则（42）】是指在不影响交际（表义明确）的前提下，语言的编码趋向从简。在需要强调的时候，经济原则退居其次。

【句类（108）】根据句子的不同语气分出的类。有陈述句、祈使句、疑问句和感叹句。

【句型（109）】根据句子格局特点而归纳出来的不同的类。句子的格局特点与谓词（有人称为"述词"，包括动词和形容词）有很大的关系。

【句子（86）】是具有一种独立语调、表达一个或几个事件、与现实世界（或虚拟的可能世界）发生联系的语法单位。汉语中通常把句子分为单句和复句。

【句子意义（169）】是指脱离语境的句子的字面意义。

【具体语言学（7）】是以某一个别的语言为研究对象的语言学，如对汉语的研究。

【聚合关系（20）】是指在一定的语言环境中能够相互替换的成分所形成的一种关系。

【克里奥尔语（235）】是已经母语化了的皮钦语。

【类推（40）】一般指对语法中的不规则现象作规则化处理。类推在构词、修辞学上都起着一定的作用。类推是人类认知的普遍机制之一。

**【礼貌原则**（179）**】**由利奇（G. Leech）等人提出，是指在交际中对交际对方采取的一种比较得体的礼貌表达方式。礼貌原则包括六个准则：得体准则、慷慨准则、赞誉准则、谦逊准则、一致准则和同情准则。

**【历时语言学**（8）**】**研究语言不同方面在各个不同历史阶段的演变情况。

**【历史比较语言学**（8）**】**利用语言学中专门的历史比较法来研究具有共同来源的语言（即亲属语言）的历史发展情况。

**【邻近原则**（43）**】**我们在理解话语时，在很多情况下是按照就近的原则来理解，这种"近"不仅仅是空间方面的，也可以是语篇、时间、话题等方面的。

**【默认原则**（34）**】**就是我们在理解词语或句子时自觉地按照我们对它们的常规理解去理解，而不是故意地"抬杠"，从所谓的逻辑角度诡辩。

**【粘着语素**（82）**】**指的是既不能独立成词、在作构词成分时其位置固定、词汇意义又是很虚的语素，一般称之为"词缀"。

**【皮钦语**（234）**】**可以说是当地人和外国人接触而产生的一种"临时"语言接触现象，多出现在通商口岸。"皮钦语"在中国一般称之为"洋泾浜"。

**【普通语言学**（7）**】**以人类语言为研究对象，探索各种语言之间的普遍性质和一般规律。普通语言学要以具体语言学的研究成果为基础。

**【歧义**（141）**】**指一个句法结构体具有两种（或以上）的意义。造成歧义的原因多种多样。

**【取效行为**（160）**】**指的是说话人说出的话在听话人身上可能引起反应的一种行为。

**【认知环境**（208）**】**是指人们对显现的事实的总体了解。一个个体总的认知环境是他的物理环境和其认知能力相互作用的结果。

【上下义关系】(130)】由于对客观世界认识概括程度的不同,具有不同概括程度的相关的词就构成上下义关系,概括程度较高的是"**上义词**",概括程度较低的是"**下义词**"。上义词和下义词往往只是相对而言的。

【树形图分析法】(115)】是转换生成语法进行句子分析时所使用的一种基本方法,它把结构体的直接构成成分以近似倒树形的方式展示出来,每个节点都标注语类,如 NP、VP、N、V 等。

【说话行为】(160)】指的是说话人说出话语的一种行为。

【条件变体】(62)】是指在一定的语音系统中各有一定的出现场合、彼此形成互补分布而同属于一个音位的两个或两个以上的音素。

【同义关系】(127)】指的是在特定的语言语汇系统中两个(或以上)的词在理性意义上的相同或相近似。几个同义词之间总有这样或那样的区别。

【系统】(17)】可以理解为由两个以上相互联系与相互作用的要素组成的具有特定结构和功能的有机整体。系统具有整体性、层次性和功能性。系统有封闭系统和开放系统之分,开放系统具有自我调节功能,也就是自组织性。

【狭义形态】(95)】是指通过构形变化等屈折语法手段所表现的形态。

【羡余】(37)】就是某成分在传达信息过程中因另一成分的存在而显得信息重复,因为它所传达的信息已包含在另一成分之中。语言的羡余现象有的出于语法的需要,有的出于语义凸显的需要。

【形态】(95)】指的是语法意义和语法手段的结合。有屈折形态和非屈折形态之分。学界对形态的理解一般是狭义的,对形态应该作广义的理解。

【言语】(6)】言语指说出来的或写在文章中的一句句话。

【言语行为】(160)】通过言语形式实施的行为。有人把言语行为分为说话行为、意向行为和取效行为三类;也有人把言语行为分为直接言语行为和间接言语行为两种。

【义素】(133)】是指词的某个义项意义的构成要素。

【义素分析】(133)】指的是把词的某一义项进行分解,得出最基本的语义成分。

【意向行为】(160)指的是说话人通过说出话语去达到一定的交际目的的一种行为。

【音高】(57)是指声音的高低,它取决于物体振动的频率。是语音四要素之一。

【音强】(57)是指声音的强弱,它取决于物体振动的幅度(振幅)。是语音四要素之一。

【音素】(54)它是从音质角度划分出来的最小的语音单位。有元音和辅音之分。音素之间的差异是由发音部位和发音方法某方面的不同造成的。

【音位】(59)是指在一定的语音系统中能够区别意义的最小的语音单位。根据区别意义方式的不同,音位可以分为音质音位和非音质音位。

【音位变体】(61)属于同一个音位的各个音素是该音位的不同变体。有自由变体和条件变体之分。

【音长】(58)是指声音的长短,它取决于物体振动时所持续的时间。是语音四要素之一。

【音质】(58)又叫"音色",是指声音的本质和特色。是语音四要素之一。

【语法】(76)是任何语言中都客观存在着的、带有规律性的、同时也有例外的东西。语法具有客观性、规律性、相对稳定性和可变性。

【语法范畴】(98)指的是对用某种语法手段所表示的具体语法意义的更高层次的概括。常见的语法范畴有数范畴、格范畴、性范畴、时范畴、体范畴和态范畴。

【语法功能】(105)语言学界对语法功能的理解存在着分歧:一是指词与词之间的排他的相互结合的能力和结合关系,二是,除此之外,还包括词在句子中充当什么句法成分。语法功能,有人称之为句法功能。

【语法手段】(92)就是语法形式的表现手段,也就是特定的语法意义是通过哪些具体方式表现出来的。主要的语法手段有语序、虚词、构形变化、内部屈折和重叠等。

【语法形式（92）】是表示某种语法意义的形式。语法形式可以有不同的表现手段。

【语法学（76）】是对客观语法规律性东西进行探讨、描写和解释的学问。语法学可以有广义和狭义不同理解，狭义语法学只研究句法层次方面，广义语法学还研究词法。语法学具有主观性，语法学体系具有多样性。

【语法意义（92）】就是通过一定的形式所表示出的抽象、概括意义。

【语境（169）】对语境的最狭义的理解是把它看作语言的上下文，即一个句子在更大的语言段落中所处的位置。对语境的广义理解还包括语言外的种种因素，如言语活动发生的时间、地点、参加者等等。

【语境效果（210）】就是交际的一方所提供的信息（其实不限于话语）对另一方的认知环境（即原有的对世界的种种信念）产生一定程度的影响。

【语流音变（68）】在连续的语流中，一个音往往由于受邻近的音的影响，或者受其他因素的影响，原来的发音可能发生临时性的变化，因这种变化是发生在语流中的，所以叫"语流音变"。有同化、异化、弱化、脱落和加音几种。

【语素（80）】是最小的语音和语义结合体，是最低一级的语法单位。语素可以从不同的角度进行分类，有自由语素、准自由语素、粘着语素（词缀）和准粘着语素（类词缀）之分；有实语素和虚语素之分。

【语素组（83）】指的是由两个（或以上）的语素组成的结构体。

【语言（6）】语言是从言语中抽象、概括出来的相对稳定的言语成分。

【语言的符号性（12）】语言中的形式和意义之间没有什么必然的、本质的联系。语言符号具有任意性、线条性和可变性。

【语言的内部功能（24）】是指语言的自我调节功能。自我调节功能体现在词语的更替、词义的演变、形态种类的变化等方面。

【语言的外部功能（24）】是指通过语言达到一定目的或者反映某种社会现实的功能。语言的外部功能体现在多方面：语言是人类最重要的交际工具；语言能反映群体的某些特征；语言是社会生活的记录；语言的思维工具功能；语言是信息的载体。

【语言接触 (229)】是指操不同语言的人之间的接触而引起的语言上的接触。语言接触对语言的语音、语汇和语法都可能会产生影响。产生影响最大的是语汇方面。

【语言融合 (233)】是不同民族之间相互接触而形成的一种比较极端的语言接触现象。它是指一种语言排挤和替代其他语言而成为不同民族共用的交际用语。

【语言学 (1)】语言学是以语言为研究对象的一门科学；语言学是研究语言及其相关问题的科学。

【语言演变 (218)】是指语言在历时发展过程中在语音、语汇和语法方面发生的程度不同的变化。语言演变具有渐变性和不平衡性这两个特点，其中语音演变具有条件性、时间性和地域性三个特点。

【语义场 (135)】一些有共同语义域的词语在一起所形成的一种聚合。语义场存在层次的差异。

【语义角色 (144)】是指动词和名词之间的语义关系。常见的语义角色有施事、受事、处所、时间、工具、材料等。

【语义指向 (145)】是指句法结构中的某个句法成分与另一个成分在语义上相联系的情况。存在语义指向关系的句法成分有定语、状语和补语。语义指向有前指和后指上的差别。

【语音 (52)】它指的是人类语言中能够传达意义的声音。语音具有物理属性、生理属性和社会属性。社会属性是语音的本质属性。语音的物理属性包括音高、音强、音长和音质这四个方面，它们构成语音的四要素。

【语用学 (159)】研究具体语境中人们如何使用语言以及如何理解语言的一门学问。

【预设 (147)】就是说话人在传递某种信息时，认为听话人对某些信息已经了解，以此为前提向听话人传递新的信息。预设有语义预设和语用预设之分。

【预设触发语】(150) 指能触发预设功能的词语。有些句法结构也有触发预设的功能。

【整体-部分关系】(131) 在几个相关的词中，其中一个词的词义指称对象在认知上涵盖其他几个词的指称对象。

【直接成分】(111) 是指结构体的两个成分是直接组合而成的，它没有经过其他成分的中介，从切分的角度看，一个结构体每次切分出来的两个成分彼此是一对直接成分。

【直接言语行为】(161) 指的是说话人的意图直接由话语的字面用意来表达的言语行为。

【指示语】(193) 就是表示指示信息的词语。有人称指示、时间指示和地点指示等几种。

【中介语】(235) 它是指一个人在学习第二语言的时候，由于学得不够地道而或多或少地受到母语或者其他语言的影响而说出的不符合目标语语法、语汇规范的句子。

【中心词分析法】(110) 又叫"成分分析法"，就是，拿来一个句子，先把它分成主语部分和谓语部分，再找出各自的主干成分，然后才找出枝叶成分（次要成分）。

【准粘着语素】(82) 指的是曾经的自由或准自由语素逐渐向粘着语素发展，或者在原有意义上发展出新的具有词缀性质（定位）但还有着某种抽象意义的语素。

【准自由语素】(82) 指的是虽然不能独立成词但作为构词成分时它在词中的位置是自由的不确定的语素。

【自由变体】(61) 处在相同的语音环境中而不能区别意义的、可以自由替换的两个或两个以上属于同一音位的音素。

【自由语素】(82) 指的是能够独立成词的语素。

【组合关系】(20) 是指语言符号线性排列的一种顺序关系，包括音位与音位的组合、语素与语素的组合，句法层次上还有词语与词语的组合。句法组合方面存在一定的选择限制，有词类限制、语义限制和搭配限制，在汉语中有时还有韵律的限制。

【最大关联】(214) 是就关联的范围来说的，是指听话人利用其不同层次的认知环境对说话人的话语作尽可能多的理解之后获得的语境效果。

**【最佳关联**(213)】指听话人付出最小的加工精力又能获得最大的语境效果这种情况。

# 参考文献

曹剑芬 1996 《普通话语音的环境音变与双音子和三音子结构》,《语言文字应用》第 2 期。

曹剑芬 2003 《关于语言本质问题的一些思考——人机对话的启示》,载胡裕树等著《方光焘与中国语言学——方光焘先生纪念文集》,北京语言大学出版社。

陈其荣 1995 《自然辩证法导论》,复旦大学出版社。

陈 融 1986 《面子·留面子·丢面子》,《外国语》第 4 期。

陈 颖 2009 《"中文借用词"源源不断注入英语》,《文汇报》2009 年 6 月 6 日。

戴维·克里斯特尔编 2000 《现代语言学词典》,沈家煊译,商务印书馆。

邓炎昌、刘润清 1994 《语言与文化》,外语教学与研究出版社。

刁晏斌 2006 《现代汉语史》,福建人民出版社。

方光焘 1997 《方光焘语言学论文集》,商务印书馆。

冯志伟 2013 《现代语言学流派》(增订本),商务印书馆。

盖兴之 1986 《基诺语简志》,民族出版社。

高名凯、石安石主编 1963 《语言学概论》,中华书局。

高有祥 2001 《广播电视有声语言冗余度新探》,《中国语文》第 4 期。

何兆熊主编 2000 《新编语用学概要》,上海外语教育出版社。

何自然、冉永平 2009 《新编语用学概论》,北京大学出版社。

胡附、文炼 1990 《现代汉语语法探索》，商务印书馆。

胡习之 2014 《核心修辞学》，中国社会科学出版社。

胡裕树主编 1987 《现代汉语》（增订本），上海教育出版社。

霍凯特 1986 《现代语言学教程》上册，索振羽、叶蜚声译，北京大学出版社。

贾彦德 1999 《汉语语义学》，北京大学出版社。

简·爱切生 1997 《语言的变化：进步还是退化？》，徐家祯译，语文出版社。

姜望琪 2007 《当代语用学》，北京大学出版社。

蒋绍愚 2003 《"给"字句、"教"字句表被动的来源》，载吴福祥、洪波主编《语法化与语法研究》（一），商务印书馆。

金立鑫 2003 《语言学的经验科学性质》，《语言科学》第2期。

居心安 2009 《"泰山"与"岳父""丈人"》，载蒋逸征主编《词踪》，上海锦绣文章出版社。

李赋宁 1997 《英语史》，商务印书馆。

李行健 1995 《词义演变漫议》，文载《词汇学新研究——首届全国现代汉语词汇学学术讨论会选集》，语文出版社。

李宇明 2018 《语言学是一个学科群》，《语言战略研究》第1期。

刘丹青 2003 《语序类型学与介词理论》，商务印书馆。

刘焕辉 1986 《言语交际学》，江西教育出版社。

刘照雄 1981 《东乡语简志》，民族出版社。

卢英顺 2004 《语言理解中的邻近性原则》，《安徽师范大学学报》第4期。

卢英顺 2005 《形态和汉语语法研究》，学林出版社。

卢英顺 2005 《语言理解中的格式塔原则》，《修辞学习》第5期。

卢英顺 2008 《语言研究的系统观》，《语言研究集刊》第五辑，上海辞书出版社。

卢英顺 2014 《语法、语汇研究10大认识问题》，学林出版社。

卢英顺 2016/2020《关于"句式"研究的一点理论思考——以"放置"类动词为例》，载卢英顺《语言问题新探索》，上海社会科学院出版社。

卢英顺 2020 《新句式观与对外汉语动词教学》,载《对外汉语研究》第二十二期,商务印书馆。

卢英顺 2020 《语言问题新探索》,上海社会科学院出版社。

卢英顺 2021 《语义理论和汉语语义问题》,上海社会科学院出版社。

卢英顺 2023 《语义羡余的种类、原因及机制》,《对外汉语研究》第二十七期,商务印书馆。

卢英顺 2024 《现代汉语语汇学》(第二版),南开大学出版社。

陆俭明 1997 《八十年代中国语法研究》,商务印书馆。

陆俭明 2003 《现代汉语语法研究教程》,北京大学出版社。

陆绍尊 1986 《错那门巴语简志》,民族出版社。

罗·亨·罗宾斯 1986 《普通语言学概论》,李振麟、胡伟民译,上海译文出版社。

马学良、瞿霭堂、黄布凡、罗美珍、王远新 1997 《普通语言学》,中央民族大学出版社。

梅耶 1957 《历史语言学中的比较方法》,岑麒祥译,科学出版社。

倪宝元 1983 《修辞》,浙江人民出版社。

帕默尔 1983 《语言学概论》,李荣等译,商务印书馆。

彭飞等主编 2011 《88人畅谈 学地道的日语》,大连理工大学出版社。

戚雨村 1985 《语言学引论》,上海外语教育出版社。

饶长溶 1983 《谈谈胡裕树主编《现代汉语》(修订本)的析句方法》,中国语文杂志社编《语法研究和探索》(1),北京大学出版社。

申小龙主编 2003 《语言学纲要》,复旦大学出版社。

石定栩、朱志瑜、王灿龙 2003 《香港书面汉语中的英语句法迁移》,《外语教学与研究》第1期。

石毓智 2004 《汉语研究的类型学视野》,江西教育出版社。

田德生等 1986 《土家语简志》,民族出版社。

王德春 1997 《语言学概论》，上海外语教育出版社。

王希杰 1994 《"三白"和"皛饭"》，载于根元、张朝炳、韩敬体编《语言的故事》，东方出版社。

维多利亚·弗罗姆金、罗伯特·罗德曼 1994 《语言导论》（第4版），沈家煊等译，北京语言学院出版社。

维多利亚·弗罗姆金、罗伯特·罗德曼、妮娜·海姆斯 2018 《语言导论》（An Introduction to Language）（第8版），王大惟、朱晓农、周晓康、陈敏哲译，北京大学出版社。

伍铁平 1994《语言学是一门领先的科学》，北京语言学院出版社。

伍铁平主编 1995《普通语言学概要》，高等教育出版社。

徐烈炯 1981 《概念的命名和词义的理据》，《外国语》第4期。

徐烈炯 1990《语义学》，语文出版社。

徐世璇 2004 《汉语对我国少数民族语言接触性影响的类型分析》，《庆祝〈中国语文〉创刊50周年学术论文集》，商务印书馆。

徐悉艰、徐桂珍 1984 《景颇族语言简志（载瓦语）》，民族出版社。

徐晓彬 2008 《语言"短路"》，郝铭鉴主编《咬文嚼字三百篇》，上海文化出版社。

徐志民 2005 《欧美语言学简史》（修订本），学林出版社。

杨伯峻、何乐士 1992 《古汉语语法及其发展》，语文出版社。

叶蜚声、徐通锵 1997 《语言学纲要》（第三版），北京大学出版社。

于根元、张朝炳、韩敬体 1994 《语言的故事》，东方出版社。

余志鸿、黄国营主编 1994 《语言学概论》，山西高校联合出版社。

张世禄主编 2000 《古代汉语教程》（修订本，上册），复旦大学出版社。

张志毅、张庆云 2000 《柏拉图以来词义说的新审视》，《中国语文》第2期。

赵元任 1979 《汉语口语语法》，吕叔湘译，商务印书馆。

赵元任 1980《语言问题》，商务印书馆。

中国社会科学院语言研究所词典编辑室 2016 《现代汉语词典》（第7版），商务印书馆。

Bauer, Winifred 1998 Some Languages Have No Grammar, in *Language Myths*, edited by Laurie Bauer & Peter Trudgill, London: Penguin Books Ltd.

Blake, Barry J. 2005 *Case* （《格范畴》），北京大学出版社。

Corbett, Greville G. 2005 *Number* （《数量范畴》），北京大学出版社。

Leech, Geoffrey 1983 *Principles of Pragmatics*, London: Longman.

Mey, Jacob L. 2001 *Pragmatics: An Introduction*, 2nd Edition, Oxford: Blackwell Publishers Ltd.

Robins, R. H. 2000 *General Linguistics*（《普通语言学概论》第 4 版），外语教学与研究出版社。

Saeed, John I. 2000 *Semantics*（《语义学》），外语教学与研究出版社。

Sperber, Dan & Deirdre Wilson 1995 *Relevance: communication and cognition*. Cambridge: Blackwell Publishers Inc.

# 后 记

《语言学讲义》(第一版)(复旦大学出版社,2015年)出版至今已过去10个年头。在使用过程中发现一些校对上的疏漏,个别地方的表述欠准确或不够清楚。同时,在教学过程中又陆续积累了一些有趣的例子,虽然我可以拿到课堂上与学生分享,但只限于选我这门课的学生(间或有些旁听生)。所以我很想有机会对教材进行一次修订。正巧有缘结识责任编辑杨硕先生,他说南开大学出版社非常重视教材的出版,并表示愿意出版《语言学讲义》(第二版),我毫不犹豫地答应了。衷心感谢杨硕先生的引介之情!衷心感谢南开大学出版社的相关领导!

杨硕先生为我编辑出版过《现代汉语语汇学》(第二版),工作兢兢业业,编辑、校对极其认真细致,给我留下了深刻的印象。这次《语言学讲义》(第二版)的出版,编辑、校对工作一如既往地认真细致。谨此表示诚挚的谢意!在《语言学讲义》(第二版)的出版过程中,南开大学出版社的其他先生/女士也都付出了辛勤的汗水,一并致以诚挚的谢意!

卢英顺
2025年2月1日
于复旦大学